Economic Analysis of Food Related Industries

本田 豊
[著]

食関連産業の経済分析

晃洋書房

は し が き

　本書は，食関連産業に関心のある学生や社会人を対象に，食関連産業の経済・産業分析に不可欠な基礎理論と分析技法の習得を目指すとともに，それを駆使して，食関連産業の抱える諸問題の解明を試みる．

　日本の食関連産業が，全産業の国内生産額に占める割合は 10％ 強で，国民経済の規模全体からみると，それほど大きいというわけではない．しかし，食関連産業は，日常生活の基盤を支えるなくてはならない産業であるから，その持続的発展が強く望まれる．

　しかしながら，2000 年代に入ると，食関連産業の国内生産額が減少するなど衰退傾向がみられ，食関連産業の抱える最も深刻な問題の 1 つになっている．この問題を解明することが本書の後半部分の主要なテーマである．

　本書の書名について若干コメントする．1 つは，食関連産業とは何かということである．どのような産業を食関連産業とは呼ぶかについては，必ずしも明確ではない．農林水産省などでは，比較的広域に食関連産業をとらえているが，本書では，一応，農業・漁業・食品製造業・外食産業の 4 産業に焦点をあてることにする．

　もう一つは，本書における経済分析の特長についてである．じつは，食関連産業は，他産業に比してもマクロ経済に強く依存している．特に家計所得と家計消費支出の動向が，食関連産業の国内生産額に強く影響する．「6 次産業論」に代表されるように，食関連産業の連携強化によって，食関連産業の活性化を図ろうとする取り組みが盛んに行われている．食関連産業の連携強化は，供給システムの効率化と強化ということでは意味があるかもしれないが，それによって生産額が増加するということには必ずしもつながらない．

　家計所得の増加それにともなう家計消費支出の増加こそが，食関連産業の活性化に不可欠である．したがって食関連産業の現状を理解するためにはマクロ経済の動向をよく見極めることが大前提になる．本書における経済分析の特長は，マクロ経済と食関連産業の連関関係を明示化して分析するため，マクロ経済学と産業連関分析を有用な分析方法として採用している点にある．

　以上のことを踏まえて，本書の第 1 章から第 4 章まではマクロ経済学の基礎

について概説している．「第1章　国民所得の概念」，「第2章　国民所得決定の基礎理論」，「第3章　貨幣市場と利子率の決定」，「第4章　$IS-LM$分析」という内容で，マクロ経済学体系のうち$IS-LM$分析までを解説する．

「第5章　SNAでみる戦後日本経済の歩み」は，第2章の理論を応用に生かすという視点から，戦後70年の日本経済を対象に，戦後の高度成長から長期停滞期の現在に至るまでの，経済成長の要因分析を行っている．食関連産業の未来を考えるとき，マクロ経済の将来を見通せる眼力を養うことが重要であり，第5章は経済成長の要因分析に精通することを目的としている．

「第6章　産業連関分析の基礎」は，産業連関分析技法の習得が目的であり，産業連関表の概要，経済効果，産業連関分析用モデル作成など，産業連関分析に必要な基礎知識を概説している．「第7章　食関連産業の現状分析」では，農林水産省が作成した産業連関表と「飲食費のフロー」をもとに，食関連産業の現状把握を行い，食関連産業を鳥瞰する．

「第8章　食関連産業と家計消費支出の構造分析」では，接続産業連関表を利用して，2000年から2011年にかけての食関連産業の国内生産額減少の要因分析を行っている．さらに，家計消費支出が食関連産業に大きく影響するが，人口減少が進む中で，人口減少が家計消費支出に与える影響について検討している．結論から言うと2030年までは，人口減少の家計消費支出への影響は軽微である．したがって人口減少によって食関連産業がうける打撃は2030年までは小さいということを示す．

「第9章　2030年の食関連産業」は，2030年段階で，食関連産業はどうなるのかという予測を行い，過去の日本経済の趨勢が未来も続いたら，食関連産業の未来は暗いことを示す．そのうえで，食関連産業の活性化を展望した経済戦略について筆者の見解を示している．

本書からの主なメッセージは，以下の通りである．

① 食関連産業はマクロ経済，とくに家計消費支出に強く依存している．家計消費支出が着実に増加していくことが食関連産業の持続的活性化に不可欠である．

② 食関連産業のうち，食品製造業と農業の連関性は重要であり，農業は，食品製造業からの中間需要に依存している部分が大きく，「食品製造業が元気になれば農業も元気になる」ということに注目する必要がある．

③ 外食産業の今後の成長性は，食品製造業などと比較するとあまり期待できない．その理由は，最終需要のうち独立的支出が所与のとき，食品製造業と外食産業では中間需要の取引に相当の差がみられ，外食産業への生産誘発効果が食品製造業のそれを大きく下回るからである．このことは，外食産業の成長性には本質的に脆弱性があることを示している．「外食産業は，食関連産業のリーディング産業にはなれない」と思われる．

④ 食関連産業について輸出促進は重要であるが，その経済効果は限定的であり，輸出のみに依存して食関連産業を活性化させることは困難であると思われる．本書の第9章でのべているように，「公共投資維持政策」「社会保障充実政策」「輸出促進政策」などの政策ミックスによって総需要を増やし民間設備投資拡大を誘発するような経済戦略が不可欠である．このような経済戦略によって，実質経済成長率は1.5%以上を実現でき，労働生産性上昇率1.5%以上は可能である．労働生産性上昇率の成果を確実に賃金上昇に還元できれば，家計消費支出は着実に増加し，食関連産業の活性化は持続できる．

本書の作成にあたっては，晃洋書房の西村喜夫氏から適切な助言をいただいた．末尾であるが，心から御礼申し上げる．

2019年5月

本　田　　豊

v

目　　次

はしがき

第*1*章　国民所得の概念 ………………………………………… 1

1　GDP の基礎知識　*1*

2　支出の側面からみた GDP　*5*

3　GDP の分配の側面と可処分所得　*8*

4　GDP と GNI　*10*

5　名目 GDP と実質 GDP をつなぐ GDP デフレータ　*11*

6　GDP を議論することの重要性　*14*

第*2*章　国民所得決定の基礎理論 ………………………………… 16

1　「有効需要の原理」と「セーの法則」　*16*

2　GDP の決定：モデル 1（経済主体が家計と企業のみ）　*17*

3　乗数分析　*18*

4　GDP の決定：モデル 2（経済主体が家計，企業，政府，外国）　*19*

5　財政政策の効果　*21*

6　消費関数　*23*

7　投資関数　*24*

第*3*章　貨幣市場と利子率の決定 ………………………………… 31

1　貨幣の機能　*31*

2　貨幣数量説　*31*

3　取引動機と予備的動機　*32*

4　流動性選好説　*33*

5　投機的動機に基づく貨幣需要と利子率　*34*

6　貨幣需要関数の導出　*36*

7　貨幣の種類　*37*

8　貨幣の供給　*39*

9　信用創造のメカニズム　*40*

10　信用乗数　*43*

11　これまでの代表的な金融政策　*44*

12　利子率の決定　*45*

13　日本銀行の金融政策の変遷　*46*

第*4*章　*IS−LM*分析 ………………………………… *48*

1　*IS*曲線　*48*

2　*IS*曲線のシフト　*51*

3　*LM*曲線　*52*

4　貨幣供給量の変化と*LM*曲線　*54*

5　財市場と貨幣市場の同時的均衡　*55*

6　*IS−LM*分析と財政・金融政策　*57*

補論1　「流動性のワナ」と異次元の金融緩和政策　*61*

補論2　数値例による*IS−LM*分析の解説　*62*

第*5*章　SNAでみる戦後日本経済の歩み ………………………… *66*

1　戦後日本経済の実質経済成長率の動向と時期区分　*66*

2　戦後日本経済の物価動向　*68*

3　戦後日本における経済成長の寄与度分析　*69*

4　乗数の長期動向の実証分析　*72*

5　GDPデフレーターの長期動向の実証分析　*81*

ま　と　め　*88*

第*6*章　産業連関分析の基礎 ……………………………… *94*

1　産業連関表の概要　*94*

2　産業連関分析における経済波及メカニズム　*96*

3　直接効果と第1次間接効果　*97*

4　連立方程式による解法　*99*

5　レオンティエフ逆行列の導出　*100*

6　第2次間接効果　*102*

7　「2011年産業連関表」の概説　*105*

8　輸入を内生化した3部門の産業連関分析　*107*

目　次　vii

 9 輸入と民間消費支出を内生化した3部門産業連関分析モデル　*115*

 10 食関連産業における産業連関分析の展開の方向性　*117*

第7章　食関連産業の現状分析 ……………………………………*119*

 1 農林水産省作成の産業連関表の概要　*119*

 2 2005年と2011年における食関連産業の国内生産額の比較　*120*

 3 農林水産省産業連関表による食関連産業の現状分析　*122*

 4 農林省産業連関表にもとづく産業連関分析　*126*

 5 「飲食費のフロー」の分析について　*134*

 6 食関連産業における労働条件　*140*

 ま と め　*143*

第8章　食関連産業と家計最終消費支出の構造分析 ……………*145*

 1 構造分析のテーマについて　*145*

 2 2000年から2011年にかけての
  食関連産業の国内生産額の変化要因分析　*146*

 3 人口減少と家計消費支出　*159*

第9章　2030年の食関連産業 ………………………………………*169*

 1 長期予測のための産業連関分析モデル　*169*

 2 独立的支出項目別の想定　*173*

 3 民間企業設備投資の適正水準の設定について　*181*

 4 労働生産性上昇率の想定について　*185*

 5 「趨勢ケース」の分析　*186*

 6 「公共投資拡大ケース」　*190*

 7 「家計消費係数上昇ケース」　*192*

 8 食関連産業の「輸出促進ケース」　*196*

 9 「公共投資拡大・家計消費係数上昇・輸出促進の同時実行ケース」　*197*

 10 「同時実行ケース」によって企業設備投資が拡大するケース　*198*

 ま と め　*200*

参考文献・参考資料　*207*

索　　引　*209*

第1章 国民所得の概念

1 GDP の基礎知識

　マクロ経済学は，一国の経済（一般的に「国民経済」と呼ぶ）の動きを分析するための理論体系である．マクロ経済学の主な目的は，国民所得，利子率，物価，賃金，雇用量などの経済変数（一般的に「マクロ経済変数」と呼ぶ）の相互依存関係を明らかにし，政府の経済政策がマクロ経済変数にどのような効果をもたらすかを理論的に究明することにある．

　マクロ経済変数の相互依存関係に最も影響を与える変数は，国民所得である．国民所得とは，一定期間における国民経済の経済水準を示すものであり，その中では GDP が最も重要な概念である．GDP の動向が他のマクロ経済変数の動向に大きな影響を与えるということであり，国民経済の動きを分析するためには，GDP の概念をしっかり理解することが不可欠となる．

1) GDP とは何か

　GDP は，国内総生産（gross domestic product）の略語であり，国民経済における一定期間（通常 1 年間）にわたる生産活動によってつくられた「付加価値」の合計額，と定義される．付加価値とは，財やサービスの生産によって新たに生み出された価値である．

　GDP は具体的にどのように計算されるのか．以下では**図 1-1** を事例に考察する．

　いま，ある経済では，農家と製粉業者と製パン業者のみが存在するものとし，農家は小麦を生産し，製粉業者はその小麦を加工して小麦粉をつくり，その小麦粉を使って製パン業者はパンをつくるものとする．

　農家は，小麦を生産するためには，種子や肥料・農薬などの原材料が必要である．生産物を生み出すために必要とされるこれらの財は中間生産物あるいは

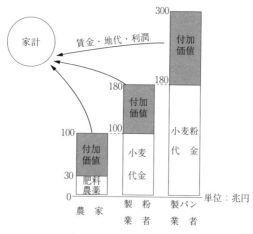

図 1-1 GDP と付加価値
（出所）筆者作成.

中間投入物などと呼ばれる.

　生産活動では多くの中間投入物を必要とするが，簡単化のため，製粉業者と製パン業者はそれぞれの原材料である小麦及び小麦粉以外の中間投入物はただで手に入れることができると仮定する.

　農家は，1年間の生産活動によって得た小麦を全て製粉業者に売り渡し，その代金として100兆円を受け取り，中間投入物の費用として30兆円を支払ったとする．この時農家が新たに生み出した価値である付加価値は，70兆円ということになる．

　これらの付加価値は，それを生み出すのに貢献した生産要素である土地，労働，資本などに分配されることになる．小麦の生産に従事した労働者には賃金，小麦を植えた土地には地代，土地を耕すために用いたトラクターなどにはレンタル料という形で支払いが行われる．

　製粉業者は，中間投入物として小麦を100兆円で購入し，その全てを加工して小麦粉を生産して，製パン業者に180兆円で販売したとする．この時，製粉業者の中間投入物の費用は100兆円であるから，新たに生みだされた付加価値は，80兆円ということになる．

　製パン業者は，製粉業者から180兆円分の小麦粉を購入して，パンを製造して，それを最終生産物として消費者に300兆円相当の額で販売したとする．こ

の時，製パン業者の付加価値は 120 兆円となる．

　結局，この経済における付加価値の合計は，270 兆円（＝70＋80＋120）ということになり，GDP は 270 兆円である．

　GDP とは，個別企業などの売上額及び中間投入額をそれぞれ国内生産額及び中間投入額計として国民経済レベルで集計し，国内生産額から中間投入額計を引いたものということになる．したがって，

$$\text{GDP} = \text{付加価値合計額} = \text{国内生産額} - \text{中間投入額計}$$

と定義される．

2） 財の区別

　上の事例では，「中間生産物」と「最終生産物」という 2 つの財が登場したが，財はどのように処分されたかによって，2 つに区分できる．

　具体的には，財が業者（企業）と業者（企業）の間で取引される場合は，中間生産物という．企業の生産した財が，消費者に販売された場合は，最終生産物になる．なお，中間生産物は中間財，最終生産物を最終財と呼ぶこともある．

　上の事例でいうと，小麦粉は，製粉業者から製パン業者に販売されているから，中間生産物（＝中間財）である．パンは，製パン業者から消費者に販売されているから，最終生産物（＝最終財）である．

3） 産業連関表

　生産活動においては，中間投入物をかならず必要とする．しかし，GDP は中間投入額計を国内生産額から引いたものであるから，中間投入物の存在を捨象していることになる．

　しかし，一国経済の活動の様子をきちんと把握するためには，中間投入物の取引の実態をとらえておく必要がある．中間投入物の取引は，産業間の取引と見なすことができるから，産業と産業の関係をしっかり掴むことが重要である．産業と産業の連関関係の全体像を具体的データにもとづいて一枚の表で示したものが産業連関表である．産業連関表を用いた分析を産業連関分析というが，本章の後半部分で産業連関表と産業連関分析について詳しく解説する．

4)　グロス（粗）とネット（純）

　先ほどの例で，農家は小麦を生産するためにトラクターなどの農業用機材を利用し，製粉業者や製パン業者もそれぞれに製粉用機械設備やパン加工用の機械設備を利用して生産するであろう．機械設備は，使用するうちに徐々に摩滅して性能がおち，一定期間後は使用不能となる．このように機械設備等が摩滅していくことを資本減耗という．機械設備等は資本減耗によって一定期間後使用不可になる．その時，生産活動を維持するためには，すぐに新しい機械設備を導入しなければならない．そのためには，資本減耗による減価償却分のお金を積み立てて，その積立金をもとに新規機械設備がスムーズに導入できるようにしなければならない．積立金は付加価値からさし引くことになる．付加価値から資本減耗にともなう償却費を差し引いたものは，純付加価値と呼ばれ，資本減耗分を含む付加価値は粗付加価値[1]と呼ばれる．

　粗付加価値における資本減耗分は，賃金や利潤として自由に処分することができないものである．したがって企業が自らの意思決定で処分可能な付加価値を増やすためには，純付加価値の増大に注目していく必要がある．

　純付加価値の総和は国内純生産（net domestic product; NDP），資本減耗分の総和は固定資本減耗分というので，以下の式が成立する．

　　　　国内純生産＝純付加価値の総和＝GDP－固定資本減耗分

5)　三面等価の原則

　ある年において，主な経済主体[2]である企業，家計，政府，海外はそれぞれ財・サービスを市場で購入するので需要が発生しそれらを集計するとある年の国民経済レベルの支出が決まる．支出が決まるとそれに等しく見合った生産を企業などが行い，付加価値を生み出す．

　生み出された付加価値の総和は，それに等しい金額が必ず誰かに分配される．ここでの「誰か」は，家計，企業，政府などであり，家計には賃金，企業自ら

---

1)　以下の議論において「粗付加価値」は簡便化のために単に「付加価値」と記述する．したがって，付加価値というときは，一般的に粗付加価値を指しているということに留意されたい．「粗付加価値」及び「純付加価値」の概念を必要とする場合は，その旨を明示化する．

2)　経済主体とは「経済社会の活動の担い手」と定義される．

には粗利潤，政府に対しては純間接税などの形で分配される．分配された付加価値をもとに，各経済主体は次年の消費や投資などの支出を決めて，次年の生産が決まる．

このようにある年の GDP は，支出，生産，分配という三面をもつが，これらは全て等しいことになる．マクロ経済における GDP は，生産＝分配＝支出という関係が定義上あるいは会計上常に一致することがわかる．これを三面等価の原則という．

2 支出の側面からみた GDP

国民経済計算（System of National Accounts; SNA）は，国民経済活動の全体像を明らかにするため，GDP の三面等価の原則に基づいて整備された，総合的経済統計システムである．GDP を支出の側面でみた時，国民経済計算から次式のような需要項目にそってデータを得ることができる．

> GDP（支出）
> ＝家計最終消費支出＋対家計民間非営利団体最終消費支出＋政府最終消費支出
> ＋総資本形成（民間住宅投資＋民間企業設備投資＋公的固定資本形成＋在庫変動）
> ＋財貨・サービスの輸出－財貨・サービスの輸入

1）　家計最終消費支出

「家計が消費するために購入する財・サービス」を総称して消費財[3]と呼び，家計が消費財に支出した額を国民経済レベルで集計したものが家計最終消費支出である．

ここで留意すべきは，この中に「帰属家賃」というものを含む点である．国民経済計算では，「帰属計算」という財・サービスの提供ないし享受に際し，市場でその対価の受払いが行われなかったにもかかわらず，あたかも受払いが行われたかのようにみなす「擬制的取引計算」が採用されている．

帰属家賃は，この帰属計算に基づくものであり，持ち家の人は，家賃を支払

---

3)　消費財は，耐久性の違いによって，耐久消費財と非耐久消費財に区分される．耐久消費財は，家電製品・自家用車などのある一定期間使用できる財である．非耐久消費財は，衣料品・食料品などで，消費すればなくなってしまう財である．

わないにもかかわらず住宅サービスを享受しているが，賃貸住宅の居住者は，住宅サービスを購入した対価として家賃を支出している．

　持ち家の人は家賃を支払わず，賃貸住宅者は家賃を支払うというアンバランスを放置すると，国民経済における住宅サービスへの家計最終消費支出の全体的把握ができないことになる．そこで，持ち家の人も家賃を支払っているとみなして全体的把握を行うために帰属家賃という概念を導入している．帰属家賃を含む家計最終消費支出は，現実の家計の消費支出より多くなることに留意する必要がある．

2)　対家計民間非営利団体最終消費支出

　非営利団体は様々な財・サービスを家計に供給する．非営利団体が供給する財・サービスの多くは，準公共財と呼ばれるもので，市場に任せておくと必要量が供給されない恐れのある財・サービスで，教育・福祉・医療などがその典型例である．

　準公共財は営利目的で供給されるわけではないので，市場では取引されず，市場価格を明示化して生産額を決定することができないという問題がある．

　そこで，非営利団体が供給する財・サービスの生産額は，生産コストでみなすということになる．ここで生産コストは，中間投入＋雇用者報酬＋固定資本減耗＋生産・輸入品に課せられる税，で計算される．

　ところで，準公共財は家計に販売するのであるから，販売額のうちある部分は家計が負担することになり，家計の負担分は家計最終消費支出に含まれることになる．しかし，準公共財の供給にあたっては多額の公的補助金が投入されていることが多く，生産コストである販売額は，家計の負担額即ち家計消費を上回ることが一般的である．

　ここで，販売額から家計消費を引いた部分をだれが消費したのかという問題が残る．この問題に対して，民間非営利団体が自己消費するという取り扱いをしており，これが対家計民間非営利団体最終消費支出ということになる．また，家計が負担した部分は，民間非営利団体が家計に販売した部分であり，これを「商品・非商品販売額」と呼ぶ．したがって，対家計民間非営利団体最終消費支出は，次式でもとまる．

対家計民間非営利団体最終消費支出
　　＝生産コスト（中間投入＋雇用者報酬＋固定資本減耗＋生産・輸入品に課せられる税）
　　　－商品・非商品販売額

3)　政府最終消費支出

　ここでいう政府は，「一般政府」と呼ばれ，国にあたる「中央政府」，地方自治体に当たる「地方政府」以外に「社会保障基金」が3つめの政府を構成しているのが特徴である．社会保障に関する財政収支は，主に社会保障基金に集約されている．

　政府最終消費支出の定義は，対家計民間非営利団消費支出と同様な考え方によって，一般政府の財・サービスの生産額を生産コストとみなし，生産額のうち他の経済主体が購入して負担した部分を除いて一般政府自体が購入したとみなし，この部分が政府最終消費支出となる．

　対家計民間非営利団消費支出と違うのは，社会保障基金が一般政府に入っているため，その中で現物給付（医療保険・介護保険による給付等）のうち，税金や保険料で負担した部分の現物給付は一般政府が第1次的には購入したとみなすことになる．したがって，現物給付が増えればふえるほど政府最終消費支出は増加するということに留意しておく必要がある．政府最終消費支出は次式で示される．

　　政府最終消費支出
　　＝生産コスト（中間投入＋雇用者報酬＋固定資本減耗＋生産・輸入品に課せられる税）
　　　－商品・非商品販売額＋現物社会給付等（医療保険・介護保険による給付等）

4)　総資本形成

　総固定資本形成[4]は投資であり，民間法人，公的企業，一般政府，対家計民間非営利団体および家計が新規に購入した有形資産および無形資産である．ここで，有形資産は，住宅，住宅以外の建物・構築物，輸送用機械，機器設備，育成資産などである．無形固定資産は，コンピュータ・ソフトウェアなどであり，

---

4)　なお，民間住宅投資，民間企業設備投資，公的固定資本形成を総称して，総固定資本形成と呼ぶ．したがって，総資本形成＝総固定資本形成＋在庫変動である．

IT技術が飛躍的な進歩をとげ情報化が急速に進む現代社会で，投資に位置づけられるようになった．

総資本形成には，家計の住宅購入などの「民間住宅投資」，企業が新たな工場やオフィスビルなどを建設して生産能力拡大を目的とした「民間企業設備投資」，政府が社会インフラ整備の充実のために行う公共投資であるところの「公的固定資本形成」，そして「在庫変動」から構成される．

「在庫変動」は在庫投資ともいう．企業が先行きの景気が改善すると予想する場合は，需要の増大が予想されるので，品薄にならないように在庫を積極的に積み増すことがあり，これは「意図した」在庫あるいは「前向き」の在庫投資である．他方景気が悪化し製品の売れ残りが発生した場合，在庫が積みあがることになるが，これを「意図せざる」在庫あるいは「後ろ向き」の在庫投資と呼ばれることがある．

「財貨・サービスの輸出－財貨・サービスの輸入」は国際収支表の「貿易・サービス収支」に対応する．国際収支表の貿易・サービス収支は，財貨の輸出輸入の差を示す「貿易収支」と輸送費，通信費，金融，保険，旅行などサービスの取引を示す「サービス収支」から構成される．

3 GDPの分配の側面と可処分所得

GDPを分配の側面からみると，国民経済計算では次のように定義してデータが整備されている．

$$\text{GDP（分配）} = \text{雇用者報酬} + \text{営業余剰・混合所得} + \text{固定資本減耗}$$
$$+ \text{生産・輸入品に課せられる税} - \text{補助金}$$

ここで経済主体は，家計（自営業者を含む），法人企業，政府から構成される．生産された付加価値は全て，これらの経済主体に分配されることになる．

1）雇用者報酬

雇用者報酬は，生産活動によって創出された付加価値のうち，労働を提供した雇用者[5]に分配される額を示している．雇用者報酬の内訳は，「賃金・俸給」

5）ここで雇用者とは，営利・非営利の企業・事業所において生産活動に従事する就業者のうち，個人事業主と無給の家族従業者を除く全ての人を指している．法人企業の役

と「雇主の社会負担」に区分される．公的年金や医療保険などの社会保険料の負担は一般に労使折半になっているが，使用者側である雇用主が負担する社会保険料などは「雇主の社会負担」として雇用者報酬に含まれることになっている．賃金・俸給は，現金と現物の給与の両方を含む．現金給与は，所得税や社会保険料（事業主負担分も含む）を控除する前の概念である．一般雇用者の賃金，給料，手当，賞与の他に，役員報酬や議員歳費なども含んでいる．現物給与は，自社製品等の支給などが該当する．

2) 営業余剰・混合所得

生産活動から創出された付加価値のうち，資本を提供した非金融法人企業・金融機関・家計それぞれの貢献に対して分配される部分である．営業余剰・混合所得（総）と記述される場合は，固定資本減耗を含んでいる．営業余剰・混合所得（純）と記述されている場合は，固定資本減耗を含まない表記である．

なお，一般政府と対家計民間非営利団体は，非市場における生産者であり，生産額は生産費用で算出するため，営業余剰・混合所得は存在しない．

営業余剰には，法人企業の取り分以外に家計部門のうち持ち家分の取り分が含まれる[6]．「混合所得」は個人企業の取り分である．個人企業の事業主等の所得には，労働報酬的要素を含んでおり，賃金・俸給部分と営業余剰部分の区分が明確でないので「混合所得」と定義されている．

3) 間接税と補助金

生産・輸入品に課せられる税であり，一般政府が受け取る部分である．内訳をみると，「付加価値税」及び「輸入関税」など「生産物に課せられる税」と生産過程で用いられる土地・固定資産などに課せられる「生産に課されるその他の税」などに区分される．

補助金とは，① 一般政府から市場生産者に対して支払われ，② 市場生産者の経常費用を賄うために交付されるものであり，③ 財・サービスの市場価格を低下させるものであること，という 3 つの条件を満たす経常交付金ということとである．

員，特別職の公務員，議員等も含まれる．
6) 家計の営業余剰は，持ち家の帰属家賃から中間投入，固定資本減耗，生産・輸入品に課せられる税を引いた額であり，帰属家賃から派生している．

ところで，市場で取引される価格を市場価格というが，市場価格は間接税から補助金を引いた額を含む価格表示である．他方，要素費用価格は，各商品の生産に必要な生産要素に支払われた費用（雇用者報酬，営業余剰・混合所得，固定資本減耗）で評価したもので，間接税や補助金を含まない価格表示である．

国民経済計算における国内総生産は，市場価格で表示されているので，分配の側面でみた場合，家計や企業のみならず一般政府に対しても付加価値が分配される（第1次分配）ことになる．

4 GDP と GNI

これまでは，国民所得の代表的指標としては国民総生産（gross national product; GNP）を用いることが一般的であった．GNP は付加価値の合計範囲を「国民」としているのに対して，GDP は「国内」を集計の範囲としている．

グローバル化が急速に進んでいる国民経済では，多様な国籍をもつ企業が国境を越えて生産活動をしており，「国民」の範囲で生産面から付加価値を集計することは困難になってきた．そこで，国籍を問わずに「国内」で生産された付加価値を集計する GDP を使用することが一般的になった．

しかし，分配の側面では，国民が獲得した所得をしっかり把握する必要があり，その時は，国境を越えた所得の移動を勘案した国民総所得（gross national income; GNI）の概念が重要になる．

生産の面では GDP，分配の面では GNI が国民経済を把握するためには有用ということになる．GNI と GDP には次の関係式が成立する．

$$\text{GNI} = \text{GDP} + \text{海外からの要素所得}^{7)}\text{の受け入れ}$$
$$- \text{海外への要素所得の支払い}$$

日本の企業が海外で稼いだ収益の一部を日本に送金した場合，これは「海外」からの要素所得の受け入れとなる．また，日本で就業している外国人労働者が，稼いだ賃金の一部を母国に送金した場合，海外への要素所得の支払いということになる．

---

7) 企業が財・サービスを生産するのに必要な資源を生産要素という．主な生産要素は，労働・資本・土地などである．要素所得とは，生産要素の投入の対価として支払われる所得であり，賃金，利潤，地代などの形で支払われる．

GNI から固定資本減耗を引いたものが国民可処分所得である.

国民可処分所得 = GNI − 固定資本減耗

国民可処分所得は, 4 つの経済主体 (非金融法人企業・金融機関, 一般政府, 対家計民間非営利団体, 家計 (個人企業を含む)) の可処分所得の合計である. 非金融法人・金融機関の可処分所得の大半は営業余剰である. 一般政府の主な可処分所得は間接税及び直接税から構成される税収が主要な部分である. これに対して, 家計の可処分所得は次式で示される.

家計可処分所得 = 営業余剰 (持ち家) + 混合所得 + 賃金・俸給
　　　　　　　 + 財産所得 (純受取) + 現物社会移転以外の社会給付 (受取) + その他の経常移転 (純受取)
　　　　　　　 − 所得・富等に課される経常税 − 雇用者の社会負担

ここで, 混合所得と賃金・俸給は雇用者や自営業者など現役世代の収入を主に示している. 他方, 現物社会移転以外の社会給付 (受取) は, 公的年金給付に当たるものであるから引退世代の収入ということになる. 家計可処分所得における収入は現役世代のみならず引退世代の収入も含む家計を構成する全世代の収入を示している.

これらの収入から, 所得・富等に課される経常税が引かれているが, これは全世代の所得税を中心とする直接税の徴税額を示している. 他方, 雇用者の社会負担は社会保険料負担である. 家計可処分所得は, 現役世代のみなら引退世代の可処分所得を含んでいることに留意する必要がある.

5　名目 GDP と実質 GDP をつなぐ GDP デフレーター

1)　実質 GDP と名目 GDP

経済活動においては, 物価[8]が変動する. 名目 GDP は物価変動を含んだ GDP であり, 実質 GDP は物価変動を除いた GDP である.

例えば, ある人の前年の月給が 30 万円で, 今年も 30 万円だったとする. ここでの月給は名目値である. ところが, 今年の物価が値上がりして前年より 2

---

8)　価格は, 個別の財・サービスの値段を示すものであり, 物価とは, 個別の財・サービスの価格の全体的な変化動向を示すとみなすことができる.

倍に上昇したら，今年の月給における実際の購買力は，半減して15万円になる．これを国民経済レベルでみると，前年と今年の名目GDPが同じであっても，今年の物価が前年の物価の2倍になったら，今年の名目GDPの購買力は半分に減少することになる．このように，実質GDPは，物価を勘案したとき名目GDPが実際にどの程度購買力を持つかということを示しているのである．

物価の代表的指標は，卸売物価と消費者物価がある．卸売物価は，企業と企業が取引する時の価格をベースにした物価であり，消費者物価は，家計が購入する時の財・サービスの価格をベースにした物価である．

物価の指標はいろいろあるが，GDPを議論の対象とする場合は，GDPを構成する財・サービスの物価をGDPデフレーターで示すことが一般的である．GDPデフレーターは，次式のように名目GDPを実質GDPで除したものである．

GDPデフレーター＝名目GDP/実質GDP

名目GDPはデータとして存在するので，実質GDPを何らかの形で加工作成することができれば，GDPデフレーターはもとめられる．実質GDPは，それを構成する支出項目別の実質値をもとめて，それらを合計するという形で算出される．

いま，GDPが消費，投資，輸出，輸入の4つの支出項目で構成されると仮定して，次式のように簡素化して定義する．

名目GDP＝名目消費＋名目投資＋名目輸出－名目輸入　　　　　(1.1)
実質GDP＝実質消費＋実質投資＋実質輸出－実質輸入
　　　＝（名目消費/消費支出デフレーター）
　　　　＋（名目投資/投資支出デフレーター）
　　　　＋（輸出/輸出デフレーター）－（輸入/輸入デフレーター）(1.2)

前述したように，名目GDPについては，各支出項目の名目値がデータとして存在するので，それらを（1.1）式にそって集計すればよい．

実質GDPについては，各支出項目の実質値を算出して，（1.2）式にしたがって集計する必要がある．ここで問題なのは，消費支出デフレーター，投資支出デフレーター，輸出デフレーター，輸入デフレーターなどのデフレーターをどのように作成するかということである．以下では，消費支出デフレーターを事例に，作成の基本的考え方を説明する．

2) 消費支出デフレーター作成の事例

表1-1 消費支出デフレーターの計算

財	基準年次		比較年次	
	価 格	数 量	価 格	数 量
A	50	70	80	60
B	300	6	300	15
C	20	10	50	8
総 計	5,500		9,700	

消費を構成する品目について品目ごとの価格とその消費数量のデータは得ることができる．いま，消費は，A，B，Cの3種類の品目から構成され，基準年次と比較年次のそれぞれの価格と消費数量が**表1-1**で示されているとする．この時，基準年次の名目消費は5,500で比較年次の名目消費は9,700であることがわかる．ここで比較年次の消費デフレーターを算出する．国民経済計算では，デフレーターの作成方法としてパーシュ型指数を採用している．

パーシュ型指数導出の際の比較年次の実質値は，基準年次の価格で比較年次の数量を購入した時の値と定義される．したがって，比較年次の実質消費は下記のように計算される．

$$実質消費 = 50 \times 60 + 300 \times 15 + 20 \times 8 = 7,660$$

実質消費が求まると，比較年次の所与の名目消費でこの実質消費で除して，次式のように消費支出デフレーターがもとまる．

$$消費支出デフレーター = 名目消費/実質消費 = 9,700/7,660 = 1.266$$

国民経済計算で算出される消費支出デフレーターは，**表1-1**で示したような消費支出を構成する個別品目の価格と消費需要量の詳細なデータベースを準備し，それをもとにパーシュ型指数を用いて消費支出全体の実質値はもとめ，名目値をこの実質値で除してもとめている．他の支出項目のデフレーターについても同様な方法でもとめることができる．

(1.2) 式にそって，支出項目別の名目値を，もとめたそれぞれのデフレーターで除して支出項目別の実質値を計算し，それらを集計すると，実質GDPがもとまる．名目GDPを実質GDPで割ってGDPデフレーターが最終的にもとまる．

6 GDP を議論することの重要性

　生産によって生み出される GDP は，分配を通じて，賃金総額が決まるので，労働者の賃金及び雇用に影響を与える．また，分配と再分配を通じて，税収（間接税・直接税）にも影響する．GDP が増加すると，賃金総額及び税収の増額が見込まれ，賃金上昇と雇用機会の拡大などが期待でき，また，社会保障（年金・医療・介護・生活保護など）の財政基盤の強化にもつながる．このように，GDP は賃金，雇用，社会保障の水準など国民生活に密接に関係しているから，GDP をどの水準に持っていくかを議論することはきわめて重要である．

　さらに，国民生活が持続的に向上するためには，賃金上昇や雇用拡大が持続する必要があるし，税収増加が持続することによって社会保障の財政基盤の長期安定を可能にする．賃金上昇・雇用拡大・税収増加は，一定の経済成長率を実現することが前提となる．一定の経済成長率を実現するという視点からも GDP の水準を議論することは不可欠である．

　ここで留意すべきは，経済成長率についても実質経済成長率と名目経済成長率の両方の動きに注目しなければならないということである[9]．

　国民生活が実質的にどの程度向上したかをみる場合は，実質経済成長率をみる必要がある．いくら名目経済成長率が高くても，GDP デフレーター上昇率が高くなれば，実質経済成長率は高くならないから[10]，国民生活が実質的に向上するかどうかわからない．したがって，GDP デフレーター上昇率が高い場合は，実質経済成長率の変化に注目すべきである．

　他方，GDP デフレーター上昇率が小さい，あるいはマイナスで，実質経済成長率が名目経済成長率を上回る場合は，名目経済成長率の上昇に注目する必要がある．というのは，日本経済が抱えている財政赤字を少しでも小さくするために税収を増やす必要がある．徴税は，家計や企業の名目の所得が対象であるから，名目経済成長率が高くなれば，税収が増加し，逆は逆である．したが

---

9)　経済成長率は，ある期間に GDP がどの程度増加したかを割合で示したものである．具体的には，ある期間を 1 年とすると，前年から今年の GDP 増分を前年の GDP で除してもとまることになる．経済成長率も実質経済成長率と名目経済成長率に区分される．

10)　名目 GDP = GDP デフレーター×実質 GDP であるから，「名目経済成長率 = GDP デフレーター上昇率＋実質経済成長率」の関係式が成立する．

って，税収を増やすことを優先的な政策目標にしなければならないときは，名目経済成長率に注目すべきである．経済成長率をみる場合，名目と実質の両方に目配りしていかねばならない．

第 2 章　国民所得決定の基礎理論

1 「有効需要の原理」と「セーの法則」

　戦後日本経済の長期動向をみると，高度成長から安定成長を経由して長期停滞に突入するという劇的変化が起こって現在に至っている．なぜ日本経済は長期停滞期にあるのか．長期停滞からの脱却は果たしてできるのか．できるとした場合，どのようか政策の方向性が考えられるのか．このような疑問に応えるためには，そもそも GDP はどのような要因によって規定されているのかという GDP 決定に関する基礎理論を理解することが重要である．

　GDP がどのような要因によって決まるかを考える場合，ケインズ (John Maynard Keynes; 1883-1946) の「有効需要の原理」の理解が不可欠である．有効需要の原理は，「需要が生産（供給）を規定する」という考え方で，総需要の規模が GDP を決めるということを意味する．

　有効需要の原理の対極にあるのが，「セーの法則」であり，「供給はそれ自らの需要を作り出す」という考え方にたっている．この考え方は，供給されたものが売れないことは，一時的な現象としてはありうるが，一定の調整時間を経るとこの現象は解消されて，供給されたものは全て売れるというのである．

　セーの法則が成立するためには，「価格の自動調整メカニズムが十分に働く」という条件が満たされる必要がある．供給が需要を上回り（超過供給），財市場が不均衡の状態にあるとき，財の価格が下がると，それに反応して供給が減少し，逆に需要は増加して財市場の不均衡状態が解消し，供給されたものが全て売れるということになる．

　他方，ケインズは，価格の自動調整メカニズムが働くということについては懐疑的である．財の価格形成にあたっては，それに含まれる費用に大きく左右される．費用構成の大きな部分は人件費を占めており，価格を下げるためにはコスト削減が必要であり，労働者の賃下げが不可欠となる．労働者は自らえた

賃金をもとに消費を行い，消費は需要の大きな部分を構成している．

　ところが，超過供給の状態で，価格が下がり賃金が下がるとさらに需要が減少し，超過供給の状態は解消するどころか，ますます長期化するということになる．価格の自動調整メカニズムが働き，財市場における超過供給が解消されるという主張は間違っているというのがケインズの立場である．以下では，有効需要の原理を前提にしてGDP決定の基礎理論を考察する．

2 GDPの決定：モデル1（経済主体が家計と企業のみ）

　GDPを決定する主要な要因を簡潔に理解するために，経済主体が家計と企業のみの簡単なモデルを用いて分析する．有効需要の原理にしたがって，財市場の均衡は，家計の民間消費と企業の民間投資の和である総需要が与えられるとそれに対応して生産が決まる．

　ところで，民間投資は，直近の経済状況を示すGDPとは相対的に独立して長期的視点からの意思決定によって決まる独立的支出である[1]．他方，家計の消費は，GDPに大きく依存することになる．GDPが増加して賃金総額が増加すれば消費も増え，逆は逆であるから，家計消費はGDPに依存して決まることになり，GDPと家計消費の関係は，一般に消費関数で示される．

　経済主体が家計と企業のみの場合，モデル1は，財市場の均衡式と消費関数の連立方程式体系で構成されることになる．

モデル1
　　財市場の均衡式
　　　　$Y = C + I$
　　消費関数
　　　　$C = C_0 + cY$
　　　　ここで，Y：GDP（国民所得）　C：民間消費　I：民間投資
　　　　　　　　C_0：基礎的消費，c：限界消費性向[2]
　　この時，次式が導出される．
　　　　$Y = 1/(1-c) \times (C_0 + I)$　　　　　　　　　　　　　　　　　　(2.1)

---

1)　GDPを構成する支出のうち，GDPとは相対的に独立した要因に規定される支出を一般的に独立的支出と呼ぶ．

2)　基礎的消費及び限界消費性向については，本章の「6　消費関数」を参照のこと．

ここで，$1/(1-c)$ は乗数と呼ばれる．また，(C_0+I) は独立的支出である．したがって，GDP は，乗数と独立的支出の積でもとまることになる[3]．また，別の言い方でいうと，GDP は，主に限界消費性向と民間投資で決まるということもできる．民間投資が増加すれば，GDP も増加し，逆は逆である．また，限界消費性向が大きくなれば，GDP も増加し，限界消費性向が小さくなれば GDP も減少することがわかる．経済主体が家計と企業の簡単なモデルでは，GDP を決定する主要な要因は民間投資と限界消費性向であることが確認された．

3 乗数分析

民間投資が増加した時，どの程度 GDP が増加するかを分析するために (2.1) 式を全微分すると次式が得られる．

$$\varDelta Y = 1/(1-c) \times \varDelta I$$

この式は，民間投資の増分に $1/(1-c)$ を乗じた値が GDP の増分ということになる．ここで $1/(1-c)$ は乗数と呼ばれるものであるから，投資の増分に乗数をかけた分だけ GDP は増加するということになる．一般に独立的支出（この場合投資）の増加が乗数を通じてどの程度 GDP が増加するかを分析することを「乗数分析」と呼んでいる．

独立的投資が 1 単位増加した時，なぜ GDP は乗数倍だけ増加するのかを検討する．

いま，所得増加に対す消費増の割合である限界消費性向が 0.6 で，投資が 1 兆円増加したとする．この時投資財を生産している A 企業が 1 兆円の需要を受注して生産し販売したとすると，A 企業は 1 兆円の所得が増えることになる．A 企業は所得増を従業員に賃金として支払うと，従業員はそれを消費に回す結果消費増が生まれる．いま限界消費性向を 0.6 とおいているから，所得増に対する消費増は 6000 億円（1 兆円×0.6）になる．いま，B 企業がこの消費財需要を受注し生産販売したとすると，B 企業は 6000 億円の所得が増加する

---

3) C_0（基礎的消費）は，最低限度の生活に必要な消費と解釈されるが，日本のような先進国では基礎的消費が GDP に与える影響はほとんど無視できるので，GDP の決定要因には一般的には含めない．

ことになり，それが従業員に賃金として支払われ，B企業の従業員はそれを消費に回すと消費が3600億円（＝6000億円×0.6）増加することになる．以下同じような過程が続くと，最終的な需要増（所得増）は次のようになる．

$$
\begin{aligned}
\text{需要の増加} &= 1\text{兆円}+1\text{兆円}\times0.6 \\
&\quad +1\text{兆円}\times0.6\times0.6+1\text{兆円}\times0.6\times0.6\times0.6 \\
&\quad +1\text{兆円}\times0.6\times0.6\times0.6\times0.6+\cdots\cdots \\
&= 1\text{兆円}\times(1+0.6+0.6^2+0.6^3+0.6^4+\cdots\cdots) \\
&= 1\text{兆円}\times\frac{1}{1-0.6}=1\text{兆円}\times2.5=2.5\text{兆円}
\end{aligned}
$$

ここで，$\dfrac{1}{1-0.6}$ は $\dfrac{1}{1-\text{限界消費性向}}$ であるから乗数であり，この事例では乗数は2.5ということになる．即ち，1兆円の需要増によって乗数（＝2.5）をかけた分だけ需要（所得）が増加する過程は，消費増の過程によって生成されるのである．

4 GDPの決定：モデル2 （経済主体が家計，企業，政府，外国）

経済主体が，家計と企業に政府及び外国を含めた時のGDPを決定する主要な要因について論ずる．経済主体を4つにすることによって，より現実に近い経済を分析対象にすることになる．

財市場における総需要は，家計消費，民間投資，政府支出からなる内需と輸出から輸入を引いた外需の合計であり，総需要に対応して国内生産が決まることになる．

政府は，税収をもとに政府支出を行うため，家計から徴税することになる．したがって，家計の消費は，GDPから税収を引いた可処分所得に依存するという消費関数を想定することになる．

政府の支出及び税収は，その時の政府の政策判断に基づく裁量で決定されると考えることができるので，GDPとは相対的に独立した外生変数とみなすことができる．[4]

---

4) ここで税収は独立的支出と仮定するが，一般的にはGDPが増加すれば税収も増加し，逆は逆という関係があるので，税収はGDPに依存する．したがって，消費関数や輸入

外国との関係について，輸出は外国の経済状況によって左右され，外国経済状況が良好であれば，日本からの輸出は増加し，外国経済状況が悪化すれば，日本からの輸出も減少すると思われる．日本の外国からの輸入は，日本の経済状況に依存する．日本の景気が良くなり日本の経済状況が良ければ日本の対外輸入は増加し，日本の景気が悪化し日本の経済状況が芳しくないときは，対外輸入は減少することになる．すなわち，日本の輸入は，日本の GDP に依存するという輸入関数を想定することができる．

　以上の考え方に基づき，次のような 3 本の連立方程式からなるモデルを構築することになる．

　モデル 2
　　　財市場の均衡式　　$Y = C + I + G + EX - IM$
　　　　　C：民間消費　I：民間投資　G：政府支出　EX：輸出　IM：輸入
　　　消費関数　$C = C_0 + c(Y - T)$
　　　　　（T は税収，したがって $Y - T$ は可処分所得）
　　　輸入関数　$IM = IM_0 + mY$（IM_0：基礎的輸入，m：限界輸入性向）

モデル 2 をとくと，(2.2) 式がもとまり，これが GDP の決定式ということになる．

$$Y = (1/1 - c + m) \times (C_0 - cT + I + G + EX - IM_0) \tag{2.2}$$

　(2.2) 式から，GDP を決定する主要な要因を抽出すると，民間投資 (I)，政府支出 (G)，輸出 (EX)，限界消費性向 (c)，税収 (T)，限界輸入性向 (m) ということになる．

　ここで，第 1 項の分数部分である $1/(1 - c + m)$ は乗数ということになり，第 2 項の括弧は独立的支出の合計を意味する．したがって，モデル 1 と同様，GDP は独立的支出の合計に乗数をかけてもとめることができる．限界消費性向が高くなれば乗数も大きくなり，限界輸入性向が高くなれば，逆に乗数は小さくなるということがわかる．

　経済主体が家計，企業，政府，外国という現実に近い経済モデルを想定した

――――――――――

　関数に税収関数を加えて連立方程式体系を構築することも考えられる．但し，ここでは，複雑さを回避するため，政府は税制改革などで外生的に税収をコントロールできるとして外生変数扱いしている．

時，GDP を決定する主要な変数は独立的支出（投資，政府支出，税収，輸出）および乗数を構成する変数（限界消費性向，限界輸入性向）であることがわかった.

5 財政政策の効果

政府は，政府支出や租税徴収を変化させることによって，GDP に影響を与えることができる．以下では，「モデル 2」にもとづいて，財政政策において政府支出を増加させた時及び増税政策を行った時の経済効果を分析する.

1) 政府支出増加のケース

今，税収，民間投資，政府支出，輸出が所与で，$T = T_1$, $I = I_1$, $G = G_1$, $EX = EX_1$ という値であったとする．この時の均衡国民所得を Y_1 とすると，Y_1 は次式でもとまる.

$$Y_1 = \frac{1}{1-c+m} \times [C_0 - cT_1 + I_1 + G_1 + EX_1 - IM_0]$$

ここで，政府支出を ΔG だけ増やす財政政策を実施し，均衡国民所得が Y_2 になったとする.

$$Y_2 = \frac{1}{1-c+m} \times [C_0 - cT_1 + I_1 + (G_1 + \Delta G) + EX_1 - IM_0]$$

この時，均衡国民所得の変化分を ΔY (= $Y_2 - Y_1$) とすると，次式が得られる.

$$\frac{\Delta Y}{\Delta G} = \frac{1}{1-c+m}$$

政府支出を 1 単位増加させると，GDP は，「1 - 限界消費性向 + 限界輸入性向」の逆数倍だけ増加することになる．$\Delta Y/\Delta G$ を政府支出乗数という.

2) 増税のケース

増税効果をみるため，税収を ΔT だけ増やした時の均衡国民所得を Y_3 とすると以下のように示される.

$$Y_3 = \frac{1}{1-c+m} \times [C_0 - c(T_1 + \Delta T) + I_1 + G_1 + EX_1 - IM_0]$$

この時，均衡国民所得の変化分である ΔY は $Y_3 - Y_1$ であるから，

$$\Delta Y = Y_3 - Y_1 = \frac{1}{1-c+m} \times (-c\Delta T)$$

となり，最終的に次式がもとまる.

$$-\frac{\Delta Y}{\Delta T} = \frac{c}{1-c+m}$$

租税を 1 単位増加させると，GDP は $\dfrac{c}{1-c+m}$ 単位減少することがわかる.
尚ここで，$-\dfrac{\Delta Y}{\Delta T}$ を租税乗数と呼ぶ.

3) 均衡予算のケース

政府支出と税収を均衡させた予算編成は均衡予算と呼ばれる．均衡予算のもと，政府支出を増加させる場合，その増加分について増税を必要とする．記号で示すと，$G=T$ かつ $\Delta G = \Delta T$ の成立を必要とする．この場合，GDP はどれだけ変化するであろうか.

この時の均衡国民所得を Y_4 とすると，次式で示される.

$$Y_4 = \frac{1}{1-c+m} \times [C_0 - c(T_1 + \Delta T) + I_1 + (G_1 + \Delta G) + EX_1 - IM_0]$$

$$\Delta Y = Y_4 - Y_1 = \frac{1}{1-c+m} \times [-c\Delta T + \Delta G]$$

ここで，$\Delta G = \Delta T$ であるから，

$$\Delta Y = \frac{1}{1-c+m} \times [-c\Delta G + \Delta G] = \frac{1-c}{1-c+m} \times \Delta G$$

均衡予算の場合，輸入が存在しないなら，$\Delta Y / \Delta G = 1$ となり，政府支出の増分だけ GDP も増えることがわかる．輸入が存在する場合，$\dfrac{1-c}{1-c+m}$ は 1 より小さくなるので，政府支出を増やしたとき，需要の一部が外国に漏れるこ

とになり，GDP の増分は，政府支出の増分を下回ることになる．

いま，均衡予算が前提で，限界消費性向が 0.6，輸入性向を 0.1 であったとすると，乗数は，0.8 にとどまる．この場合，政府支出を 1 兆円増加させた場合，GDP の増加は 8000 億円ということになり，経済効果は小さいが，経済成長率を高めることに寄与することは確認できる．

景気が停滞しているが民間がカネ余り状態にあるとき，政府がカネ余りの状態に課税して増税し，その増税分を政府支出増によって需要創出を行えば，GDP が増大し，経済成長率が高まる可能性がある．景気回復のため均衡予算を前提にした財政政策であっても経済成長を高める効果があることを確認できる．

6 消費関数

国民所得の決定では，大別すると消費と投資の水準が大きく影響する．消費や投資の水準が高まれば高まるほど GDP は増加することになる．GDP を増やすためには消費や投資を増やすことを考える必要がある．そのためには，消費や投資がどのような要因で決まるか，即ち消費関数や投資関数について考察することが必要になる．そこでまず，ケインズは消費関数をどのように考えていたかを解説する．

ケインズンは国民経済全体の消費は総所得（即ち GDP）に依存するとして，下記のような消費関数を示した．

消費関数　$C = C_0 + cY$　（$C_0 > 0$　$0 < c < 1$）
　　C：消費　Y：所得（GDP）　C_0：基礎的消費　c：限界消費性向

基礎的消費とは，具体的には，所得がゼロであっても生存のために必要な最低限度の消費を意味する．限界消費性向は，所得の変化分にたいする消費の変化分を示したものである．この式から $\dfrac{C}{Y} = \dfrac{C_0}{Y} + c$ がもとまる．ここで，$\dfrac{C}{Y}$ は平均消費性向と呼ばれ，所得のうち消費が占める割合を示す．ケインズの消費関数を前提にすると，平均消費性向は所得が増加するにつれて，小さくなることが確認できる．

ケインズの想定した消費関数がどの程度現実に当てはまるかを明らかにする

ことは実証分析の課題であるが，この課題に最初に取り組んだのがクズネッツ
であった．クズネッツ（Simon Smith Kuznets; 1901-1985）は，ある時期の所得階
層別の家計データ（クロスセクションデータと呼ばれる）や短期の時系列データを用
いた場合は，ほぼケインズ型の消費関数が導出されるとした．しかし，1869年
から1938年までのアメリカの長期データを用いた分析を行い，クズネッツは

$$C \fallingdotseq 0.9Y$$

という結果を得た．

　短期の消費関数は，正の切片をとるが，長期の消費関数は切片がゼロである
から，原点を通る1次関数になる．したがって，平均消費性向は，短期の場合
所得増加とともに小さくなるが，長期の場合は，一定ということになる．

　短期と長期の消費関数の違いについてそれをどう解釈するかをめぐって，有
名な「消費関数論争」が展開された．

　主な論点は，① 短期と長期の消費関数の相違をどのように矛盾なく説明で
きるか，② 平均消費性向にかかわって短期の消費関数では，所得水準が増加
するにつれて，低下するのは何故か，であった．

　「消費関数論争」の過程で，相対所得仮説，ライフ・サイクル仮説，恒常所
得仮説という3つの有力な仮説が提起された．消費関数をめぐる実証分析は，
大きな広がりを見せるが，その際この3つの仮説に基づいて様々なモデルを構
築して実証分析するという流れが一般的になって今日に至っている．

7　投資関数

　企業は，利子率と投資の限界効率の大小関係を基準に投資決定を行うという
のがケインズの投資理論である．ここでは投資の限界効率の理解が重要になる．

　「いま，ある企業が，耐用年数 T 年，T 年間の期待収益の流列が R_1, R_2,
R_3, …… R_T, 価格が P 円の機械設備購入を検討している」という事例を考え
る．この時，企業はどのような条件であれば，機械設備を購入するかが「投資
問題」である．なお，ここで収益とは粗利潤（＝営業余剰＋固定資本減耗）のこと
である．

　この投資問題を考えるうえで，基礎的概念として，現在価値と内部収益率に
ついて理解することが必要である．

1) 現在価値とは何か

今年の1万円と1年後の1万円は同じ価値ではない．なぜなら，今年の1万円は運用によって利子を稼ぐことができるので，1年後は1万円以上になる．例えば，利子率が5％であるとすれば，1万円を銀行に預金すると，10,000×(1＋0.05)＝10,500円に増加する．このことは，1年後の1万円は現在の1万円より価値が低いことを意味する．現在の1万円は，1年後の10,500円に等しいことになる．1年後の10,500円は，現在の価値に換算すると（一般的には「現在価値に割り引く」と呼ぶ），1万円ということになる．計算式では，次のように示される．

$$10,500/(1+0.05) = 10,000 （円）$$

将来価値を利子率5％で割り引いて現在価値がもとまるが，将来価値を現在価値に割り引く利子率を現在価値割引率という．

以上の理解に基づき，次の事例を考える．

「利子率10％の時，1年後に11万円，2年後に12.1万円手に入るとき，これらを現在価値に換算するといくらになるか」．

この場合，1年後の11万円は $11/(1+0.1)=10$ 万円，2年後の12.1万円は，1年後に換算すると，$12.1/(1+0.1)=11$ 万円になり，さらにこの数値を現在時点に換算すると，$11/(1+0.1)=10$ 万円になる．利子率が10％の時，1年後の11万円と2年後の12.1万円の現在価値の和は20万円ということになる．

$$20 = 11/(1+0.1) + 12.1/(1+0.1)^2$$

以上のことを一般化すると，市場利子率が i（小数点）の時，n 年後の R 円の現在価値は，$R/(1+i)^n$ 円と表記することができる．

2) 内部収益率とは何か

内部収益率とは経営用語であり，投資に必要な支出額の現在価値と投資によって得られるキャッシュフローの現在価値の総和が等しくなるような割引率と定義される．ここで，キャッシュフローの現在価値割引率を m とおいて，内部収益率の意味を具体的に見てみる．

---

5) キャッシュフローとは現金の流入及び流出の収支を意味するのが一般的であるが，ここでは投資に要する資金から得られる収益を意味している．

いま，100万円の機械設備導入をすべきかどうかを検討している．この機械設備は中古で耐用年数は1年であるが，1年間の収益は130万と予想されている．この場合，投資に必要な支出額の現在価値は100万円である．投資によって得られる1年後のキャッシュフローの現在価値は$130/(1+m)$である．したがって，

$$100 = 130/(1+m)$$

でもとまる m が内部収益率であり，$m = 0.3$ となる．この時，$100 \times (1+0.3) = 130$ と変形すると，100万円の投資によって，0.3を乗じた30万円の利潤を獲得できたことを意味する．m は，この投資の粗利潤率を示すことになる．即ち，内部収益率は，導入しようとする投資の粗利潤率を示すのである．

もう1つの事例を示す．「100万円の機械設備導入をすべきかどうかを検討している．この機械設備は中古で耐用年数は2年であり，1年目の収益は80万，2年目の収益は60万円と予想されている」．

この場合，内部収益率を導出するためには次式が成立する必要がある．

$$100 = 80/(1+m) + 60/(1+m)^2$$

この式から，内部収益率 $m \doteqdot 0.27$ がもとまる．100万円の機械設備は，27％の粗利潤率を実現することがわかる．

3) 投資問題と投資決定の基準

先に述べた事例，「耐用年数 T 年，T 年間の期待収益の流列が R_1, R_2, R_3, ……R_T，価格が P 円の機械設備」の購入を検討している企業は，どのような条件であれば，この機械設備を購入するであろうか．

現在の市場利率を i （小数点）とすると，購入予定の機械設備の予想収益の現在価値 （$=V$）は次式で示される．

$$V = \frac{R_1}{1+i} + \frac{R_2}{(1+i)^2} + \cdots\cdots + \frac{R_T}{(1+i)^T}$$

① $V > P$：機械設備の購入は正の利潤をもたらす

② $V = P$：機械設備の購入はゼロ利潤をもたらす

③ $V < P$：機械設備の購入は負の利潤をもたらす

① の場合，機械設備を購入することになり，② の場合は無差別，③ の場合は購入しないことになる．予想収益の流列の現在価値が投資財の供給価格を上回る時，投資は実行されることになる．

予想収益の流列の現在価値が機械設備の価格 P に一致させる割引率を m とすると m は次の関係式からもとまる．

$$P = \frac{R_1}{1+m} + \frac{R_2}{(1+m)^2} + \cdots\cdots + \frac{R_T}{(1+m)^T}$$

ここからもとまる m は前述した内部収益率であり，一般的には「投資の限界効率」と呼ばれる．投資の限界効率は，当該投資の予想粗利潤率を示している．

①′ $m>i$：機械設備の購入は正の利潤をもたらす

②′ $m=i$：機械設備の購入はゼロ利潤をもたらす

③′ $m<i$：機械設備の購入は負の利潤をもたらす

投資の限界効率が市場利子率より高ければ，投資決定をすることになる．

4）ケインズの投資関数

多くの企業は，投資財の購入計画である投資プロジェクトを複数抱えていることが一般的である．企業はいくつかの投資プロジェクトの中から，どの投資プロジェクトを実行するかを決定しなければならない．この時，各投資プロジェクトの限界効率を算出し，これを利子率と比較して決定すればよいことになる．

そのためには，算出した投資プロジェクトの限界効率の高いものから順番に，縦軸を限界効率，横軸を投資額とした「投資の限界効率表」と呼ばれる「表」を作成する必要がある．

いま，ある企業が，I_1，I_2，I_3，I_4，I_5，I_6 という6つの投資プロジェクトを抱えているとする．各投資プロジェクトの限界効率を計算して投資の限界効率表を作成すると，**図 2-1** のようなものが得られる．

この図において，例えば，利子率が i_1 であれば，投資プロジェクトは，I_3 までの投資の限界効率が利子率を上回っているから，I_1，I_2，I_3 の3つの投資プロジェクトが実行されることになる．

もし，利子率が i_1 から i_2 に減少した場合は，I_4 までの投資プロジェクトに

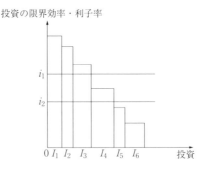

図 2-1　投資の限界効率表

おいて限界効率が利子率を上回るので，I_1, I_2, I_3, I_4 が実行されることになる．

結局，利子率が高くなれば，投資額が減少し，利子率が低くなれば投資額は増えることがわかる．

個別企業における投資の限界効率表を国民経済レベルで集計しても図 2-1 と同様な形状の限界効率表を作成することができるので，上記の議論は，国民経済レベルでも成立する．したがって，投資需要は，利子率が低い時は増加し，利子率が高くなると減少し，利子率の減少関数ということができる．これがケインズの想定する投資関数であり，ケインズの投資関数は次式で示される．

$$I = I(i) \quad (i\uparrow \rightarrow I\downarrow)$$

5) ケインズ型投資関数の問題点

ケインズの投資関数を前提にすると，金融当局が例えば金融緩和政策を実施すれば，利子率が低下して投資需要が増加し，総需要も増加し，GDP の増加に影響を与え，金融引締め政策は逆に GDP を減少させることになり，金融政策によって総需要が管理ができるということになる．

日本経済のこれまでの歩みをみると，特に戦後から高度成長の時期においては，金融政策が投資動向に大きな影響を与えた．この時期企業は，内部の蓄積がまだ不十分で，設備投資を拡大しようとすれば，いかに金融機関などから外部資金を調達するかが極めて重要であった．金利が低い時期は多くの借り入れによって投資拡大が可能になり，金利が高くなると借り入れを少なくせざるを

えなくなって，投資が縮小した．

しかし，1990年代に入りバブル経済が崩壊した後，企業は財務体質の強化をはかり内部蓄積を進め，外部資金にあまり依存することなく，設備投資をするようになった．この段階になると，利子率が極めて低いにもかかわらず投資拡大はみられなくなり，投資停滞の状況が一般的になった．低利子率が投資拡大に与える影響を大きく低下してしまった．

投資停滞をなぜ脱却できないか，この問題を考える場合，利子率以外の要因が投資に影響を与えるという視点が重要になり，ケインズの投資関数は現実経済を十分説明できないということが明らかになり，投資関数をめぐる理論的実証的研究が盛んに行われるようになった．

6） 加速度原理

その研究の中で，特に注目すべきは，投資は利子率ではなく，生産量の変化に大きな影響を受けるという考え方である．その代表的考え方は，「加速度原理」と呼ばれる投資理論である．

この原理では，企業の「望ましい資本ストック」と現実の資本ストックの差によって投資が変動すると考える．ここで望ましい資本ストックは，企業の生産・販売計画が規定していくことになる．

いま，t期の期首の資本ストックは$t-1$期の期末の資本ストックに等しく，これをK_{t-1}とする．t期における企業の最適資本ストックをK_t^*，純投資をI_tとすれば，次式が成立する．

$$I_t = K_t^* - K_{t-1} \tag{2.3}$$

ここで，望ましい資本ストックK_t^*は，生産・販売計画規定されるが，その計画は単純明快に生産量Y_tの比例倍であると考える．比例倍をνとすれば，次の関係式が成立する．

$$K_t^* = \nu Y_t \tag{2.4}$$

ここで，νは生産物1単位を生産するために必要な資本ストックの量を示し，資本係数とよばれる．企業は，この資本係数がどのような数値になるかということについては事前に情報を持っており，所与で一定と見なすと仮定する．投資の定義によって，次式が成立する．

$$I_t = K_t - K_{t-1} \tag{2.5}$$

(2.3) 式と (2.5) 式から，全ての t に $K_t^* = K_t$ という関係が成立しなければならないことがわかる．これは，現実の資本ストックは常に望ましい資本ストックに一致することを意味する．この時 (2.4) 式を (2.5) 式に代入すると，結局投資関数は次式になる．

$$I_t = \nu(Y_t - Y_{t-1})$$

加速度原理は，生産量の変化分が投資に影響を与えるということになる．現実の資本ストックが常に望ましい資本ストックに一致するという仮定は，生産量が増加する時は，投資も増大するが，生産量が減少する時，投資はマイナスになってしまうという非現実性があり，理論的な不十分さをもっている．

加速度原理はいくつかの弱点をもつが，生産量の変化が投資に影響を与えるという視点は，現実を説明するのに重要であり，このような視点からの投資関数の特定化に関する研究がその後精力的に展開され，その大きな成果は，稼働率が投資決定に大きな影響を与えるという知見であった．

7) 投資関数と稼働率

これまでの議論で，加速度原理は，需要の増加（したがって生産の増加）に対応してが投資が増えるという考え方であり，生産能力（供給能力）については考慮していない．例え，需要が旺盛であっても，供給能力に余力がある場合は，投資拡大は起きないと考えられる．即ち投資拡大が起きるかどうかは需要動向のみならず生産能力がどの程度あるのかも考慮する必要がある．需要動向を示す GDP を生産能力で除したものを稼働率という．この稼働率を指標として，稼働率が上昇する局面では，需要に比して生産能力が不足するので投資が拡大して，逆に稼働率が下落する時は，需要に比して生産能力に余力があるから，投資水準が落ち込むということになる．このように，稼働率が投資に大きな影響を与えるから，投資関数では，稼働率を重要な独立変数とみなすことが重要である．

第 *3* 章　　貨幣市場と利子率の決定

　本章では貨幣市場について分析する．前半部分は貨幣に対する需要についての分析を行うが，そこでは特に代表的な貨幣需要の理論であるケインズの流動性選好説について概説する．後半部分では貨幣とは何か，貨幣供給のメカニズムなど貨幣供給についての重要なポイントを説明し，最後に貨幣市場を均衡させる利子率の決定について議論する．

1　貨幣の機能

　我々が日常使っている貨幣には，価値尺度機能，交換手段機能，価値保蔵手段機能，支払い手段機能という4つの機能がある．
　価値尺度機能は，全ての財・サービスの価値が，円なら円，ドルならドルという共通の価値尺度で測ることができるという機能である．
　貨幣が存在する経済では，自分が供給したい財・サービスを売って貨幣にして所有し，その貨幣をもとに自分の欲しいものを購入できるように，貨幣を通じて財・サービスの交換を実現する機能，これを交換手段機能とよぶ．
　人々が資産を保有するとき債券・証券のみならず貨幣も保有する．これは，債券・証券などがキャピタル・ロスを発生する可能性のある危険資産であるのに対して，貨幣は安全資産であり，価値保蔵に適しているがゆえに，貨幣を保有しようとする動機がはたらく．貨幣に価値保蔵機能がある．
　信用に基づく財・サービスの取引は，のちに決済を必要とし，その時貨幣が使われ，貨幣の授受によって貸し借りが決済されるという支払い手段の機能がある．

2　貨幣数量説

　貨幣の需要に関して説明する理論として，「他の事情が一定であれば，貨幣

数量の増減は，物価水準をそれと比例的に騰落させる」という貨幣数量説が有名である．

いま，経済主体で一定期間に取引された財の総量を T，それらの平均価格（＝一般物価水準）を P とすれば，一定期間の取引総額は，PT と表せる．財の取引には必ず貨幣が使われるので，この貨幣数量を M，そして M が一定期間に人の手に渡った回数（＝流通速度）を V とすると，MV は，一定期間の取引に使われた貨幣の総額ということになる．この値は，当然ながら，PT に一致するので，次式が成立するはずである．

$$MV = PT \qquad (3.1)$$

この式をフィッシャーの交換方程式という．フィッシャーは，貨幣の流通速度 V は，社会の支払い制度や慣習に依存して変化しにくいので，一定であるとみなす．また，T も自然資源の量や技術に依存して容易に変化しないとみなして，(3.1) 式から貨幣数量 M と物価水準 P は比例的であることを導出した．これが，貨幣数量説の始まりだった．

しかしこの段階では，まだ貨幣需要の理論とは言い難かったが，その後，ケンブリッジ学派の現金残高方程式によって，貨幣需要関数がわかりやすく示された．現金残高方程式は，取引数量 T は実質所得（＝Y）にほぼ対応すると考えて，これを Y と置き換える．一方，流通速度の逆数を k とおけば，(3.1) 式より，次式が成立する．

$$M = kPY \qquad (3.2)$$

(3.2) 式は，名目所得（＝PY）の一定割合（＝k）を，人々は貨幣で保有しようとしていると解釈することができる．ここで，k はマーシャルの k とよばれる．貨幣数量説は，貨幣需要が名目所得に依存するということを示したものであり，貨幣の交換手段としての機能に着目した理論と言える．

3 取引動機と予備的動機

人々がなぜ貨幣を保有するか，貨幣保有の動機について，ケインズは，取引動機，予備的動機，投機的動機の3つがあることを明らかにし，3つの動機が貨幣需要を生み出すとした．

取引動機は，貨幣は優れた交換手段機能を持つがゆえに，財の取引には必然的に貨幣を必要とするというものである．この場合，国民所得が増加すれば増加するほど，財の取引回数も増加し貨幣需要も増加するから，取引動機に基づく貨幣需要は国民所得の増加関数であると考えることができる．

予備的動機に基づく貨幣需要は，将来何か想定外の出費が生まれることに備えるために，必要より多めに貨幣を保有しようとするものである．この場合も，所得水準が高くなればなるほど予備で保有しようとする貨幣は増えるであろうから，主要には所得の増加関数ということができる．

4　流動性選好説

ケインズは，投機的動機に基づく貨幣需要を特に重視している．人々は，自分の所得から消費を行い，その残りを貯蓄に回すことになる．その時，貯蓄をどのような形態で行うか，資産選択の問題に直面する．具体的には，貯蓄を現金などの貨幣という形で保有するのか債券や株式などで資産を保有するのかを選択しなければならない[1]．

債券保有は，債券価格の上昇でキャピタル・ゲインが得られ大きな収益を享受できる可能性があるところに魅力がある．しかし同時に債券価格が下落するとキャピタル・ロスによって資産が損失を被るというリスクをともなう．このようなリスクを回避しようとすれば，価値が安定しリスクが生まれない貨幣の形で保有することが望ましい．

貨幣は，価値が安定しているがゆえに，その貨幣価値に見合った財との交換が可能であるという便利さを備えた資産である．これは，貨幣が交換手段の機能をもつことに起因するが，債券などにはこのような便利さはない．

「価値の安定性とそれに基づく交換の容易さ」を「流動性」というが，貨幣は資産の中で最も流動性に富む資産ということになる．貨幣を保有するか債券を保有するかという資産選択は，どのくらい流動性を選好するかという問題に帰着する．流動性に対する選好の度合いが，投機的動機に基づく貨幣の需要量に影響を与える．

---

1)　以下では，議論を複雑にしないために，貨幣と債券のどちらを選択するのかというシンプルな資産選択の問題をとりあげる．ここでいう債券とは，保有者に現在から将来にかけて一定期間ごとにあらかじめ決められた額の支払いを約束した証書である．

ケインズは，投機的動機に基づく貨幣需要を重視したと述べたが，投機的動機を規定する要因は「流動性選好」にあるので，ケインズの貨幣需要に対する考え方は，「流動性選好説」と呼ばれる．

5 投機的動機に基づく貨幣需要と利子率

以下では，投機的動機に基づく貨幣需要は，市場利子率の減少関数であることを説明する．

1) 市場利子率の変動と債券価格

ある人Aさんが，額面価値100万円で，年5％の確定利付き債券を購入したとする．確定利付き債券とは，その債券を保有する限り額面価値（＝100万円）に額面の利子率（＝5％）をかけた額の利子（＝5万円）をもらえるという債券である．Aさんは，1年間この債券を保有していれば，当然ながら，5万円の確定した利子を得ることができる．

この債券を購入して1年後，市場利子率が変化して，5％が10％に上昇したとする．市場利子率が10％になると，年5万円の利子収入を得るためには，50万円の現金があれば十分である．（50万円×0.1＝5万円）Aさんが購入した債券は額面が100万であるが5万円の利子しか生まないので，1年後この債券を売ろうとすれば，100万円での売却は不可能で，債券価格が50万円まで下落して買い手が現れることになる．したがって，Aさんがこの債券を保有し続ければ，資産価値総額は，55万円（＝債券の市場価格50万円＋利子収入5万円）に目減りし，45万円の損失を被ることになる．

逆に1年後の市場利子率が5％から4％に下がった場合はどうなるか．この場合，5万円の利子収入を得るためには125万円を必要とする．（125万円×0.04＝5万円）この場合，債券の市場価格は125万円まで値上がりし，Aさんの資産総額は，利子収入を合わせて130万円（＝125万円＋5万円）になる．債券価格の値上がりによる収益をキャピタル・ゲイン，債券価格の値下がりによる損失をキャピタル・ロスと呼ぶが，Aさんがこの債券を売却すれば，キャピタル・ゲインが25万円，利子収入が5万で，合計30万円の収益を得ることになる．

2) 将来の利子率と資産選択

利子率の変化に対応し，債券を保有するか貨幣を保有するかという資産選択も変化するので，将来の利子率をどう予想するかが資産選択にとって極めて重要になる．

将来利子率が上昇すると予想する人が多くなれば，将来の債券価格は下落すると予想する人が多くなるということであり，この場合，キャピタル・ロスを回避するために，債券を売却して安全資産である貨幣を保有しようとするため貨幣需要は増加する．逆に将来の利子率が下落すると予想する人が増えると，将来の債券価格も上昇し，キャピタル・ゲインが得られると予想し，債券を保有しようとする人が増えるので，貨幣需要は減少することになる．

このように，貨幣需要を増やすか減らすかという資産選択では，将来の利子率をどう予想するかがポイントになる．ところが，ケインズは，投機的動機に基づく貨幣需要は，将来の利子率ではなく，現実の利子率の減少関数であると結論づけている．したがって，現在の利子率と将来の利子率はどのような関係にあるのかを検討する必要がある．

3) 将来の利子率と現在の利子率の関係

現在の利子率からそれ以上利子率が上昇すれば，債券保有より貨幣保有が得になる，限界的利子率を計算してみる．**表 3-1** は，いろいろな現在の利子率に対応する限界的利子率を計算したものである．

例えば，現在の利子率が 5 ％の場合，将来の利子率が 5.25 ％になれば，債券の総資産額は 100 万円（≒ 5 万円 ÷ 0.0525 ＋ 5 万円）となり，債券の保有と貨幣の保有は無差別になる．現在の利子率が 10 ％の場合は，将来の利子率が 11 ％になった時，現在の利子率が 15 ％の場合は，将来の利子率が 17.7 ％になった時にそれぞれ債券保有と貨幣保有は無差別になる．

表 3-1 から読み取れることは，現在の利子率が低いときは限界的利子率と現在利子率の差が小さく，現在の利子率が高い場合は，その差は大きくなっている（例えば，現在の利子率 4 ％の時の差は 0.16 ％，現在の利子率 20 ％の時の差は 4 ％）．

現在の利子率が低い場合は，将来少しでも利子率が上昇すれば債券保有によって損失を被る可能性がある．他方，現在の利子率が高い場合は，将来の利子率が少々上昇しても損失を被る可能性は低い．

以上のことから，「大多数の人は，現在の利子率が高ければ高いほど，債券

表3-1 債券保有と貨幣保有が等価となる利子率の上昇[2]

(A) 現在の利子率	(B) 債券保有が損失とならない限界的利子率	両者の差 (B) − (A)
4 （%）	4.16 （%）	0.16 （%）
5	5.25	0.25
6	6.32	0.32
7	7.49	0.49
8	8.64	0.64
9	9.81	0.81
10	11.00	1.00
15	17.70	2.70
20	24.00	4.00
⋮	⋮	⋮
⋮	⋮	⋮

需要を増やそうとし，逆に現在の利子率が低ければ低いほど，貨幣保有を増やそうとする」と考えられる．

　国民経済では，利子率が高ければ高いほど債券需要が増加して貨幣需要は減少し，利子率が低ければ低いほど，債券需要が減少して貨幣需要が増加するから，投機的動機に基づく貨幣需要関数は，結局，利子率の減少関数であるというのが，ケインズの結論である．

6　貨幣需要関数の導出

　以上のことから，貨幣に対する需要は，国民所得（Y）と利子率（i）に依存して決まり，国民所得が増加し，利子率が低下すると貨幣需要は増加することになる．ケインズが想定した貨幣需要関数は，次のようになる．

$$M_d/P = L(Y, \ i) \tag{3.3}$$

　ここで，M_d は名目貨幣需要量，P は物価水準

---

2)　表3-1 については，伊東（1962）を参考にした．

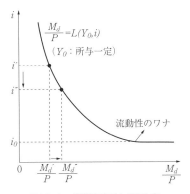

図 3-1　貨幣需要と利子率

　(3.3) 式を図示すると，図 3-1 のようになる．縦軸に利子率，横軸に貨幣需要量をおいて，利子率と実質貨幣需要量の関係が示されている．貨幣需要曲線は，右下がりの曲線として描かれる．

　この図で留意すべきは，利子率の水準が十分に低い時，貨幣需要曲線は，横軸にほぼ平行になっていることである．これは，利子率が十分に低いときは，債券を保有するリスクが極めて高くなり，人々は皆債券を手放して，資産を貨幣で保有するという行動に起因する．これを「流動性の罠」とケインズは呼んだ．流動性の罠では，「貨幣需要の利子弾力性」が無限に大きくなっている．

7　貨幣の種類

　次に，貨幣はなぜ供給されるのかという貨幣供給の側面について検討するが，そのためには，予備知識として，貨幣とは具体的にどのようなものであるか，貨幣にはどのような種類があるのかについて理解しておくことが重要である．

　貨幣の大きな特徴は「流動性」にあると説明したが，この流動性の程度によって貨幣の範疇は，「現金通貨」「預金通貨」「準通貨」など広がりを持つ形で定義されている．

　日本銀行券や財務省発行の補助通貨は，流動性が最も高い貨幣で，「現金通貨」と呼ばれる．銀行の普通預金や当座預金などの要求払い預金なども支払い手段としての機能が高く流動性は高い貨幣であり，「預金通貨」と呼ばれる．

定期性預金も支払い手段としての機能は現金通貨や預金通貨よりやや劣るが価値保蔵手段としての機能は通貨と同程度に備えており，他の金融資産に比較して通貨に換えることも容易ということで，「準通貨」と呼ばれる．金融自由化の流れの中で，外貨預金も手軽にできるようになった．外貨預金は為替レートの変動はあるものの比較的に簡単に円預金に替えることができ流動性が高いのでこれも「準通貨」ということができる．なお，準通貨とは定義されないが，CDと呼ばれる大口の譲渡性預金も定期性預金の性質をもつ通貨であり，貨幣の範疇にはいる．

以上のような貨幣の範疇の広がりを反映して，現実経済における貨幣供給（＝マネーサプライ）の具体的指標はM1，M2，M3などに分類される．

日本銀行及び全ての預金取扱金融機関が取り扱う現金と要求払預金，即ち現金通貨と預金通貨は「M1」と定義される．

また，日本銀行と国内銀行（除くゆうちょ銀行）及び「その他預金取扱金融機関」（外国銀行在日支店，信用金庫，信金中金，農林中央金庫，商工組合中央金庫）が取り扱う現金通貨，預金通貨，準通貨にCD（譲渡性預金）を加えたものを「M2」と呼んでいる．

「M2」にゆうちょ銀行及び「その他預金取扱金融機関（農協・信農連，漁協・

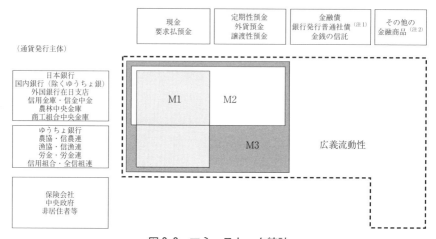

図3-2　マネーストック統計

(注1)　国内銀行を主たる子会社とする持株会社による発行分を含む．
(注2)　金融機関発行CP，投資信託（公募・私募），国債，外債．
(出所)　日本銀行（2018）．

信漁連, 労金・労金連, 信用組合・全信組連)」が取り扱う現金通貨, 預金通貨, 準通貨, CD (譲渡性預金) を足したものは「M3」と定義される. 「M3」は, 日銀と全ての預金取扱金融機関が取り扱う貨幣量を示しており, マネーサプライの全体像を把握するための有用な通貨指標になっている[3] (以上については, 図 3-2 参照のこと).

8 貨幣の供給

表 3-2 は「マネタリーサーベイ」と呼ばれ, 中央銀行および全預金取扱金融機関の M3 の変動を資産・負債の変化でとらえた統括表である. ここで, M3 の供給は, 対外資産の増減, 政府向け信用, 地方公共団体向け信用, 民間信用向けという 4 つのルートを通じて行われることを示している.

例えば, 2016 年をみると, 中央銀行・全預金取扱金融機関は, 対外資産向けに 101 兆 7888 億円, 政府向け信用として 554 兆 3950 億円, その他金融機関向け信用として 206 兆 2672 億円, 地方公共団体向け信用として 69 兆 6390 億円, をそれぞれ貸し付けていることがわかる.

貸し付けは貨幣供給という形で行われ, 現金通貨 97 兆 3009 億円, 預金通貨 603 兆 9851 億円, 合計で 701 兆 2860 億円が M1 で供給されている. さらに, 準通貨 (定期性預金)＋CD (譲渡性預金) で 589 兆 5198 億円で供給され, 現金通貨＋預金通貨＋準通貨 (定期性預金)＋CD (譲渡性預金) である M3 でみると, 1290 兆 8058 億円の供給となり, これが中央銀行・全預金取扱金融機関の負債を形成することになる.

マネタリーサーベイは, 資産と負債というストックを示したもであり, 例えば去年と今年の 1 年間での M3 がどの程度変化したかというフローを知りたいときは, 今年と去年の 1 年間のストックの変化をみればよいことになる.

このように, マネタリーサーベイは, 中央銀行及び預金取扱金融機関から 4 つのルートを通じてどの程度貨幣供給が行われたかを知ることができるが, 貨

---

3) 日本銀行は現在, マネーサプライという呼び方はやめて, マネーストックと呼ぶようになった. マネーストックは, 「一般法人, 個人, 地方公共団体などの通貨保有主体が保有する現金や預金通貨などの通貨量の残高」と定義されている. 日銀は, 対象とする通貨及び通貨発行主体の範囲に応じて, M1, M2, M3 に加えて広義流動性の 4 つの指標を作成し公表している. マネーストックの詳しい解説は, 日本銀行 (2018) を参照のこと.

表3-2　マネタリーサーベイ

(単位：億円)

年　末	総括表					
	資　産					
	対外資産 (純)	国内信用	政府向け 信用（純）	その他金融機 関向け信用	地方公共団 体向け信用	その他部門 向け信用
平成 26 年	1,182,685	13,047,708	4,895,480	1,890,637	659,339	5,602,252
27	1,169,895	13,437,662	5,108,402	1,937,216	666,149	5,725,895
28	1,017,888	14,145,540	5,543,950	2,062,672	696,390	5,842,528

年　末	総括表				
	負　債				
	通貨（M1）	現金通貨 1)	預金通貨 2)	準通貨（定期 性預金）＋CD （譲渡性預金） 3)	その他負債 （純）
平成 26 年	6,177,883	881,610	5,296,273	6,025,096	2,027,414
27	6,449,154	935,586	5,513,568	6,061,443	2,096,960
28	7,012,860	973,009	6,039,851	5,895,198	2,255,370

(注)　「マネタリーサーベイ」は，国際通貨基金（IMF）が採用している国際基準に基づき，日本銀行と全預金
　　　取扱機関の諸勘定を統合・調整したバランスシート．
　　1)　銀行券発行高＋貨幣流通高
　　2)　要求払預金（当座，普通，貯蓄，通知，別段，納税準備）－調査対象金融機関の保有小切手・手形
　　3)　定期預金＋据置貯金＋定期積金＋外貨預金
(資料)　日本銀行「マネタリーサーベイ」．
(出所)　日本の統計（2018）．

幣がどのようなメカニズムで供給されたかを明らかにしているわけではない．

　以下では，預金取扱金融機関である銀行部門が，どのようなメカニズムをつうじて貨幣の創造を行っているのか，預金通貨などの量的拡大（これを「預金創造」あるいは「信用創造」）のメカニズムについて議論する．

9　信用創造のメカニズム

　簡単な数値例を用いて，銀行部門の信用創造のメカニズムを説明する．なおここで，簡単化のため，マネーサプライは預金通貨のみと仮定する．

第 3 章 貨幣市場と利子率の決定 *41*

表 3-3 A 銀行の貸借対照表の変化

資 産		負 債			資 産		負 債	
支払準備金	20 億円	預 金	200 億円	$\Rightarrow$	支払準備金	60 億円	預 金	200 億円
貸出・有価証券の保有	180 億円				貸出・有価証券の保有	140 億円		

1)　民間向け信用のケース

　銀行の主な業務は，預金を受け入れて，これを貸し付けに回し，利ザヤを獲得することにある．その際，預金の全てを貸し出しに回すことはできず，その一部は支払い準備金として日本銀行に預けることが義務付けられている．同時に，銀行自体も業務上支払い準備としてその一部を現金の形で保有する必要がある．日銀への支払い準備金および業務上の支払い準備金の合計が預金に占める割合を必要準備率と呼ぶが，以下の議論ではこれを 10％と仮定する．

　いま，A 銀行が，200 億円の預金残高を保有しているものとする．そして，必要準備金の 20 億円を差し引いた 180 億円を貸付，または有価証券保有に回して運用しているとする．

　ここで，A 銀行が保有している証券のうち，40 億円を日本銀行に売却したとすると，A 銀行の支払い準備金は 60 億円になり，必要準備金をこえる超過準備金は 40 億円になる（**表 3-3**）．

　A 銀行はこの金額を a 企業に貸し付け，a 企業は借り入れたお金を借金返済のため，b 企業に支払ったとする．b 企業は受け取った金額を貯蓄として B 銀行に預金したとする．この時，B 銀行の預金は 40 億円増加することになる．B 銀行はこのうち，4 億円を必要準備金として保有し，残りを c 企業に貸し付けしたとする．c 企業は，借り入れた 36 億円を借金返済のため d 企業に支払い，d 企業は C 銀行に貯蓄として全てを預金したとする．このようなプロセスが，延々と繰り返されると，当初の預金 40 億円は，経済全体では，

$$40 + 40 \times 0.9 + 40 \times 0.9^2 + 40 \times 0.9^3 + \cdots\cdots = 40 \times \frac{1}{1-0.9} = 400 \text{ 億円}$$

となる．当初の超過準備金 40 億円は，結局必要準備率の逆数をかけた金額（＝400 億円）の預金を生み出す結果になっている．このような預金創造のプロセスを信用創造過程という．

上の事例で，日本銀行は，40億円分の有価証券を A 銀行から購入したと仮定したが，日本銀行は，有価証券・手形類を取引先の金融機関を相手として売買するだけでなく，オープンマーケットである金融市場に介入して有価証券や手形を売買することもある．これを一般公開市場操作とよぶ．有価証券を購入する場合は，「買いオペレーション」（通称：買いオペ），有価証券を売る場合は「売りオペレーション」（通称：売りオペ）ということになる．

2) 政府向け信用のケース

超過準備金40億円を保有する A 銀行が，新規発行の国債を購入する場合を考える．この時政府は，国債発行によって調達した40億円を，公共事業などの政府支出に使ったとする．この時政府の事業を請け負った企業などの民間部門が40億円を受け取ることになる．民間部門は40億円を B 銀行に預けたとすると，B 銀行の超過準備金は36億円（＝40億円×0.9）になる．いま，B 銀行はこの全額を国債の購入に向けたとすると，上記のプロセスが繰り返され，結局経済全体では 400 億円 $\left(=40 億円 \times \dfrac{1}{1-0.9}\right)$ の信用創造が行われることになる．

3) 外国為替市場と信用創造

A 銀行が超過準備金40億円でドル債券などの外貨を購入したとする．外貨の取引は外国為替市場で行われ，40億円の外貨の買いに対しては40億円分の外貨を売ろうとする主体が存在する．いま a 企業が輸出で得た40億円分の外貨を A 銀行に売り40億円の円を受け取り，それを B 銀行に預金したとする．B 銀行は40億円の預金のうち36億円（＝40億円×0.9）で外貨の購入に使用したとする．このようなプロセスが繰り返されると，やはり経済全体で 400 億円 $\left(=40 億円 \times \dfrac{1}{1-0.9}\right)$ の信用創造が行われる．

銀行に超過準備金がない場合，日本の企業が稼いだ外貨（ドル）は，外国為替市場で売られるが，外国為替市場に政府が介入しないときは，外貨（ドル）の超過供給になり，円高・ドル安になって為替レートの調整が行われるだけで，あらたな貨幣供給は起こらない．

しかし，日銀が為替レート安定のため，外為市場介入するときは，ドル買い円売りをすることになる．その結果，国内の民間企業に「円」が供給され，当該民間企業がその円を銀行に預けると，銀行に超過準備金が生まれ，信用創造

表3-4　ハイパワード・マネーとマネーサプライ

日本銀行への預金	市中銀行の支払準備金	ハイパワード・マネー
市中銀行の手持現金		
M1	民間非金融部門の保有する現金	
	要求払い預金	

のプロセスが繰り返され，貨幣供給が増加することになる．

10　信用乗数

市中銀行が預金創造を行うとき，預金創造の「元」となる貨幣をハイパワード・マネー，あるいはマネタリーベースという．これは，法定支払い準備率に基づく日銀への預金に市中銀行の手持ち現金を加えた市中銀行の支払い準備金と金融機関以外の民間部門に流通している現金を合計したものである（表3-4）．

いま，ハイパワード・マネーを H，市中銀行の手持ち現金と民間部門に流通する現金の和である現金通貨を C，必要準備率を r，預金通貨を D とすると，ハイパワード・マネーの定義によって，次式が成立する．

$$H = rD + C$$

この式から $D = \dfrac{H-C}{r}$ と表すことができるので，預金の変化分は，次式になる．

$$\Delta D = \frac{\Delta H - \Delta C}{r} \tag{3.4}$$

ところで，マネーサプライ[4]（M）は，現金通貨と預金通貨の和であるから，その変化を ΔM とすると，次式になる．

$$\Delta M = \Delta C + \Delta D \tag{3.5}$$

ここで，人々が望む現金通貨と預金通貨の比率を d とすると，$d = \dfrac{\Delta C}{\Delta D}$ が成立するので，次式のように変形できる．

4）　なお，ここでのマネーサプライの指標は，簡単化のために M1 を想定している．

$$\Delta C = d\Delta D \tag{3.6}$$

（3.5）式に（3.4）式と（3.6）式を代入して，式を整理すると，

$$\Delta M = \frac{1+d}{r+d} \times \Delta H \tag{3.7}$$

が得られる．ここで，ΔH の係数部分である $\dfrac{1+d}{r+d}$ を「貨幣乗数」あるいは「信用乗数」と呼び，ハイパワード・マネーの変化によって，その何倍がマネーサプライの変化になるかを示している．

　（3.7）式の意味するところは，もし，現金・預金比率（d）が一定であれば，貨幣供給量（M1）は，必要準備率（r）とハイパワード・マネー（H）に依存して決まるということである．日銀は，直接マネーサプライをコントロールすることはできないが，r や H に影響を与えることで貨幣供給量を間接的にコントロールすることができるのである．

11　これまでの代表的な金融政策

　物価の安定によって国民経済の健全な発展を促すため，中央銀行が r や H に影響を与えて，通貨および金融の調節を適宜行うことを「金融政策」と呼んでいる．これまでの代表的な金融政策には，公定歩合操作，オペレーション（公開市場操作），法定準備率操作，窓口指導の4つであった．

1）　公定歩合操作

　公定歩合とは，日本銀行が市中銀行に資金を貸し出すときの金利で，この値を変更することによって，市中銀行の現金準備に影響を与え，ハイパワード・マネーをコントロールする政策が公定歩合操作である．公定歩合の上昇（下落）は市中銀行の日銀からの借入資金コストを上昇（下落）させて，現金準備を減少（増加）させるので，通貨供給量は減少（増加）する．公定歩合と企業の借入金利は連動するので，公定歩合の操作によって，企業の投資資金コストが変化し，民間設備投資にも影響を与えることになる．

2) 公開市場操作

金融市場調整の主要な手段はオペレーション（公開市場操作）である．日本銀行は，金融機関を相手に行う資金の貸付けや国債等の売買を行うが，これがオペレーション（公開市場操作）と呼ばれる．オペレーションを通じて市中銀行の現金準備を変化させ，市場に供給されるハイパワード・マネーを増減させて，通貨供給量に影響を及ぼすことができる．

オペレーションには，日本銀行が資金の貸付けや国債買入れなどによって，金融市場に資金を供給するオペレーション（＝買いオペ）と日本銀行が振り出す手形の売出しや日銀保有の国債の買戻条件付売却などで金融市場から資金を吸収するオペレーション（＝売りオペ）がある．

3) 法定準備率操作

金融機関に対し，受け入れている預金等の一定比率（＝「法定準備率」）以上の金額を日本銀行に預け入れることを義務付けした制度である「準備預金制度」が 1957 年に導入され現在に至っている．日本銀行に当座預金または準備預り金として預け入れなければならない最低金額を，「法定準備預金額」という．法定準備金の預金残高にたいする割合を法定準備率という．

法定準備率操作の狙いは，日本銀行への預金を変化させてマネーサプライを調整しようというものである．しかし，金融自由化の流れの中で，現在では，金融引締め緩和の手段として法定準備率操作は利用されておらず，法定準備率も 1991 年 10 月以降変更されていない状況である．

12 利子率の決定

金融政策を通じて，通貨当局（日銀と財務省）が貨幣供給量をどの程度コントロールできるかは明らかではないが，以下では通貨当局はしっかりコントロールすると仮定する．また，物価水準は変化せず一定とする．このとき，貨幣供給量である M/P は所与で外生変数ということになる．

図 3-3 では，所得水準が Y_0 の時，貨幣需要曲線 M_d/P が右下がりの曲線で描ける．貨幣供給量は通貨当局が一定の値にコントロールできると仮定しているから，貨幣供給曲線は，その目標水準が M_s/P であれば，その上に立つ垂直線で描ける．したがって，所得水準が Y_0 の場合，M_s/P と M_d/P との交点 E

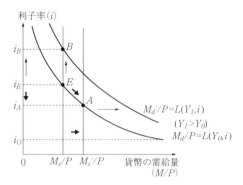

図 3-3　貨幣市場の均衡と利子率の変化

で貨幣市場は均衡し，利子率は i_E で決定される．

　いま，通貨当局が，マネーサプライを M_s/P から M_s'/P に増加させた場合，所得水準が Y_0 で不変であれば，貨幣需要曲線に変化はないので，均衡点は E から A に変化し，利子率は i_A に下落することになる．

　一方，通貨供給量が M_s/P で一定の時，国民所得が Y_0 から Y_1 に増加したならば，貨幣需要曲線は右側へシフトする．なぜなら，任意の利子率について一定であれば，所得水準の増加は，貨幣需要量を増加させるからである．したがって，所得水準が増加して貨幣需要曲線が M_d/P から M_d'/P にシフトするので，均衡点は B に変化し，利子率は i_B に上昇することになる．

　このように，貨幣供給量は通貨当局の金融政策によって垂直線が左右にシフトし，貨幣需要量は国民所得の大きさによって左右にシフトし，その結果貨幣の需給が一致するところで利子率が決まることがわかった．

13　日本銀行の金融政策の変遷[5]

1）　金利自由化後の金融政策

　日本銀行は，法定準備率操作や公定歩合操作を有力な金融政策の手段として，金融緩和引締めを実施してきた．特に公定歩合は，日本銀行の金融機関のへの貸出金利であり，公定歩合が変化すれば，あらゆる金利がそれに連動して変化

5）「(12) 日本銀行の金融政策の変遷」の記述については，日本銀行の HP にある「教えて！にちぎん」のコンテンツを参考にしている．

していた．日銀の公定歩合の操作が金融政策の柱であった．

　しかし，1994年に金利自由化が完了してからは，公定歩合が預金金利など
に連動することはなくなった．それに代わって短期市場金利である「無担保コ
ールレート（オーバーナイト物）」の誘導目標を設定し，それを達成するために
オペレーション（公開市場操作）による金融市場調節を行うようになった．

　無担保コールレート（オーバーナイト物）は，その他の短期金利に連動し，日
銀はオペレーションによって，短期金利をコントロールするようになったので
ある．

　金融政策において，長期金利を日銀が直接コントロールすることはできず，
伝統的には，短期金利を操作し，それが長期金利にも波及することを通じて，
実体経済に影響を及ぼすとしてきた．

2)　異次元の金融緩和政策の導入

　しかし，リーマン・ショック以降，米・英などの中央銀行が長期国債等の買
入れを通じて，長期金利を直接引き下げる政策を始め，日本銀行もそれに追随
した．いわゆる異次元の金融緩和政策の導入である．

　異次元の金融緩和政策において，短期金利は日本銀行当座預金のうち「政策
金利残高」に適用する金利をもって短期の政策金利とするとともに，長期金利
については，10年物国債金利の操作目標を示し，その実現のため大量の国債
買入れオペを実施するようになった．

　異次元の金融緩和政策の目的は，実質金利低下にあり，その効果を確実なも
のにするため，短期金利のみならず長期金利もコントロールするという「イー
ルドカーブ・コントロール」を目標としてオペレーションを展開することが金
融政策の柱となった．

第4章 *IS-LM*分析

　第2章では，利子率が与えられると，財市場が均衡するように国民所得（GDP）が決まり，第3章では，国民所得が所与であれば，貨幣市場の需給が一致するように利子率が決まることを説明した．これまでは，財市場と貨幣市場の個別の検討にとどまり，両市場の相互関連については分析していなかった．

　第4章では，財市場と貨幣市場の相互関連を検討し，2つの市場を同時に均衡させる国民所得（GDP）と利子率がどのようにして決まるのかを分析する．分析にあたっては，最もポピュラーで，理解が比較的容易といわれる J. R. ヒックスの *IS-LM* 分析が極めて有用である．本章では，まず *IS-LM* 分析について詳しく説明し，そのうえで，この分析を応用した財政政策と金融政策の効果分析について解説する．

1 *IS* 曲線

　GDP の水準は，消費と投資という2つの支出項目で構成される有効需要によって決まり，そのうち投資は利子率に依存して決まることを説明した．GDP 水準決定の過程は，利子率が任意に与えられると投資水準が定まり，それに乗数をかけて総需要が決まり，有効需要の原理によって総需要に等しく総供給が決まり，財市場の均衡が達成される．

　したがって，財市場の均衡条件式からは，財市場を均衡させる所得と利子率の組み合わせが決まることになる．財市場を均衡させる所得と利子率の組み合わせを，所得-利子率平面上に描いた曲線を *IS* 曲線という．

　財市場の均衡条件は，$I=S$ であるが，貯蓄 S は所得 Y の増加関数[3]，投資 I

---

1) *IS-LM* 分析においては国民所得（GDP）を単に所得と記述するのが一般的なので，本書でもそれを踏襲する．

2) いま，総需要は消費（C）と投資（I）のみであるとすれば，総需要は総供給である国民所得（Y）に等しいので，「$Y=C+I$ (4.1) 式」が成立する．この式は，当然ながら，

第4章 IS–LM 分析　49

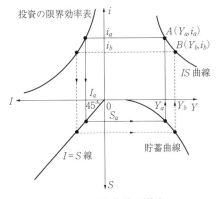

図 4-1　IS 曲線の導出

は利子率の減少関数であった．したがって，IS 曲線上の点は，

$$S(Y) = I(i)$$

を満足する Y と i の組み合わせということになる．以下では，**図 4-1** を利用して IS 曲線を導出する．

　投資 I は利子率 i の減少関数であるから，投資の限界効率表が与えられた時の利子率と投資 I の関係を示す投資関数は，第 2 象限で描かれるような実線の形状をとる．一方，国民所得 Y と貯蓄 S の関係を示す貯蓄関数は，S が Y の増加関数であるから，第 4 象限で描かれるような実線の形状をとる．第 3 象限は，$I=S$ という財市場の均衡を示す関係が 45 度線で描かれている．第 1 象限は，横軸を Y，縦軸を i とした平面上に描かれた IS 曲線を示している．

　いま，利子率が i_a の水準で投資の限界効率表が一定で変化しないとすると，投資は I_a の水準に決まる．この投資 I_a に対応して，財市場の均衡を実現する貯蓄水準は S_a で，この貯蓄水準をもたらす国民所得水準は Y_a であることがわかる．したがって，第 1 象限の点 $A(Y_a, i_a)$ は，財市場を均衡させる所得と利

　財市場の均衡式である．ところで，生み出された国民所得の多くは今期消費されるが一部は貯蓄（S）として処分され，この状態は式で示すと「$Y=C+S$（4.2）式」である．(4.2) 式を (4.1) 式に代入すると，財市場の均衡式として「$I=S$」が導出される．
3）消費関数のところで説明したように消費（C）は Y の関数であった．したがって，貯蓄（S）は $S=Y-C(Y)$ と書けるので，S も Y の関数である．

子率の組合せの1つの点を表していることになる．

利子率が i_a より低い i_b から出発すると，同様なプロセスを通じて，所得 Y は Y_b に決まり，第1象限に点 $B(Y_b, i_b)$ が得られる．全ての利子率について同様な作業をすると，第1象限には右下がりの曲線を得ることができ，これが導出された IS 曲線ということになる．

IS 曲線が右下がりになるということは，次のように理解することもできる．IS 曲線上の任意の利子率が下落すると，投資が増加して，それに等しい額の供給の増加を生み出し所得も増加する．所得増は消費を増加させ，消費増→所得増→消費増という乗数過程を通じて総需要が増大し，それに等しく総供給が増加して財市場は均衡する．当然ながら総供給の増加は国民所得水準を増加させる（図 4-2 において，A 点は B' 点にとどまらず，B 点に達する）．

逆に，IS 曲線上の任意の利子率が上昇すると，投資が減少してその分供給が減少し所得も減少する．所得減少は消費の減少をもたらし乗数過程を通じて総需要は減少するので総供給が減少，国民所得水準も減少して財市場が均衡化する．

このように，IS 曲線上では利子率下落は所得増によって財市場が均衡化し，利子率上昇は所得減によって財市場が均衡化するので，IS 曲線は，右下がりの曲線とういうことになる（図 4-2 参照）．

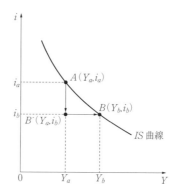

図 4-2　IS 曲線の形状について

2　IS曲線のシフト

　企業の将来の見通しである「長期期待」が好転すると，個別投資プロジェクトの限界効率が上昇するので，個別投資プロジェクトを集計した投資の限界効率表は，上方にシフトすることになる．この時，投資の限界効率が低くて採算の見通しが立たなかった投資プロジェクトの限界効率が高まり，中には，$m>i$ となる投資プロジェクトがうまれ，投資が現実化することになる．[4]

　現実の投資水準は，どの利子率のもとであっても以前より増加する．投資の増加は，それに乗数をかけた分だけ総需要を増加させそれに等しく生産が増加して財市場の均衡が達成されることになる．即ち，投資の限界効率表が上方にシフトすると，どんな利子率に対しても，財市場を均衡させる新たな所得は増大するので，IS曲線は右側にシフトすることになる．

　図4-3において，経済がA点にあったとする．この時，投資の限界効率表が上方にシフトすると，同じ利子率i_aであっても投資水準は増えるので，第2象限の投資関数は破線のように左側にシフトする．その結果，投資はI_a'，貯蓄はS_a'，所得Y_a'となり，$A'(Y_a', i_a)$はもとの点Aより右側に位置することになる．このような作業を任意の利子率について行うと，結局元のIS曲線の右側に新しいIS曲線が得られる．このように，投資の限界効率表が上方にシフトすれば，IS曲線は右方向にシフトすることになり，逆は逆である．

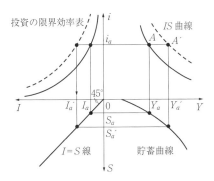

図4-3　投資の限界効率表の変化とIS曲線

---

4)　詳しくは第2章「7　投資関数」を参照のこと．

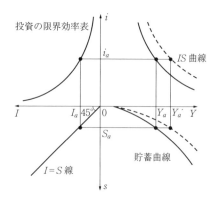

図 4-4 消費性向の変化と IS 曲線

消費性向が高まった場合について検討する．消費性向の上昇は貯蓄性向の低下を意味するので，第 4 象限の貯蓄関数は，たとえば破線のようにシフトする．この新しい貯蓄関数をもとに IS 曲線を導出すると，新しい IS 曲線は，もとの IS 曲線より右側の破線のような形にシフトする（図 4-4 参照）．

3　*LM* 曲線

ケインズの流動性選好説によれば，取引動機と予備的動機による貨幣需要は国民所得に依存し，投機的動機に基づく貨幣需要は利子率に依存するので，貨幣需要は国民所得と利子率によって決まることを明らかにした．この時，貨幣需要量を $M_d/P = L(Y, i)$ と示した．以下便宜上，関数 L のうち，所得に依存する部分を L_1，利子率に依存する部分を L_2 と表すと，貨幣需要量は，次式で示される．

$$M_d/P = L(Y, i) = L_1(Y) + L_2(i)$$

一方貨幣供給は，通貨当局がコントロール可能と仮定すると，マネーサプライ M/P は外生変数と見なすことができると説明した．この時，ある与えられた貨幣供給水準 M における貨幣市場の均衡条件は，次式のように示される．

$$M/P = L_1(Y) + L_2(i)$$

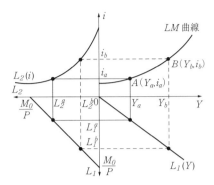

図 4-5　LM 曲線の導出

この式を満たす所得 Y と利子率 i の組合せを所得－利子率の平面上に描いた曲線が LM 曲線である．

図 4-5 において，第 2 象限は主に投機的動機に基づく貨幣需要関数を示し，貨幣需要（L_2）は利子率の減少関数であることを示している．第 4 象限は，主に取引動機に基づく貨幣需要（L_1）で，所得の増加関数となっている．第 3 象限は，マネーサプライの水準がある M_0/P という値の時，貨幣市場の均衡条件式（$M_0/P = L_1 + L_2$）がみたされることを示している．

いま，Y のある値 Y_a が与えられている時，第 4 象限で主に取引動機にもとづく貨幣需要の水準 L_1^a（$= L_1(Y_a)$）が決まる．この時，第 3 象限の図から，貨幣供給量 M_0/P から L_1^a をひいた L_2^a が，主に投機的動機のために保有されている貨幣需要ということになる．この時，第 2 象限の図から，L_2^a だけ主に投機的動機にもとづいて貨幣が保有される場合，利子率は i_a でなければならないことがわかる．したがって，与えられた Y_a に対して，貨幣の需給を一致させる利子率は i_a であることがわかるので，第 1 象限の $A(Y_a, i_a)$ は，LM 曲線上の点ということになる．以上のプロセスを任意の所得水準 Y について繰り返すと，結局，第 1 象限にみられるような右上がりの曲線を描くことになり，これが LM 曲線である．

LM 曲線において何らかの要因によって所得が増加したとする．この時取引動機等よって貨幣需要が増加する一方，貨幣供給は変化しないので，貨幣市場は超過需要の状態になる．人々は，債券を手放して貨幣を保有しようとする．この時債券価格は下落するので，利子率は上昇する．利子率の上昇は投機的動

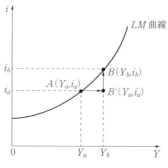

図 4-6　*LM* 曲線の形状

機に基づく貨幣需要を減少させ，貨幣市場は均衡を回復する．即ち，所得が増加すると，利子率が上昇して，貨幣市場の均衡は回復するので，*LM* 曲線は，右上がりの曲線を描くことになる（図 4-6 において，A 点は B' 点にとどまらずに，B 点まで達する）．

4　貨幣供給量の変化と *LM* 曲線

貨幣市場が均衡している状態で，政府の金融政策によって貨幣供給が第 3 象

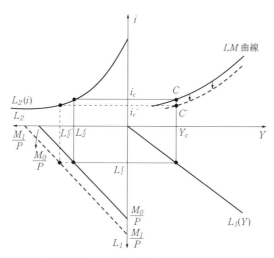

図 4-7　貨幣供給量の変化と *LM* 曲線

限において M_0/P から M_1/P に増加したとき,第4象限において所得が例えば Y_c の時,主に取引動機に基づく貨幣需要は L_1^c となる.この時,第3象限の図から明らかなように,貨幣供給が M_0/P から M_1/P に増大しているので,投機的動機に基づく貨幣需要は $L_2^{c'}$ に増加することになる.それに対応して第2象限で利子率 i_c が i_c' に減少することになり,結局 LM 曲線上の点 $C(Y_c, i_c)$ は点 $C'(Y_c, i_c')$ へと下方にシフトする.

貨幣供給が増加すれば,貨幣市場は超過供給の状態になる.この時,貨幣市場の均衡時におけるある国民所得に変化がないとすれば,取引動機に基づく貨幣需要は変化しない.しかし,新たな貨幣市場の均衡を達成するためには,投機的動機に基づく貨幣需要が増加する必要があり,利子率が下落することによって貨幣需要が増加し,貨幣市場の新たな均衡が達成される.

上記の調整過程は,当初の貨幣市場均衡時において任意の国民所得全てについて変化がない場合に成立するので,貨幣供給が増加した時,LM 曲線は下方にシフトすることになる(図4-7参照).

5 財市場と貨幣市場の同時的均衡

1) 均衡所得と均衡利子率

IS 曲線と LM 曲線と同じ図に描き,その交点をもとめると(図4-8参照),財市場と貨幣市場が同時的に均衡する国民所得と利子率を知ることができ,これらをそれぞれ均衡国民所得および均衡利子率と呼ぶことにする.

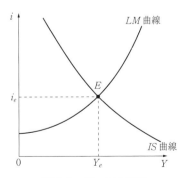

図4-8　IS−LM 曲線

2) 投資の限界効率表の上昇と均衡点

投資の限界効率表や貨幣供給量は外生変数が変化した時，国民所得や利子率の均衡値はどうなるかを考察する．

投資の限界効率表の上昇は，IS 曲線を右上方にシフトさせる．この時貨幣市場に直接には影響を与えないので，LM 曲線には何ら変化はない．体系の均衡点は，E_0 から E_1 に変化し，国民所得も利子率も上昇することになる（図4-9参照）．

投資の限界効率表の上昇は，利子率一定のもとで，企業家の投資意欲を高める結果，投資水準が上昇して投資が増加し，乗数効果を通じて国民所得を増加させる．所得水準の上昇は，主に取引動機に基づく貨幣需要を増やすので，貨幣市場は超過需要になる．貨幣市場は，利子率が上昇して投機的動機に基づく貨幣需要が減少することによって，均衡を回復するという調整が生まれる．投資の限界効率表の上方シフトは，所得水準と利子率が同時に上昇することになる．

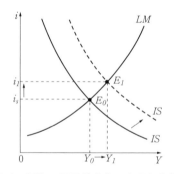

図 4-9　投資の限界効率表の上昇と均衡点

3) 貨幣供給量の変化と均衡点

貨幣供給が増加した時，LM 曲線は，右側にシフトする（図4-10参照）．マネーサプライと財の需要は直接的には関係ないので，IS 曲線はシフトしない．この時，国民所得は増加するが，利子率は低下する．

貨幣供給の増加は，所得水準が一定のもとでは，貨幣市場に超過供給をもたらす．この時，所得水準は一定とおいているため，取引動機に基づく貨幣需要は変化しない．利子率が下落して，投機的動機に基づく貨幣需要が増加する

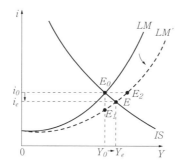

図 4-10　貨幣供給量の変化と均衡点

(均衡点；$E_0 \to E_1$). ところで，利子率の下落は，財市場における投資水準を増大させるので，投資の増加が乗数効果を通じて総需要を増やしそれに等しく生産が行われ国民所得が増加して財市場の新たな均衡が達成される．ところが，この段階では国民所得が増加しているので，貨幣市場では取引動機に基づく貨幣需要が増加して貨幣市場は超過需要の状態になる．この時，貨幣市場では，利子率が上昇することによって投機的動機に基づく貨幣需要が減少し，貨幣市場の新たな均衡が達成される（均衡点：$E_1 \to E$）．

利子率は一度下落して再び上昇するが，LM 曲線は右側にシフトしているので，当初の利子率を上回ることはない．貨幣供給の増加は，所得水準をあげ，利子率は低下させる．

6　$IS-LM$ 分析と財政・金融政策

財政・金融政策によって，IS 曲線及び LM 曲線がシフトすると，IS 曲線と LM 曲線の交点で示される均衡国民所得や均衡利子率も変化する．財政・金融政策の主要な目的は以下に国民所得を増やすかというところにあるので，政策の有効性を議論する場合は，特に均衡国民所得への影響に着目する必要がある．均衡国民所得は，IS 曲線と LM 曲線の交点であるから，財政・金融政策の有効性は，その交点がどの位置に現れるかによって評価することになる．

　IS 曲線と LM 曲線の交点がどの位置に現れるかは，IS 曲線と LM 曲線の形状によって変わってくる．

1) *IS*曲線が右下がり，*LM*曲線が右上がり通常のケース（図4-11参照）

政府が財政支出を積極的に増やすという拡張的財政政策は，*IS*曲線を右側にシフトさせ，均衡点はE_0からE_1に移動するので，国民所得が増大する．金融政策についても，金融緩和政策で貨幣の供給量を増加させると，*LM*曲線は右方向にシフトし，均衡点はE_0からE_2に変化して，やはり国民所得は増加する．この場合は，財政政策も金融政策もともに有効ということになる．

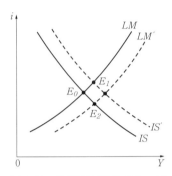

図4-11　均衡点が通常のケース

2) *IS*曲線が垂直のケース（図4-12参照）

*IS*曲線が垂直の時は，投資が利子率に感応的でなく，利子率が下落しても投資が増えないような経済状態を意味する．このような場合，拡張的財政政策によって政府支出が増加すると，*IS*曲線は右方向にシフトするので，均衡点は*IS*曲線のシフト幅と同じくらい右にシフトすると考えられる．その結果，

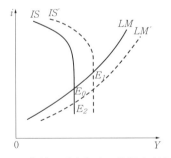

図4-12　*IS*曲線の垂直部分に均衡点がある場合

国民所得も同じように増加するので，拡張的財政政策は有効である（均衡点：$E_0 \to E_1$）．

貨幣供給量を増やす金融緩和政策の場合，マネーサプライの増加によって，貨幣市場は超過供給の状態になる．超過供給の状態は，利子率が低下して投機的動機に基づく貨幣需要が増大して貨幣市場の均衡が回復する．この時，利子率が低下しても，投資がこの変化に感応的ではないので，国民所得は増加しないことになる．貨幣供給が増えても利子率が変化するのみで，国民所得は増えないので，金融政策は有効ではないということになる（均衡点：$E_0 \to E_2$）．

3) LM 曲線が水平で，「流動性の罠」にあるケース（図 4-13 参照）

利子率が極めて低く，利子率のわずかな低下でも，貨幣需要が無限に拡大するような状態である．この場合，マネーサプライを増やしても旺盛な投機的動機に基づく貨幣需要によってマネーサプライが吸収され，利子率はほとんど変化しない．したがって，投資需要は増大しないので，国民所得も増加しない．金融政策は有効ではない（均衡点は E_0 にとどまる）．

拡張的財政政策は有効である．この場合は，IS 曲線が右方向にシフトし，財政支出の増分に乗数倍の国民所得が増加し，利子率はほとんど変化しないことになる（均衡点：$E_0 \to E_1$）．

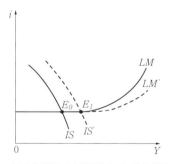

図 4-13　LM 曲線の水平部分に均衡点がある場合

4) LM 曲線が垂直のケース（図 4-14 参照）

利子率が下落しても貨幣需要は増えない状況である．このような状態はそもそも利子率が高く，少々利子率が下落しても債券保有の損失リスクが低いため，

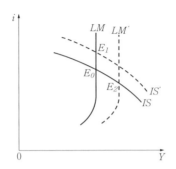

図 4-14 *LM* 曲線の垂直部分に均衡点がある場合

債券を手放して貨幣需要を増やそうというインセンティブは働かない状況である．貨幣供給を増やしても，投機的動機に基づく貨幣需要は増加せず，取引動機や予備的動機に基づく貨幣需要に吸収されることによって貨幣市場の均衡が回復される．

この時，国民所得の上昇圧力と利子率の下落が発生し，財市場では，利子率は下落するので投資が増大し乗数効果を通じて国民所得が増大し，これが貨幣需要を増加させて貨幣市場の均衡を現実化する．金融政策は有効ということになる（均衡点：$E_0 \to E_2$）．

一方拡張的財政政策は有効ではない．財政支出を増やすと，当初は需要増によって国民所得は増加するが，これが取引動機に基づく貨幣需要を増加させ，利子率が急激に上昇し，これが投資の減退を招き，国民所得の下落につながり，国民所得は元の水準までに引き戻されてしまうのである（均衡点：$E_0 \to E_1$）．

5） 財政・金融政策の有効性に関するまとめ

財政策が有効な場合は，「投資が利子率に対して感応的でないケース」，「流動性の罠の状態に経済があるケース」などである．これらのケースでは一般的に経済が不況の状態であるから，財政政策は不況対策としては有効であると言ってもよい．

「*LM* 曲線が垂直なケース」は，一般的に景気が好況であると考えられるので，財政支出の拡大は利子率を上昇させ，民間設備投資を財市場から押し退ける状態，即ちクラウディング・アウト効果が発生し，国民所得水準はほとんど変化しない．好況局面では，拡張的財政政策は発動すべきではないということ

になる.

　金融政策では，特に有効なのは，「投資が利子率に対して感応的なケース」や「*LM* 曲線の傾きが急なケース」である．このようなケースも一般的には好況局面であるから，好況状態を維持しようとすれば，金融政策は有効であると言える．しかし，不況局面では，金融政策はあまり有効でないことがわかる.

補論 1　「流動性の罠」と異次元の金融緩和政策[5]

　流動性の罠では，金利はすでに低金利の状態で，ゼロ近傍にある．そのような状態でマネタリーベースを大量に供給しても，金利低下で投資拡大を通じて GDP を上げることは不可能である．但し，ここでいう金利は名目金利であり，名目金利はゼロ近傍にあるが，デフレ状態で物価下落が続く中では，名目金利から物価上昇率を引いた実質金利はまだ高いということになる．そこで実質金利を低くして，実物経済を刺激しよう言うのが「異次元の金融緩和政策」の狙いである.

　異次元の金融緩和政策は，「質的・量的金融緩和政策」と呼ばれ，2 つの柱から構成されている．第 1 の柱は，「2％の物価安定目標を，2 年程度の期間を念頭において，できるだけ早期に実現する」ことについて，日本銀行は「明確に約束している」というコミットメントである．第 2 の柱は，長期国債を中心とする各資産の買い入れによりマネタリーベースを大量に供給するという「量の拡大」とリスクの大きな資産も購入するという「質の変化」の両面から具体的行動で示すというものである.

　量的・質的金融緩和政策によって，長期国債の日銀買い入れによる大量の貨幣供給は，名目金利を引き下げる方向に働く．他方，金融市場参加者の予想インフレ率を引き上げる方向に働く．市場参加者は，マネタリーベースの大幅増によって将来銀行の貸出が増え始め，将来の貨幣が増加すると予想するようになる．そして，将来貨幣が増えれば，貨幣の一部が財やサービスの購入に向けられ，インフレ率は上昇するであろうと予想する.

　名目金利から予想インフレ率を差し引いた金利は，予想実質金利であるが，予想実質金利が低下すれば，現金や利息固定の預金・債券の予想実質金利は低

---

　5)　補論 1 の記述では，岩田（2013）を参考にしている.

下するので，それらを保有するのは損である．市場参加者は予想インフレ率の上昇によって株式や土地・住宅及び外貨資産を増やそうとするから，株高・外貨高によって，家計は資産価値の増加が資産効果による消費マインドの改善を生み出して家計消費支出が増大し，外貨資産の増大は円安により輸出増をもたらす．

家計の消費増及び輸出増が起こると，生産増強のための設備投資拡大が起こる．あるいは，他社株や外貨保有企業（主に輸出企業）では財務のバランスシートの改善（純資産の増加）で設備投資拡大が起こる．

予想インフレ率の上昇は，実質 GDP の増加を通じて労働需給のひっ迫をもたらし，賃金上昇が起こり，2％程度のインフレが実現し，デフレからの脱却が可能ということになる．

「流動性の罠」では，名目金利がゼロ近傍の状態で，伝統的な金融政策は有効に働かない．それに対して，異次元の金融緩和政策は，予想実質金利を下げ，その多様な波及経路を通じて実物経済を活性化させようとするものである．

異次元の金融緩和政策は，予想実質金利が下落するという期待（予想）を通じて家計や企業が経済行動をチェンジすることを狙ったものである．「期待」に強く依存した金融政策のみで経済主体の行動が変化するとみるのは，楽観的過ぎると言わざるをえない．

補論2　数値例による *IS−LM* 分析の解説

ある経済の実物市場と貨幣市場は，次のような関係が成立している．

実物市場

$Y = C + I + G$　　（財市場の均衡式）　　　　　　　　　　　　　　　　(4.3)

$C = 0.6Y + 40$　　（消費関数）　　　　　　　　　　　　　　　　　　(4.4)

$I = -5i + 80$　　（投資関数）　　　　　　　　　　　　　　　　　　(4.5)

貨幣市場

$M/P = L$　　　　（貨幣市場の均衡式）

$L = 0.3Y + (300 - 10i)$　　（貨幣需要関数）

ここで，Y＝国民所得，C＝消費，G＝政府支出，I＝投資

　　　　i＝利子率（％），M/P＝貨幣供給，L＝貨幣需要

財市場の均衡式では，右辺が総需要（＝消費＋投資＋政府支出），左辺が総供給で総供給＝総需要であることを示している．消費関数は，基礎的消費が40兆円，限界消費性向が0.6と特定化している．同様に投資関数は，投資が利子率のみに依存すると仮定して特定化している．

　貨幣市場の均衡式は左辺が貨幣供給で，右辺が貨幣需要で，貨幣供給＝貨幣需要が成立している．貨幣供給は，通貨当局がコントロール可能と仮定すると外生的に所与となる変数である．貨幣需要については，ケインズの貨幣需要の動機の考え方にしたがって，利子率と国民所得に依存すると仮定して特定化している．

① 今政府支出が40兆円だと仮定した時，IS曲線は以下のようにもとまる．G ＝40とおき，(4.4) 式と (4.5) 式を財市場の均衡式である (4.3) 式に代入して，整理すると次式がもとまる．

$$i = -0.08Y + 32$$

この式がIS曲線である．IS曲線は，右下がりの1次関数で示される．

② もし政府が，財政支出を拡大してGを40兆円から55兆円に増大させた時の，IS曲線は以下のとおりである．

$$i = -0.08Y + 35$$

政府が財政支出を拡大した時，IS曲線は右にシフトすることが確認できる．

③ 貨幣供給（＝M/P）が300兆円と仮定した時のLM曲線をもとめてみる．

$$300 = 0.3Y + (300 - 10i)$$
$$i = 0.03Y$$

この事例ではLM曲線は1次関数に特定化されるが，右上がりであることがわかる．

④ もし通貨当局が金融緩和政策をとって貨幣供給を300兆円から320兆円に拡大した時，LM曲線は次式で示される．

$$i = 0.03Y - 2$$

したがって，通貨当局が金融緩和政策で貨幣供給を増やしたとき，*LM*曲線は，右へシフトすることが確認できる．

⑤ 政府支出が40兆円，貨幣供給量が300兆円の時，*IS*–*LM*分析のためのモデルは以下の連立方程式体系になる．

$$i = -0.08Y + 32 \quad (\textit{IS}\,曲線)$$
$$i = 0.03Y \qquad\quad (\textit{LM}\,曲線)$$

この連立方程式を解くと，財市場と貨幣市場の同時均衡を達成する国民所得と利子率の組合せをもとめることができ，$Y \fallingdotseq 291$兆円，$i = 8.73\%$である．この連立方程式をもとに，財政政策や金融政策の経済効果を分析できる．

⑥ 政府支出が40兆円から55兆円に増加した時の連立方程式は下記で示される．

$$i = -0.08Y + 35 \quad (\textit{IS}\,曲線)$$
$$i = 0.03Y \qquad\quad (\textit{LM}\,曲線)$$

解は，$Y \fallingdotseq 318$兆円，$i \fallingdotseq 9.54\%$になる．財政支出を15兆円増やしたら国民所得は，291兆円から318兆円に増加するが，利子率は8.73％から9.54％に上昇することがわかる．

政府支出の増大で財市場では，国民所得が増大するが，国民所得の増大が貨幣の取引動機による貨幣需要を増やし，貨幣供給は通貨当局によってコントロールされているために，貨幣に対する超過需要が利子率を高めることになる．利子率の上昇は，投資を減少させ国民所得の減少効果をもたらし，当初の国民所得増の一部が相殺された値が318兆円ということになる．

⑦ 政府支出は増加しないが通貨当局が貨幣供給量を300兆円から320兆円に増加させたときの連立方程式は以下のとおりである．

$$i = -0.08Y + 32 \quad (\textit{IS}\,曲線)$$
$$i = 0.03Y - 2 \qquad (\textit{LM}\,曲線)$$

この時の解は，$Y \fallingdotseq 309$ 兆円，$i \fallingdotseq 7.27\%$ である．国民所得は 291 兆円から 309 兆円に増加し，利子率は 8.73% から 7.27% まで下落している．

貨幣供給量が 20 兆円増加することによって，貨幣市場では貨幣の超過供給が発生し，利子率が大幅に下落する．利子率の下落は，実物市場において投資を増やすので乗数効果もふくめて国民所得が増加する．国民所得の増加は，取引的動機に基づく貨幣需要を増やすので利子率の上昇要因になり，当初の利子率の下落を一部相殺することになる．金融緩和政策は，利子率を下落させそれが実物市場に影響をあたえて国民所得も増やすという経済効果があることが確認できた．

第 5 章　SNA でみる戦後日本経済の歩み

　第1章と第2章で，国民所得（GDP）の基礎概念及び国民所得決定の基礎理論について説明した．第5章は，これまでの国民所得に関する基礎的理解をもとに，SNA のデーターベースである「国民経済計算年次推計」を利用して，戦後日本経済の経済成長と物価動向について実証分析を行う．

　具体的にはまず，戦後日本経済の経済成長と物価動向は，3つの時期に区分できるところに大きな特徴があることを示す．そのうえで，なぜ3つの時期区分が起こったのかその要因について，経済成長と物価動向にわけて明らかにする．

　経済成長については，国民所得決定の理論に基づいて実証分析を行う．GDP は，独立的支出に乗数をかけてもとまることを第2章で明らかにした．そこで，独立的支出と乗数に分けて実証分析を行う．独立的支出については各需要項目が，経済成長率にどの程度寄与したかという寄与度分析の結果を示す．乗数については，乗数の値の変動をもたらした主要な要因を明らかにする．物価動向については，代表的な価格決定理論であるマークアップ原理に基づくモデルを構築して3つの時期区分にしたがって実証分析を行う．

　最後に，戦後日本経済における経済成長と物価動向について，3つの時期区分ごとに結論を示す．

1　戦後日本経済の実質経済成長率の動向と時期区分

　戦後日本経済の実質 GDP の増加率である実質経済成長率の長期動向を示したものが**図 5-1** である[1]．

---

1)　「1998 年度国民経済計算推計」及び「2014 年の国民経済計算推計」から実質 GDP のデータを抽出した．前者は 68SNA，後者は 93SNA で集計されているから，同年のデータ値は一致しない．ここでは，1995 年を結節点として，それ以前は 68SNA のデータで，それ以後は 93SNA にもとづくデータで示している．

第5章 SNAでみる戦後日本経済の歩み　67

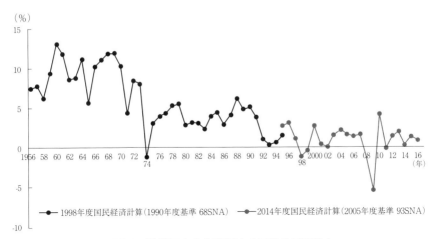

図5-1　戦後日本の実質経済成長率の長期動向

(出所)「1998年度国民経済計算推計」及び「2014年の国民経済計算推計」より筆者作成.

　図5-1から読み取れるのは，戦後日本の実質経済成長率をみると，大きく3つに時期区分できるということである．1956年から1973年ごろは，実質経済成長率が，10%前後を中心にした変動がみられ，その後，1974年から1991年ごろをみると，4%前後を中心とした変動がみられる．それが，1992年から現在に至る時期は，0%近傍で実質経済成長率が変動していることがわかる．この3つの時期の年平均実質経済成長率の数値を算出した結果が表5-1で示される．

表5-1　時期区分ごとの年平均実質経済成長率　(%)

時期区分	国内総支出
1956年〜1973年（高度成長期）	9.25
1974年〜1991年（安定成長期）	4.09
1992年〜2014年（長期停滞期）	0.82

(出所)　図5-1のデータを基に筆者作成.

　1956年から1973年の時期は，高度成長期であり，この時期の年平均実質経済成長率は，9.25%に達している．1970年代にはいると高度成長は終焉し，安定成長期にはいり，1974年から1991年の平均実質経済成長率は4.09%であった．その後，1991年のバブル経済崩壊とともに日本経済は長期停滞期に突

入し，1992 年から 2014 年の平均実質経済成長率は，0.82%まで落ち込んでしまった．このように戦後日本経済の経済成長率は，鮮明に 3 つに時期区分され，「高度成長 → 安定成長 → 長期停滞」というドラスティックな変動を経験してきたのである．

　日本経済の現況は「長期停滞期」であり，「失われた 20 年」とも呼ばれている．なぜ日本経済は長期停滞期に陥ったのか，「失われた 20 年」を転換することはできるのか，転換できる場合その方向性とはどのようなものか，このような問いを考察する際，戦後日本経済の時期区分がなぜ発生したかを解明することによって，有用な知見を得ることができる．我々は，時期区分という視点から，戦後日本の経済成長を分析する．

2　戦後日本経済の物価動向

　図 5-2 は，戦後日本経済の名目経済成長率と実質経済成長率の長期動向を示したものであり，両者のギャップは，GDP デフレーター上昇率を示す．高度成長期は両者のギャップが大きく，GDP デフレーター上昇率が高いことがわかる．この時期は深刻なインフレーションにみまわれ，インフレ抑制が重要な政策課題であった．

　安定成長期の前半期[2]には依然としてギャップがあったが，後半期になると，名目経済成長率が実質経済成長率を上回る状況に変わりはないが，そのギャップは急速に縮小している．長期停滞期は，名目成長率と実質成長率のギャップはほとんどなくなり，実質経済成長率が名目経済成長率を上回るという逆転現象が起こる時期も散見される．この時期は慢性的なデフレーションに直面したことになる．

　戦後日本の長期的物価動向をみると，高度成長期は慢性的なインフレに悩まされ，安定成長期後半期におけるインフレ収束過程を通じて，長期停滞期はデフレーションを経験するに至ったのである．物価動向の変動もドラスティックである．なぜ，このような変動をもたらしたのか，その要因についての解明が必要である．

---

　2)　ここで安定成長期の前半期は 1974 年～1985 年，後半期は 1986 年～1991 年と時期区分している．

第 5 章 SNA でみる戦後日本経済の歩み　69

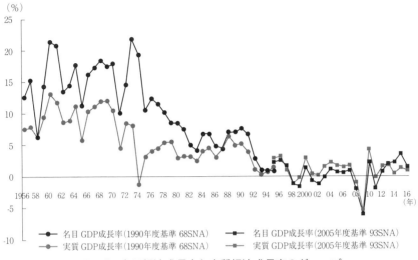

図 5-2　名目経済成長率と実質経済成長率のギャップ

(出所)　図 5-1 と同じ．

3　戦後日本における経済成長の寄与度分析

1) 需要項目別の寄与度

　GDP における需要項目別寄与度とは，GDP 成長率に各需要項目の成長率がどの程度寄与したかを示したものであり，需要項目別寄与度を全て合計するとGDP 成長率に等しくなる．以下では，第 2 章の「モデル 2」で使用した GDP (支出の側面) の定義式を用いて，需要項目別寄与度を説明する．GDP は次式のように示すことができた．

$$\text{GDP} = C + I + G + EX - IM$$
　　　　C：民間消費　I：民間投資　G：政府支出　EX：輸出　IM：輸入

$\Delta\text{GDP} = \text{GDP}（今年）- \text{GDP}（前年）$ と表すと，GDP 成長率 $= \Delta\text{GDP}/\text{GDP}（前年）$ と表記できる．今，$\Delta\text{GDP} = \Delta C + \Delta I + \Delta G + \Delta EX - \Delta IM$ であるから，結局次式が成立する．

$$\text{GDP 成長率} = \Delta\text{GDP}/\text{GDP（前年）}$$
$$= \Delta C/\text{GDP（前年）} + \Delta I/\text{GDP（前年）} + \Delta G/\text{GDP（前年）}$$
$$+ \Delta EX/\text{GDP（前年）} - \Delta IM/\text{GDP（前年）}$$

　寄与度とは，GDP の変化率に対して，各需要項目の値の変化がどの程度貢献しているかを示す指標で，上式の右辺の各項目が，需要項目別の寄与度を示す．例えば，$\Delta C/\text{GDP}$（前年）は民間消費の変化分を前年の GDP で割った値で，GDP の変化率に貢献した部分を示した「民間消費の寄与度」ということになる．

　国民経済計算における GDP を支出の側面で定義すると次式で示すことができた．

表5-2　時期区分別の需要項目別寄与度の年平均値

平　均	民間最終消費支出	民間住宅投資	民間企業設備投資	政府最終消費支出	公的固定資本形成	財貨・サービスの輸出	財貨・サービスの輸入	国内総支出
1956 年～1973 年	5.45	0.79	1.59	0.63	0.92	0.60	-0.85	9.25
1974 年～1991 年	2.12	0.06	0.83	0.33	0.13	0.62	-0.34	3.77
1992 年～2014 年	0.60	-0.08	-0.05	0.31	-0.04	0.50	-0.36	0.82

平　均	独立的支出	民間最終消費支出	財貨・サービスの輸入	国内総支出
1956 年～1973 年	4.53	5.45	-0.85	9.25
1974 年～1991 年	1.97	2.12	-0.34	3.77
1992 年～2014 年	0.63	0.60	-0.36	0.82

平　均	民間最終消費支出	民間住宅投資	民間企業設備投資	政府最終消費支出	公的固定資本形成	財貨・サービスの輸出	財貨・サービスの輸入	国内総支出
1974 年～1985 年	1.97	-0.08	0.46	0.37	0.06	0.77	-0.13	3.40
1986 年～1991 年	2.42	0.35	1.58	0.23	0.27	0.33	-0.75	4.50

平　均	独立的支出	民間最終消費支出	財貨・サービスの輸入	国内総支出
1974 年～1985 年	1.57	1.97	-0.13	3.40
1986 年～1991 年	2.77	2.42	-0.75	4.50

（出所）　筆者作成．

GDP（支出）＝家計最終消費支出＋対家計民間非営利団体最終消費支出
　　　　　　＋政府最終消費支出＋民間住宅投資＋民間企業設備投資
　　　　　　＋公的固定資本形成＋在庫品増加
　　　　　　＋財貨・サービスの輸出－財貨・サービスの輸入　（5.1）

（5.1）式を用いて，時期区分ごとに，主な需要項目についての寄与度の年平均値を示したものが**表 5-2** である．

2)　時期区分別の需要項目別寄与度の特徴

全ての時期に共通しているのは，独立的支出合計の寄与度が GDP 成長率に大きな影響を与えていることである．高度成長期（1956 年～1973 年）の独立的支出合計の寄与度は 4.53％，同様に安定成長期（1974 年～1991 年）が 1.97％で，長期停滞期（1992 年～2014 年）は，0.63％まで落ち込んでいる．

高度成長期は，独立的支出の寄与度が高いことが経済成長率の高さに直結している．安定成長期は，独立的支出合計の寄与度が相対的に低下したため，経済成長率も低下したことがわかる．長期停滞期は独立的支出合計の寄与度が非常に低くなっている．

独立的支出別の寄与度の変化をみると，高度成長期は民間企業設備投資の寄与度が一番高いことが特徴であり，さらに公的固定資本形成や民間住宅投資の寄与度も高く，「投資主導の経済成長」であったことがわかる．この時期は，輸出の寄与度も 0.6％に達しているが，輸入の寄与度が－0.84％で，景気が良くなると輸入が大幅に増加するということを意味している．これは，戦後の日本経済はまだまだ生産能力が不足し，景気が良くなると，中間財のみならず資本財の輸入が急増するという経済状況を反映しており，外需が経済成長をけん引したとはいいがたい．高度成長期は投資中心の内需が経済成長をけん引したのである．

安定成長期は，民間企業設備投資の寄与度が高度成長期の半分程度に落ち込んでいるが，投資のうち民間住宅投資及び公的固定資本形成の寄与度は高度成長期に比して落ち込みが目立っている．それに対して，輸出の寄与度が高度成長期より高くなっている．他方，輸入の寄与度は－0.34％と高度成長期に比して経済成長へのマイナスの度合いは小さくなっている．これは，特に第 2 次産業において国際競争力をもつ生産能力が拡大し，景気が良くなると資本財・中

間財の輸入が急増するという状況がなくなったためである．したがって，外需が経済成長をけん引したということが言える．安定成長期の特徴は，民間企業設備投資と外需が経済成長に寄与したということである．

ただ，安定成長期は，前半期（1974年～1985年）と後半期（1986年～1991年）で様相が少し違う．前半期は民間企業設備投資の寄与度が0.46％であるのに対して，財・サービス輸出の寄与度が0.77％，財・サービス輸入の寄与度は－0.13％で，外需が経済成長のけん引役を果たしたというところに特徴がある．

それに対して，後半期は，財・サービス輸出の寄与度が0.33％に落ち込んだのに対し，民間設備投資の寄与度が1.58％までに回復し，民間企業設備投資が経済成長を主導したことがわかる．このように，安定成長期は，前半期は外需主導の経済成長，後半期は民間企業設備投資主導の経済成長という相違がみられることに留意する必要がある．

長期停滞期（1992年～2014年）の平均経済成長率は0.82％であり，「長期停滞」の実態を示している．投資の寄与度は，民間企業設備投資（－0.05％），民間住宅投資（－0.08％），公的固定資本形成（－0.04％）といずれもマイナスを記録しているのが特徴である．財・サービス輸出及び同輸入の寄与度はそれぞれ0.5％，－0.36％，政府最終消費支出の寄与度が0.31％のプラスであり，「3つの投資」の落ち込みが顕著であったのに対して，政府最終消費支出と財・サービスの外需が経済成長をかろうじて支えていることがわかる．政府最終消費支出の寄与度がプラスであるのは，医療サービスや介護サービスなど現物給付のうち税金などで政府が負担した部分は第一義的には政府が購入したと処理されるため，高齢化社会が進展するなかで，現物給付が増加したことを反映している．外需の寄与度がプラスであるのは，この時期日中経済の相互依存関係の強まりを背景とした対中輸出増によるものであると考えられる．

4 乗数の長期動向の実証分析

1) 乗数の変動を分析することの意義

経済成長に係るデータ分析において，独立的支出の需要項目別に，どの程度経済成長に寄与したかの寄与度分析はきわめて重要である．独立的支出の需要項目別寄与度分析によって，どの需要項目がどの程度経済成長に影響を与えたかをみることができる．

独立的支出が経済成長の源泉であることは言うまでもないが，民間最終消費支出の寄与度が大変大きく，民間最終消費支出の動向が経済成長に大きな影響を与えることは明らかである．

独立的支出が変化すると乗数効果によって民間最終消費支出が増加する．民間最終消費支出の寄与度をみると，5.45％（高度成長期），2.12％（安定成長期），0.6％（長期停滞期）になっており，民間最終消費支出の寄与度は，独立的支出合計の寄与度に匹敵する値を示しており，経済成長に大きな影響を与えていることがわかる．

一方，財・サービス輸入の寄与度は，−0.85％（高度成長期），−0.34％（安定成長期）−0.36％（長期停滞期）で，その分経済成長率の低下要因になっている．特に，長期停滞期は，経済成長率（わずか0.82％）と比べると，非常に高い数値を示しており，グローバル化の進展が長期経済停滞に一定の影響を与えていることを示唆している．

このような独立的支出の変化が家計最終消費支出や輸入の変化をもたらしてGDPを変化させるが，その変化の過程はどのようなものであるかを簡単に説明する[3]．

独立的支出の増大は，例えば鉄鋼産業から鉄鋼を，セメント産業からセメントなど，各産業から財・サービスを購入するから，購入先の産業における国内生産額が直接的に増大する．また，当該各産業は自らの財・サービスを生産するために，他産業から中間投入財を購入する必要がある．そうすると，中間投入財を生産する産業にも生産が波及して関連産業の国内生産額がする．このように，独立的支出の増大は，多数の関連産業の国内生産額を増大させる．国内生産額が増大すれば，分配の側面で，付加価値が増大し，他の条件が一定であれば，雇用者所得の増大を通じて家計最終消費支出が増大することになる．

さらに，家計最終消費支出の増大 → 付加価値の増大 → 雇用者所得の増大 → 家計最終消費支出の増大，という雇用者所得増大と家計最終消費支出増大の相乗効果が形成され，独立的支出の増加は，このような経済波及効果によって家計最終消費支出増をもたらすことになる．

独立的支出増に対する供給増は国内生産のみによって賄われるわけではなく，輸入による供給も重要になる．需要増の一部が輸入によって賄われることは，

3）詳しい説明については，第6章を参照のこと．

国内需要の一部が海外に「漏れる」ことを意味する．独立的支出増の一部が海外に漏れることは，国内生産及び付加価値もそれだけ少なくなる．また，独立的支出増による経済波及効果の過程でもそこで派生する家計最終消費支出に対する供給の一部が輸入によって賄われるため，経済波及過程でも付加価値が海外に漏れることになる．このように，独立的支出が増大した時，輸入が存在すれば，それがない時に比して，GDP の増加は小さくなり，輸入が増えれば増えるほど GDP の増加は小さくなるのである．

　独立的支出の変化が GDP の変化を通じて民間最終消費支出や輸入の変化をもたらし，それがさらに GDP 変化させるという経済波及効果があることがわかった．民間最終消費支出や輸入は GDP に依存して決まる部分が大きいので，独立的支出とは言い難い．

　しかし，民間最終消費支出は，GDP 以外に消費性向や労働分配率など国民の消費趣向や文化・習慣，労使関係や政治的諸関係など GDP とは相対的に独立した外生的要因によって影響をうける．また，輸入は輸入性向に大きな影響をうけ，輸入性向はその国の貿易構造によって規定される部分が大きいのでやはり GDP とは相対的に独立した外生要因に影響を受けることになる．

　需要項目別寄与度分析では，このような民間最終消費支出や輸入の決定に係る GDP 以外の外生的パラメータが経済成長に与える影響を分析することができない．消費性向や労働分配率，輸入性向などが変化すれば，当然ながら民間最終消費支出や輸入も変化し，それが GDP に影響を与えることになる．

　民間最終消費支出や輸入に影響を与える外生的パラメータは，乗数を構成している．外生的パラメータの変化は，乗数の変化を通じて GDP を変化させる．即ち，GDP の変化を示す経済成長は，独立的支出と乗数の大きさによって左右されるので，乗数の変化に注目することも必要である．

2)　実証的乗数分析のためのモデル構築

　乗数を構成する外生的パラメータの経済成長への影響を分析するためには，国民所得決定の理論の応用にさかのぼる必要がある．以下では，戦後日本経済における時期区分ごとに，乗数を構成する外生的パラメータのうち経済成長に影響を与えた主要な外生的パラメータを抽出するために，前述した国民所得決定理論を応用した分析手法を用いる．

　支出の側面からみた GDP は（5.1）式で示された．

（5.1）式は，右辺で内需と外需の合計である総需要が与えられると，それに等しく国内の総供給が決まるという「有効需要の原理」に基づく財・サービス市場の均衡式であると読むことができる．

以下で，（5.1）式右辺の家計最終消費支出と財貨・サービスの輸入以外の需要項目は，GDP とは相対的に独立した他の要因で決まるので「独立的支出」と呼ぶ．また，実質家計可処分所得における家計最終消費支出の割合を「消費性向」，GDP に占める財貨・サービス輸入の割合を「輸入性向」と呼ぶことにする．

独立的支出＝対家計民間非営利団体最終消費支出＋政府最終消費支出
　　　　　　＋民間住宅投資＋民間企業設備投資＋公的固定資本形成
　　　　　　＋財貨・サービスの輸出
消費性向＝家計最終消費支出/家計可処分所得（実質）
輸入性向＝財貨・サービスの輸入/GDP

この時，家計最終消費支出及び財貨・サービスの輸入は，それぞれ（5.2）式，（5.3）式で示すことができる．

家計最終消費支出＝消費性向×家計可処分所得（実質）　　　　　　（5.2）
財貨・サービスの輸入＝輸入性向×GDP　　　　　　　　　　　　（5.3）

（5.2）式と（5.3）式より，（5.1）式は次のように集約できる．

GDP＝消費性向×家計可処分所得（実質）－輸入性向×GDP
　　　＋独立的支出　　　　　　　　　　　　　　　　　　　　　　（5.4）

ここで家計可処分所得と名目 GDP の関係について説明する．

いま，α＝名目 GNI/名目 GDP
　　　β＝国民可処分所得/名目 GNI
　　　γ＝家計可処分所得/国民可処分所得　とおく．

α は，名目 GNI を名目 GDP で除したパラメータである．α が 1 より大きい値をとれば，海外からの要素所得の流入が海外への要素所得の流出を上回ることを示しており，逆は逆である．日本の大企業の多国籍化が急速に進み現地から自国への利益送金額は増加傾向にあり，α は 1 より大きくかつ少しずつ増加する傾向にあるが，大局的には安定している．

β は，国民可処分所得が名目 GNI に占める割合である．この値は 0.8 近傍で安定している．国民可処分所得は，名目 GNI から固定資本減耗を引いたものであるから，$1-\beta$ は，名目 GNI における固定資本減耗率ということになる．

γ は，家計可処分所得を国民可処分所得で除したもので，国民可処分所得のうち家計に分配される値を示しており，以下では「家計分配率」と呼ぶことにする．

この時，$\alpha \cdot \beta \cdot \gamma =$ 家計可処分所得/名目 GDP となり，α と β と γ の積である「$\alpha \cdot \beta \cdot \gamma$」は，家計可処分所得が名目 GDP に占める割合を示す．したがって，家計可処分所得と名目 GDP の関係は，次式で示される．

家計可処分所得（名目）$= \alpha \cdot \beta \cdot \gamma \times$ 名目 GDP

ところで，

家計可処分所得（名目）= 家計可処分所得（実質）× 家計最終消費支出デフレーター
名目 GDP（名目）= GDP × GDP デフレーター

であるから

家計可処分所得（実質）× 家計最終消費支出デフレーター
　$= \alpha \cdot \beta \cdot \gamma \times$ GDP × GDP デフレーター

ここで，家計最終消費支出デフレーターを P_c，GDP デフレーターを P_d とおくと

家計可処分所得（実質）$= \alpha \cdot \beta \cdot \gamma \times$ GDP $\times (P_d/P_c)$

したがって，（5.2）式は次式で示すことができる．

家計最終消費支出 = 消費性向 $\times \alpha \cdot \beta \cdot \gamma \times$ GDP $\times (P_d/P_c)$

結局この式は，家計最終消費支出は GDP 以外に消費性向，α, β, γ, (P_d/P_c) などのパラメータに影響を受けることを示している．

これまでの議論をまとめると，結局次の2式に集約される．

GDP = 消費性向 × 家計可処分所得（実質）− 輸入性向 × GDP + 独立的支出　（5.5）
家計可処分所得（実質）$= \alpha \cdot \beta \cdot \gamma \times$ GDP $\times (P_d/P_c)$　　　　　　（5.6）

（5.5）式と（5.6）式から，最終的には次式が導出される．

$$GDP = \frac{1}{\{1 - \text{消費性向} \times \alpha \cdot \beta \cdot \gamma \times \left(\frac{P_d}{P_c}\right) + \text{輸入性向}\}} \times \text{独立的支出} \quad (5.7)$$

ここで，（5.7）式の分数部分が乗数となり，GDP は独立的支出と乗数を構成するパラメータの数値によって決定されることがわかる．即ち

GDP＝乗数×独立的支出

全微分すると

ΔGDP＝Δ乗数×独立的支出＋乗数×Δ独立的支出

上式の第1項は，乗数の変化による GDP の変化分，第2項は独立的支出の変化による GDP の変化分を示すことになる．以下では，第1項に注目し，乗数の変化を考察する．もし，乗数の増加がみられれば，それは GDP を増加させるから，経済成長に寄与することになり，逆に乗数の減少がみられる場合，経済成長にマイナスの影響を与えるということになる．

戦後日本の経済成長の変容を明らかにするために，国民経済計算（SNA）のデータベースをもとに，乗数の変化およびそれに影響を与える主要な外生的パラメータの長期動向の特徴をみることにする．

3) 乗数の長期的動向の特徴

図5-3は 1955 年から 2014 年について，乗数部分の各パラメータの数値データを入れて計算した結果を示している．

高度成長期をみると，長期低落の傾向にあることがわかる．高度成長期は 2.5 近傍から 1.95 ぐらいまで急落している．乗数は大幅に減少したにもかかわらず，GDP が大幅に増加しているのは独立的支出が大幅に増加しているためである．

乗数の変化をもたらす主要なパラメータの数値の変化をみると，家計分配率が大きく低下している．消費性向も低下傾向である．輸入性向は緩やかな上昇傾向であり，これらのパラメータの数値が乗数の低下をもたらしている．家計分配率の低下は，逆に企業の分配率を高めているから利潤が大幅に増加し投資の原資を豊かにしている．消費性向の低下傾向は，家計の貯蓄率上昇を意味し，家計の貯蓄増が企業の投資増につながり，また，家計の住宅投資の原資を構成

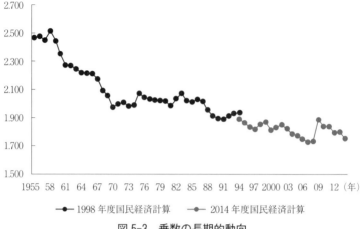

図 5-3　乗数の長期的動向

(出所)　筆者加工作成.

している．高度成長期における乗数の低下は，民間投資中心の高度成長を下支えしていると考えることもできる．(図 5-4, 図 5-5, 図 5-6 参照)

　安定成長期については前半期 (1974 年〜1985 年) と後半期 (1986 年〜1991 年) に分けて考察する．前半期をみると，乗数の低下に一定の歯止めがかかっていることがわかる．特に，1974 年〜1977 年にかけて，家計分配率が大幅な増加傾向を示し，その後も高止まりしている．また，輸入性向も増加していない．消費性向もそれまでの低下傾向から増加傾向に転換している．

　家計分配率の上昇は，労働組合の力がこの時期まだ健在で，石油危機等で大幅な「狂乱物価」が発生し，労働組合の賃金交渉力が発揮され，大幅な賃金アップを実現し，これが家計分配率の上昇をもたらしたのであった．賃金上昇を背景に，労働者の収入が増え，期待賃金上昇率も上昇し，そのことが消費意欲を喚起し消費性向が上昇した．

　輸入性向が上昇しなかったのは，石油を大量消費する重厚長大型産業から脱却して脱石油機械加工型産業への産業構造の大転換が行われ，石油の消費量を節約することになり，これが輸入性向の上昇に歯止めをかけることになった．

　独立的支出の寄与度は後半期に比して小さいにもかかわらず，乗数の落ち込みに歯止めがかかっていることが一定の経済成長率を維持していることにつながっている．このことは家計消費支出の増加が顕著であったことを意味し，そ

第 5 章　SNA でみる戦後日本経済の歩み　79

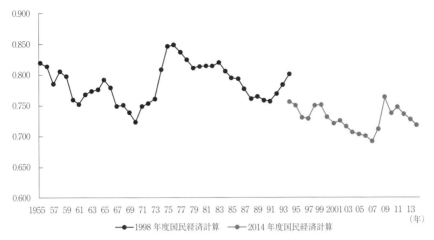

図 5-4　家計分配率の長期動向

（出所）　筆者加工作成.

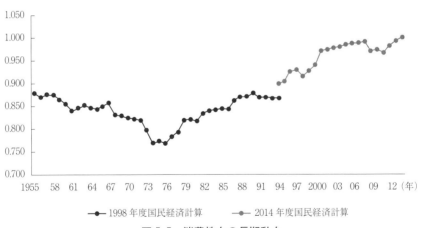

図 5-5　消費性向の長期動向

（出所）　筆者加工作成.

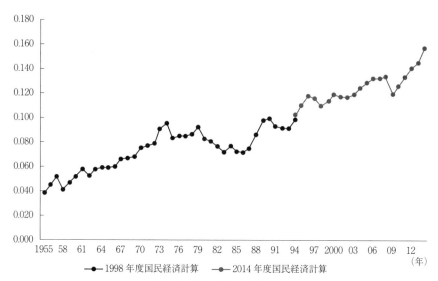

図 5-6 輸入性向の長期動向

(出所) 筆者加工作成.

れを主導したのは家計分配率の上昇とそれと連動した消費性向の高まりであった．この時期は，「賃金主導の経済成長」の片鱗がみられたのではないかと考えられる．

安定成長期の後半期は，再び乗数の低下が始まる．しかし，独立的支出の増加が前半期に比して回復基調をとり，その結果前半期に比して経済成長率も高くなっている．特に民間企業設備投資の増加が顕著にみられることが特徴である．

乗数の低下は，輸入性向が再び上昇に転じたこと，家計分配率が低下方向に転じたこと，それをうけて消費性向の上昇があまりみられなくなったことなどによる．民間企業設備投資が主導する経済成長であったことが後半期の特徴であり，賃金主導の経済成長の姿は消えてしまった．

長期停滞期は，独立的支出の寄与度も低く，乗数も低下するという状況に陥り，低経済成長に甘んじることになる．この時期の消費性向は堅調な上昇を見せており，これは乗数の上昇要因となるはずである．しかし，家計分配率の低下がみられる．家計分配率が低下すると，消費性向も下がるというのがこれまでの経験則であったが，今回は逆に消費性向は上昇しているのが特徴である．にもかかわらず家計分配率の低下が主な要因で乗数低下が起こっている．また，

第 5 章 SNA でみる戦後日本経済の歩み *81*

輸入性向がさらに上昇傾向を示しており，乗数の低下に拍車をかけることになったと推察される．この時期の第 1 の特徴は，消費性向の高まりにもかかわらず乗数は低下している．第 2 に，高度成長期のように，乗数の低下が民間投資主導の経済成長を下支えたという現象がみられない．

5 GDP デフレーターの長期動向の実証分析

1) 戦後日本経済における消費者物価指数の長期動向

1948 年，1949 年の前年比消費者物価上昇率（以下では「物価上昇率」と略す）は，それぞれ 83.3%，32.3% で，戦後から今日に至るまで，最も高い上昇率を記録している．物価上昇が一定期間持続することをインフレーションと呼び，物価上昇率が極めて高い状態が一定期間続く状態は「ハイパーインフレーション」と呼ばれる．戦後の混乱期のハイパーインフレーションは，数年で治まったが，それ以後もインフレ体質は日本経済に定着した．ハイパーインフレーションの終息後，1950 年代に入ると，5，6% のインフレーションを経験した後，50 年代後半期は物価上昇率がマイナスの時もあり，インフレーションの収束がみられる．

1960 年代の高度成長期は，一貫して物価上昇がみられ，毎年 5，6% のインフレーションを経験している．1970 年代に入ると，インフレーションの悪性化がみられ，特に第 1 次石油危機が発生した 1973 年と 1974 年にはそれぞれ，11.9%，24.2% にのぼり，その後 1980 年初頭まで，10% に届きそうな物価上昇がみられる年が多く，「悪性インフレーション」と呼ばれる事態が起こっており，この当時この悪性インフレーションにどう対処するかは主要な政策課題の 1 つであった．

しかし，その後インフレーションは急速に収束していく．全体として，1980 年代は，物価上昇はあったが，比較的穏やかで，「マイルドインフレーション」と呼ばれる状況であった．1989 年から 1991 年はバブル経済と呼ばれる時期であるが，それでも消費物価指数の上昇は穏やかであった．

ところが，1990 年代になると，インフレーションという現象とは逆に物価が持続的に下落する「デフレーション」というこれまで日本経済が経験したことのない状況が発生し，デフレーションは今日まで長期間続き，デフレーションからの脱却が今日の主要な政策課題になっている（以上，**表 5-3** 参照）．

表 5-3 戦後消費者物価指数の動向

(指数：2015 年＝100　上昇率：%)

	指数	上昇率			指数	上昇率			指数	上昇率
1947 年	5.4		1970 年	32.0	7.7		1992 年	96.3	1.6
1948 年	9.9	83.3	1971 年	33.9	5.9		1993 年	97.4	1.1
1949 年	13.1	32.3	1972 年	35.4	4.4		1994 年	97.9	0.5
1950 年	12.2	-6.9	1973 年	39.6	11.9		1995 年	97.6	-0.3
1951 年	14.3	17.2	1974 年	49.2	24.2		1996 年	97.6	0.0
1952 年	15.1	5.6	1975 年	55.0	11.8		1997 年	99.2	1.6
1953 年	16.1	6.6	1976 年	60.2	9.5		1998 年	99.9	0.7
1954 年	17.1	6.2	1977 年	65.0	8.0		1999 年	99.5	-0.4
1955 年	16.9	-1.2	1978 年	67.5	3.8		2000 年	98.6	-0.9
1956 年	17.0	0.6	1979 年	69.9	3.6		2001 年	97.7	-0.9
1957 年	17.5	2.9	1980 年	75.5	8.0		2002 年	96.6	-1.1
1958 年	17.4	-0.6	1981 年	79.2	4.9		2003 年	96.3	-0.3
1959 年	17.6	1.1	1982 年	81.3	2.7		2004 年	96.3	0.0
1960 年	18.3	4.0	1983 年	82.8	1.8		2005 年	95.9	-0.4
1961 年	19.3	5.5	1984 年	84.7	2.3		2006 年	96.2	0.3
1962 年	20.6	6.7	1985 年	86.4	2.0		2007 年	96.3	0.1
1963 年	22.1	7.3	1986 年	86.7	0.3		2008 年	97.8	1.6
1964 年	23.0	4.1	1987 年	86.6	-0.1		2009 年	96.4	-1.4
1965 年	24.4	6.1	1988 年	87.0	0.5		2010 年	95.6	-0.8
1966 年	25.7	5.3	1989 年	89.0	2.3		2011 年	95.4	-0.2
1967 年	26.7	3.9	1990 年	91.7	3.0		2012 年	95.4	0.0
1968 年	28.2	5.6	1991 年	94.8	3.4		2013 年	95.8	0.4
1969 年	29.7	5.3					2014 年	99.0	3.3
							2015 年	100.0	1.0

（出所）　総務省「消費者物価指数」

2)　インフレーションの発生要因について

　インフレーションがなぜ発生するかについては多様な議論が存在する．大きくは，超過需要が物価を引き上げるという「ディマンドプルインフレーション論」，コスト要因がインフレーションをもたらすという「コストプッシュインフレーション論」に区分される．

戦後のハイパーインフレーションは，絶体的な物不足によって生じているので，ディマンドプルインフレーションということになる．また，第1次石油危機などの時のインフレーションは原材料価格高騰がもたらしたコストプッシュインフレーションということができる．

　ここで重要なことは，インフレーションは一定期間物価上昇が続くという点であり，ディマンドプルインフレーションが続く場合，超過需要状態が持続することを意味する．超過需要状態が続くということは，家計の購買力が増加し続けるということであり，そのためには家計の賃金上昇が持続的でなければならない．

　原材料価格高騰によるインフレーションの場合も，価格上昇で購買力が減少すれば，需要が減少して速やかに価格下落減少が起こってもいいはずであるが，現実には価格下落は起こらず，むしろ価格上昇が定着するということになる．なぜ，価格上昇が持続するかというと，結局賃金の上昇によって購買力が一定維持され，財・サービス価格が上昇しても需要の下支えが行われたのである．

　インフレーションが発生する当初の原因が何であろうと，結局は物価の上昇が賃金の上昇をもたらし，物価と賃金が並走的に上昇するという「スパイラル現象」が顕著になるときインフレーションが続くのである．

　したがって，インフレーションの要因を分析する場合，賃金と物価の関連性を考察することが不可欠である．賃金と物価の関連性をデータ的に把握するためには，国民経済計算（SNA）データを利用することが有用である．ここでは，物価の決定要因を，93SNA体系に基づくデータベースをもとに分析するが，その時の物価の指標がGDPデフレーターということになる．以下では，GDPデフレーターの決定要因について詳述する．

3） GDPデフレーターの変動要因分析のためのモデル構築

名目GDPを分配面でみると次式で示される．

$$名目GDP＝雇用者報酬＋営業余剰＋混合所得＋固定資本減耗$$
$$＋生産品・輸入品に課される税－補助金＋統計上の不突合$$

いま，人件費＝雇用者報酬＋混合所得＝貨幣賃金率×就業者数
　　　粗利潤＝営業余剰＋固定資本減耗
　　　純間接税等＝生産品・輸入品に課される税－補助金＋統計上の不突合

とおくと，次式に集約できる．

名目 GDP = 人件費 + 粗利潤 + 純間接税等 (5.8)

　大企業が価格設定をする場合，「マークアップ原理」に基づいて価格を決定すると言われている．マークアップ原理は人件費をベースにそれに一定の利潤率（マークアップ率）を上乗せして価格を決定するという考え方である．大企業が強気の価格設定をするときは，マークアップ率をあげてより多くの利潤確保をめざすであろうし，市場環境が悪化すると予想される場合は，製品価格の引き下げ等によって対応するという弱気の価格設定で，マークアップ率を下げるという行動をとると想定することは現実的である．

　日本経済の動向は，大企業の行動によって大きく左右されるから，このマークアップ原理をもとに GDP デフレーターが決定すると想定する．GDP デフレーターは，消費税などを含む市場価格であり，消費税率のアップなどによって財・サービスの 1 単位に含まれる間接税が増加すれば，財・サービス価格は上昇せざるを得ない．GDP デフレーターはマークアップ率のみならず間接税の影響を受け，また，企業への補助金も，GDP デフレーターに影響を与えることにも配慮する必要がある．ここでは，マークアップ原理に基づき，マークアップ率と同様に人件費をベースして一定の純間接税率を価格に上乗せして徴税されると想定する．

　いま次のようなノーテーションを定義する．

　　m：粗利潤・人件費比率（＝マークアップ率）＝粗利潤／人件費
　　t：純間接税・人件費比率（＝純間接税率）＝純間接税等／人件費

この時，(5.8) 式は次式で示される．

名目 GDP = 人件費 + m × 人件費 + t × 人件費 = $(1 + m + t)$ × 人件費
　　　　　= $(1 + m + t)$ × 貨幣賃金率 × 就業者数 (5.9)

　ところで，定義によって，GDP デフレーター＝名目 GDP／実質 GDP であるから，(5.9) 式は次式のように変形できる．

GDP デフレーター = $(1 + m + t)$ × 貨幣賃金率 × (就業者／実質 GDP)

ここで，「実質 GDP／就業者」は労働生産性を示すので，最終的に (5.10) 式

が導出される.

$$\text{GDP デフレーター} = (1 + m + t) \times \text{貨幣賃金率/労働生産性} \quad (5.10)$$

GDP デフレーターは，マークアップ率に係る企業の価格設定行動や純間接税率に係る政府の税制政策や補助金政策に影響を受けることになる．ここで重要なことは，貨幣賃金率や労働生産性が GDP デフレーターに大きく影響するということである．

貨幣賃金率の決定に与える要因としては，企業業績，労使の力関係，労働市場の動向，政府の労働政策などが考えられる．

労働生産性（GDP/就業者）に影響を与える要因については，分子と分母の両方を見る必要がある．分子に注目すると，GDP（需要）の変動が重要になる．この場合，景気が良くなると，GDP も増加して労働生産性が上昇し，逆は逆ということになる．

分母に着目すると，GDP が一定の状態で，もし雇用量が減少すれば，労働生産性が上昇し，逆に雇用量が増加すれば，労働生産性は下がるということになる．すなわち，企業が生産活動にどの程度雇用量を投入するかということが労働生産性に影響を与える．

生産のためには労働のみならず資本ストックを投入する必要があり，労働と資本をどのように組み合わせるかは，導入しようとする技術進歩に依存することになる．以上の話は，供給サイドから労働生産性を議論するということになる．

さていま，Y（粗付加価値），L（労働），K（資本ストック）とすると，労働生産性（$=Y/L$），労働装備率（$=K/L$），資本生産性（$=Y/K$）と定義できる．この時，「$Y/L = (K/L) \times (Y/K)$」が成立するので，次式が導出される．

$$\text{労働生産性} = \text{労働装備率} \times \text{資本生産性}$$

この式から労働装備率を高めれば（すなわち設備投資を増やせば）労働生産性は高まることになる．労働装備率が高まるということは，より資本集約的技術を導入することであり，労働装備率が下がるということは，労働集約的技術に依存させざるをえないことを示している．

資本生産性は，導入した機械・工場などの資本ストックが単位当たりどの程度付加価値を生み出すかというものである．資本生産性[4]には，技術進歩が影響

を与えるので，企業が資本生産性を高めるような技術を導入しようとすること
は当然ありうる．しかし例え資本生産性は下がっても，労働装備率が高まれば
労働生産性上昇は高まる可能性がある．労働装備率が高まるということは企業
が労働を節約するために積極的に機械化を行い，設備投資を増加させるという
ことになる．

　日本経済では，特に労働装備率の上昇傾向がみられるので，供給サイドから
見た場合，企業の設備投資行動が労働生産性に大きな影響を与えていることに
なる．結局，労働生産性は，景気動向，企業が導入しようとする技術進歩とそ
れを体現化した設備投資行動によって決まってくるということになる．

4)　GDP デフレーターの変動要因に関する実証分析

　1955 年から 1969 年までの国民経済計算（SNA）のデータにおいて，GDP デ
フレーターの変動要因分析に必要なデータの一部が欠落しているため，この時
期については，菊本（1981 年）のデータを利用する（表 5-4）が，ここでの物価
は GNP デフレーターであることに留意されたい．

　1957 年〜1961 年をみると，労働生産性上昇率 13.7％が貨幣賃金率上昇率
7.3％を大きく上回っており，GNP デフレーター上昇率は 2.8％にとどまって
いる．このような状況であれば本来ならば GNP デフレーターはもっと下落し
てもいいはずであるが，そうはなっていないのは，この期間，企業がマークア
ップ率を上げて強気の価格設定をしたためと考えられる．

　1961 年以降は貨幣賃金率上昇率が労働生産性上昇率を上回っているため，
GNP デフレーター上昇率が，4.6％（1961 年〜1964 年），5.3％（1864 年〜1968 年），
7％（1968 年〜1973 年）と加速する傾向がみられる．

　1970 年代以降の GDP デフレーターの変動要因についてまとめたものが**表
5-5** である．安定成長期の前半期（1974 年〜1985 年）における平均 GDP デフレー
ター上昇率は，5.89％，後半期（1986 年〜1991 年）が 1.61％，長期停滞期（1995
年〜2014 年）は，−0.9％でデフレ状態であった．

　安定成長期前半期（1974 年〜1985 年）は，パラメータ変化率[5]（0.07％），貨幣賃
金率上昇率（8.53％）が，GDP デフレーター上昇要因になっており，労働生産
性上昇率（2.7％）が GDP デフレーターの下落要因になっている．貨幣賃金上

---

　4)　資本生産性についての詳しい説明は，第 9 章を参照のこと．
　5)　ここでのパラメータは $(1+m+t)$ のことである．

第 5 章　SNA でみる戦後日本経済の歩み　*87*

表 5-4　1955 年から 1970 年代初頭までの物価上昇率

(年率, %)

	貨幣賃金率 上昇率	GNP デフレーター 上昇率	労働生産性 上昇率
1957 年～61 年	7.3	2.8	13.7
1961 年～64 年	10.1	4.6	9.7
1964 年～68 年	12.1	5.3	10.1
1968 年～73 年	15.6	7	10

(注 1)　貨幣賃金率は製造業のみのデータに基づく.
(注 2)　労働生産性上昇率は，次式に基づく.
　　　　労働生産性指数＝生産指数/労働指数（マン・アワー）.
(使用データ)　日本銀行統計局『本邦経済統計』.
　　　　　　労働生産性指数＝生産指数/労働指数（マン・アワー）.
　　　　　　労働省大臣官房統計情報部『労働統計年鑑』.
　　　　　　経済企画庁調査局『経済要覧』.
(出所)　菊本義治 (1981)『現代資本主義の矛盾』岩波書店.

表 5-5　1970 年代以降の GDP デフレーターの変動要因

	1971 年	1972 年	1973 年	1974 年～ 1985 年	1986 年～ 1991 年	1992 年～ 2014 年
パラメータ変化率	-4.70	-0.27	-1.59	0.07	0.68	0.39
貨幣賃金率上昇率	14.65	14.20	20.99	8.53	4.20	-0.33
労働生産性上昇率	3.66	7.85	5.65	2.70	3.26	0.97
GDP デフレーター上昇率	6.29	6.08	13.76	5.89	1.61	-0.90
実質賃金率上昇率	9.25	8.60	8.28	2.86	2.61	0.56

(出所)「国民経済計算年次推計」に基づき筆者作成.

昇率が労働生産性上昇率を大幅に上回っていることが GDP デフレーター上昇
につながっている.

　安定成長期後半期（1986 年～1991 年）をみると，パラメータ変化率（0.68%），
貨幣賃金率上昇率（4.2%）が GDP デフレーター上昇の要因であり，労働生産
性上昇率（3.26%）が下落要因となっている．貨幣賃金率上昇率は労働生産性
上昇率をやや上回り，パラメータ変化率がやや高くなっていることが，GDP
デフレーターのマイルドな上昇につながっている.

　ところが，長期停滞期（1992 年～2014 年）は，パラメータ変化率（0.39%）は，
GDP デフレーターの上昇要因になっているが，貨幣賃金率（-0.33%），労働生
産性上昇率（0.97%）であり，両者が GDP デフレーターの下落要因になってい

ることがわかる．労働生産性が上昇すれば，貨幣賃金率は上昇するというのが戦後日本経済の特徴であったが，長期停滞期はその特徴が消えている．労働生産性上昇率に見合った貨幣賃金率上昇がなかったことが，デフレーションをもたらした1つの要因ということになる．

まとめ

マクロ経済学の基礎理論をもとに，国民経済計算（SNA）の時系列データ分析を行った．以下では，データ分析から得られた知見を整理する（表5-6）．

1) 独立的支出の寄与度について

3つの時期全てに共通していることは，独立的支出合計の寄与度がGDP成長率に大きな影響を与えているということである．高度成長期（1956年～1973

表5-6　総括表

	高度成長期 (1956年～73年)	安定成長期(前半) (1974年～85年)	安定成長期(後半) (1986年～91年)	長期停滞期 (1992年～2014年)
独立的支出の寄与度	投資(設備投資・住宅投資・公共投資)主導の経済成長	外需が経済成長を牽引	民間設備投資が経済成長を牽引	経済成長の牽引役不在 政府消費支出が経済成長に寄与
乗数の変化	低下傾向	低下傾向に歯止め	低下傾向に転じる	低下傾向
家計分配率 消費性向 輸入性向	低下傾向 低下傾向 緩やかな上昇傾向	上昇傾向 上昇傾向 上昇傾向に歯止め	低下傾向に転じる 上昇傾向に歯止め 上昇傾向に転じる	低下傾向 上昇傾向 上昇傾向
消費者物価指数	インフレの加速から悪性インフレ	悪性インフレからマイルドインフレ	マイルドインフレ	デフレーション
GDPデフレータの変化		5.89%	1.61%	-0.90%
パラメータ変化率		0.07%	0.68%	0.39%
貨幣賃金率上昇率と労働生産性上昇率		貨幣賃金率上昇率(8.53%)＞労働生産性上昇率(2.7%)	貨幣賃金率上昇率(4.2%)＞労働生産性上昇率(3.26%)	貨幣賃金率上昇率(-0.33%)＜労働生産性上昇率(0.97%)

(出所)　筆者作成．

年）の独立的支出合計の寄与度は4.53％，同様に安定成長期（1974年～1991年）が1.97％で，長期停滞期（1992年～2014年）は，0.63％まで落ち込んでいる．独立的支出合計の寄与度が経済成長率に直結している．

① 高度成長期

民間企業設備投資の寄与度が一番高いことが特徴であり，さらに公的固定資本形成や民間住宅投資の寄与度も高く，この時期は投資主導の経済成長であったことがわかる．

輸出の寄与度も0.6％に達しているが，他方輸入の寄与度が−0.84％で，この時期の日本経済は，景気が良くなると輸入が大幅に増加し，外貨不足が発生して経済成長率が低下するという状況から十分脱却できてないことを意味する．したがって，外需（輸出−輸入）が経済成長をけん引したとはいいがたく，この時期の経済成長は投資を中心とする内需主導型であったということができる．

② 安定成長期

前半期（1974年～1985年）においては，民間設備投資の寄与度が0.46％であり，他の投資の寄与度は小さいかマイナスである．他方，財貨・サービス輸出の寄与度が0.77％に達しており，輸入の寄与度は，−0.13％にとどまっている．この時期は，投資に代わって外需が経済成長の主役を果たしたというところに特徴がある．

後半期（1986年～1991年）は，財貨・サービス輸出の寄与度が0.33％に落ち込み，逆に輸入の寄与度が−0.75％で，外需は経済成長率の下げ要因になっている．他方，民間設備投資の寄与度が1.58％までに回復しており，民間設備投資が経済成長を主導したことがわかる．

安定成長期は，前半期は外需が経済成長を牽引し，後半期は民間設備投資主導の経済成長という相違がみられる．

③ 長期停滞期

輸出の寄与度が0.5％と一番高いが，輸入の寄与度も−0.36％であるため，外需の経済成長の牽引力はそれほど強くない．投資の寄与度がいずれもマイナスになっており，投資の落ち込みが長期停滞の原因であることは明らかである．

一方政府最終消費支出の寄与度が相対的に高くなっている．これは，高齢化

が進行する中で，医療・介護における現物給付が大幅に増加しているためである．社会保障が経済成長をけん引しているということになる．この時期の経済成長の牽引役については，不在といえるかもしれないが，あえて牽引役を指名するとすれば，皮肉にもそれは高齢化を反映した政府最終消費支出が経済成長を底上げしたということになる．

2) 乗数の変化について

① 高度成長期

乗数の長期低下傾向は明らかである．乗数は大幅に減少したにもかかわらず，GDP が大幅に増加しているのは独立的支出が急速に増加しているためである．

乗数の変化をもたらす主要なパラメータの数値の変容をみると，家計分配率が大きく低下している．消費性向も低下傾向である．輸入性向は緩やかな上昇傾向であり，これらのパラメータの数値が乗数の低下をもたらしている．

家計分配率の低下は，逆に企業の分配率を高めているから利潤が大幅に増加し投資の原資を豊かにしている．消費性向の低下傾向は，家計の貯蓄率上昇を意味し，家計の貯蓄増が企業の投資増につながり，家計の住宅投資の原資を構成している．高度成長期における乗数の低下は，民間投資中心の高度成長を下支えしていると考えることができる．

② 安定成長期

前半期には，乗数の低下に一定の歯止めがかかっていることがわかる．この時期，家計分配率が大幅な増加傾向を示している．また，輸入性向も増加していない．消費性向もそれまでの低下傾向から増加傾向に転換している．

家計分配率の上昇は，石油危機等で大幅な「狂乱物価」が発生し，これに対して労働組合の賃金交渉力が発揮され，大幅な賃金アップを実現し，これが家計分配率の上昇をもたらしたのであった．賃金上昇を背景に，労働者の収入が増え，そのことが消費意欲を喚起し消費性向が上昇した．

輸入性向が上昇しなかったのは，石油を大量消費する重厚長大型産業から脱却して脱石油機械加工型産業への産業構造の大転換が行われ，石油の消費量を節約することになり，これが輸入性向の上昇に歯止めをかけることになった．

独立的支出の寄与度は後半期に比して小さいにもかかわらず，乗数の落ち込みに歯止めがかかっていることが一定の経済成長率を維持していることにつな

がっている．このことは家計消費支出の増加が顕著であったことを意味し，それを主導したのは家計分配率の上昇とそれと連動した消費性向の高まりであった．この時期は，賃金主導の経済成長の片鱗がみられたのではないかと考えられる．

後半期には再び乗数の低下が始まる．しかし，独立的支出の増加が前半期に比して回復基調をとり，その結果前半期に比して経済成長率も高くなっている．特に民間設備投資の増加が顕著にみられることが特徴である．

消費性向は上昇傾向にあるにもかかわらず，輸入性向が再び上昇に転じたこと，家計分配率が低下方向に転じたことにより，乗数が低下し，前半期にみられたような賃金主導の経済成長の片鱗は消えてしまった．

家計分配率が下がれば，消費性向も下がるというのがこれまでの経験則であったが，消費性向の上昇傾向がみられる．輸入性向がなぜ上昇し始めたか，家計分配率の低下にもかかわらず，消費性向が高まったのはなぜか，これらが検討すべき論点として残される．

③ 長期停滞期

乗数の低下傾向は続き，経済成長率の低下を助長している．この時期の消費性向は堅調な上昇をみせているので，乗数の上昇要因となるはずである．しかし，家計分配率の低下がみられ，これが乗数低下の要因である．安定成長期後半期と同様，家計分配率が低下しても消費性向は上昇しているから，家計分配率の低下が乗数低下に大きな影響を与えたとみることができる．また，輸入性向がさらに上昇傾向を示しており，乗数の低下に拍車をかけることになったと推察される．

家計分配率の低下は，企業の利潤率の上昇に連動しており，民間設備投資拡大要因になるはずである．即ち，高度成長期のように，乗数が低下するときは，民間投資主導の経済成長を下支えすると考えられるが，実際にはそのような現象はみられなかった．

利潤率上昇にもかかわらず民間設備投資が拡大しなかったのはなぜか，家計分配率が下がったにもかかわらず消費性向の高まりがみられるのはなぜか，これらが検討すべき論点として残されている．

3) 消費者物価指数の長期動向について

戦後混乱期（1948年，1949年）にはハイパーインフレーションを経験した．1950年代に入ると，5，6％のインフレーションを経験した後，50年代後半期は消費者物価上昇率がマイナスの時もあり，インフレーションは終息したかのようであった．しかし，1960年代の高度成長期に入ると，一貫して消費者物価指数の上昇がみられ，毎年5，6％のインフレーションを経験している．

1970年代に入ると，第1次石油危機が発生した1973年と1974年にはそれぞれ，11.9％，24.2％にのぼり，その後1980年初頭まで，10％に届きそうな消費者物価指数の上昇がみられる年が多く，「悪性インフレーション」と呼ばれる事態が起こっており，この当時この悪性インフレーションにどう対処するかは主要な政策課題の1つであった．

1980年代は，物価上昇はあったが，比較的穏やかで，「マイルドインフレーション」と呼ばれる状況であった．1989年から1991年はバブル経済と呼ばれる時期であるが，それでも消費物価指数の上昇は穏やかであった．

1990年代から現在に至る時期は，インフレーションという現象とは真逆の消費者物価指数が持続的に下落する「デフレーション」というこれまで日本経済が経験したことのない状況が発生し，デフレーションからの脱却が今日の主要な政策課題になっている．

4) GDP デフレーター変化要因の実証分析結果

① 高度成長期（1956年～1973年）

1961年以降をみると，GNP デフレーター上昇率が，4.6％（1961年～1964年），5.3％（1864年～1968年），7％（1968年～1973年）と加速する傾向がみられるが，これらはいずれも，貨幣賃金率上昇率が労働生産性上昇率を上回っていることから派生していることがわかる．

② 安定成長期

前半期（1974年～1985年）の平均 GDP デフレーター上昇率は，5.89％であった．そのうち，パラメータ変化率0.07％，貨幣賃金率上昇率8.53％が，GDP デフレーター上昇要因になっており，労働生産性上昇率2.7％が GDP デフレーターの下落要因になっている．貨幣賃金上昇率が労働生産性上昇率を大幅に上回っていることが GDP デフレーター上昇につながっている．

後半期（1986 年〜1991 年）の平均 GDP デフレーター上昇率は 1.61％であった．そのうち，パラメータ変化率 0.68％，貨幣賃金率上昇率 4.2％が GDP デフレーター上昇の要因であり，労働生産性上昇率 3.26％が下落要因となっている．貨幣賃金率上昇率は労働生産性上昇率をやや上回り，パラメータ変化率上昇率がやや高くなっていることが，GDP デフレーターのマイルドな上昇につながっている．

③ 長期停滞期（1995 年〜2014 年）

平均 GDP 上昇率は，−0.9％でデフレ状態である．パラメータ変化率の上昇率 0.39％は，GDP デフレーターの上昇要因になっているが，貨幣賃金率−0.33％，労働生産性上昇率 0.97％であり，両者が GDP デフレーターの下落要因になっていることがわかる．労働生産性が上昇すれば，貨幣賃金率は上昇するというのが戦後日本経済の特徴であったが，長期停滞期はその特徴が消えている．労働生産性上昇率に見合った貨幣賃金率上昇がなかったことが，デフレーションをもたらした 1 つの要因ということになる．

④ 小　　括

物価（GDP デフレーター）がどの程度変化するかは，労働生産性変化率と貨幣賃金率変化率の関係性のなかで決まる．高度成長期は，貨幣賃金率上昇率が労働生産上昇率を大きく上回る状態が続き，それがインフレーションをもたらしている．「このような状況が続いた背景に何があるか」が 1 つの論点になる．インフレーション発生の原因を具体的に理解するためには，この時期の労使の賃金交渉の実態把握，特に春闘方式についての分析が不可欠である．

安定成長期は，貨幣賃金率上昇率が労働生産性上昇率を上回る状況は続いているが，その差は大幅に縮小している．なぜ，大幅に縮小したか，その背景にある労使の力関係の変化が考えられる．この時期の労使の力関係の変容について明らかにすることは 1 つの検討すべき論点である．

長期停滞期は，貨幣賃金率上昇率は，労働生産性上昇率を相当に下回り，戦後の日本経済がかつて経験したことのないような異常な状況である．なぜ，そのような事態に陥ったのか，その背景を労使関係にとどまらず労働市場全体の変容をしっかり把握することが重要な論点になる．

第6章 産業連関分析の基礎

1 産業連関表の概要

　生産活動においては，中間投入物を必ず必要とする．しかし，GDP は中間投入物を国内生産額から引いたものを集計したものであるから，中間投入物の存在を捨象していることになる．

　しかし，一国経済の活動の様子をきちんと把握するためには，中間投入物の取引の実態をとらえておく必要がある．中間投入物の取引は，産業間の取引と見なすことができるから，産業と産業の連関関係をしっかり掴むことが重要である．

　このような視点から考えだされたのが産業連関表であり，ワシリー・レオンティエフ（Wassily Leontief; 1906年〜1999年）によって考案された．産業連関表は，企業の集合をひとかたまりにした部門を「産業」と呼び，産業間の財・サービスの流れを，一国経済全体にわたって一覧表形式で記載したものである．

　以下では，農林水産省大臣官房統計部（2016）に示されている「取引基本表（ひな型）」を参考に，産業連関表の見方について説明する（表6-1）.

　取引基本表を行にそってみると，農業と工業で生産された財・サービスがどのように使われたか（＝需要されたか）を示している．

　ここで，需要は2つに区分される．1つは，各産業は生産のために原材料などの中間財を投入する必要があり，そのために各産業からどれくらい中間財を購入したかを示す中間需要である．生産の目的はあくまで最終財にあるので，各産業で最終財がどの程度購入されたかを示すのが最終需要である．行は，中間需要と最終需要で総需要が決まり，それに対応した国内生産額が供給されることを意味する．

　農業で生産された財・サービスは，中間需要として，農業自身で30兆円，工業で150兆円分が購入されていることがわかる．最終需要は120兆円で，中

第6章　産業連関分析の基礎　　95

表6-1　取引基本表（ひな型）

		中間需要		最終需要	国内生産額
		農　業	工　業		
中間投入	農　業	30	150	120	300
	工　業	60	250	190	500
粗付加価値		210	100		
国内生産額		300	500		

（出所）　農林水産省大臣官房統計部（2016）p.164.

間需要と最終需要の合計である総需要は300兆円になり，それに対応して供給
である国内生産額も300兆円になっている．

　工業を行でみると，中間需要として農業で60兆円，工業自身で250兆円需
要されていることがわかる．最終需要は190兆円で，総需要は500兆円となり
総供給である国内生産額も500兆円である．

　列は，各産業が財・サービスを生産するために原材料などの中間財をどの程
度投入したかを示す中間投入と，生産要素である労働や資本の投入によって新
たに生み出された粗付加価値から構成される．列は，中間財及び労働や資本が
生産のためどの程度投入されたかという投入構造を示している．

　農業の列は，農業が300兆円の生産のために，中間財を農業自身と工業から，
それぞれ30兆円，60兆円を購入し，労働や資本とともに投入して，210兆円
（＝300兆円－90兆円）の粗付加価値をうみだしたことを示している．粗付加価値
は，投入された労働や資本へ，対価として分配される．工業の列は，中間財を
150兆円（農業），250兆円（工業）投入し，100兆円（＝500兆円－400兆円）の粗
付加価値をうみだしたことを示している．

　産業全体として800兆円（＝300兆円＋500兆円）の国内生産額があり，そのう
ち中間投入額490兆円（＝90兆円＋400兆円）を差し引いた310兆円が粗付加価
値の合計額ということになり，国民経済レベルのGDPに相当する．

　GDPは，生産＝分配＝支出という「三面等価の原則」が成立するので，産
業連関表でもこの三面等価の原則で作成されている．生産の側面は，粗付加価
値部門計の行和（即ち210兆円＋100兆円＝310兆円）で示される．分配の面は，各
産業の粗付加価値部門計の内訳で示されるが，分配される粗付加価値自体が生
産の側面の粗付加価値であるから，当然生産＝分配が成立する．支出は，行で

みた各産業の最終需要を合計（即ち120兆円＋190兆円＝310兆円）してもとまる．この事例では，生産，分配，支出いずれも310兆円であるから，生産＝分配＝支出が確認できる．

産業連関表は，列が，各産業の投入構造を示し，行が産出されたものの使途を示しているので，投入産出表といわれることもある．

2 産業連関分析における経済波及メカニズム

産業連関表は，産業レベルの経済活動が明示化され，それらを集計することによって，GDPの動向を把握することができる．国民所得決定の理論では，国民所得（GDP）は，独立的支出と乗数を乗じることによってもとまることを示した．また独立的支出において1単位の需要増が発生した時，どのような経済波及メカニズムをつうじてどの程度GDPを増やすかということを明らかにする分析を乗数分析と呼んだ．

産業連関表を使うことによって，最終需要が増加した時，産業間の経済波及メカニズムを明らかにすることができ，その経済波及メカニズムによって各産業の粗付加価値がどの程度増加するか，そしてそれらを集計したGDPの増分を分析できる．

最終需要が増加した時の経済波及効果は，「直接効果」，「第1次間接効果」，「第2次間接効果」に区分される．

最終需要の増加分がある産業（例えばA産業）に発注された時，A産業は当然ながらそれに対応して生産を増すことになる．この時のA産業の生産増加は最終需要の増加による「直接効果」という．

ところで，A産業が生産を増やすためには，労働や資本に加えて原材料や部品など中間財を投入しなければならないので，中間財の生産増が不可欠になる．この時，中間財の発注をB産業にすれば，B産業では，中間財を増やすための生産増が起こる．B産業も自らの生産を増加させるためにはやはり中間財を必要とするので，必要な中間財をC産業に発注するとすれば，C産業の生産も増加することになる．このような中間財の生産誘発効果は，中間財の発注がゼロになるところまで続くことになる．最終需要増加が，ある産業に発生すると，産業間における中間財取引が活性化して産業全体に対して生産誘発をもたらす効果が生まれ，これを「第1次間接効果」という．

第 6 章　産業連関分析の基礎　*97*

　第 1 次間接効果によって関連産業の生産額は増大するが，そのうち，原材料費など中間投入に支払われた額を差し引くと粗付加価値になる．粗付加価値のうち，家計には雇用者所得が分配され，雇用者所得から家計消費支出が行われる．経営者は粗利潤（＝営業余剰＋固定資本減耗）を受け取り，次期以降の生産拡大のための設備投資の原資として使われるが，どの程度原資として使われるかは不確実でわからない．

　しかし，消費は家計にとって日常生活に不可欠であるので，雇用者所得の多くは着実に家計消費支出になる．家計消費支出が増加すると，消費財の生産に関連する多くの産業に新たな需要を生み出し，関連産業の生産が増加する．その生産増のためには多くの中間財を必要とするから，再び中間財取引が活発化して，生産誘発が一巡することになる．

　一巡した生産誘発の過程で粗付加価値が増加しており，雇用者所得は増加し，家計消費支出が増加するので，生産誘発が再びを繰り返されることになり，家計消費支出の増加も繰り返されることになる．直接効果及び第 1 次間接効果によって生み出された生産増にともなう粗付加価値・雇用者所得増を起点として消費支出増と生産誘発の相互循環によって生み出される生産誘発効果を「第 2 次間接効果」という．以下では，「取引基本表（ひな型）」をもとに，3 つの経済波及効果について具体的に説明する．

3　直接効果と第 1 次間接効果

　経済波及効果の分析でまず重要なことは投入係数を理解することである．各産業は財・サービスを生産するために原材料等の中間財を投入するが，中間財ごとの投入額（＝中間投入額）を当該産業の国内生産額で除してもとめた係数である．

　すなわち，ある産業で財・サービスを 1 単位生産するのに中間財ごとに何単位を投入する必要があるかを示すのが中間投入係数である．一般的に，ある産業は生産のために複数の中間投入財を必要とするから，中間投入係数は表で示される．

　「取引基本表（ひな型）」の中間投入係数表（**表6-2**）を列でみることによって，農業は 1 単位の生産のため，中間財として農業自身から 0.1 単位（＝30/300），工業から 0.2 単位（＝60/300）を投入する必要があることがわかる．同様に，工

表 6-2 「取引基本表（ひな型）」の中間投入係数表

	農　業	工　業
農　業	0.1	0.3
工　業	0.2	0.5

（出所）　表 6-1 に同じ.

業は 1 単位の生産のため，中間財として農業から 0.3 単位（＝150/500），工業自身から 0.5 単位（＝250/500）を投入する必要がある.

　この中間投入係数表を使って，ある産業で 1 単位の需要が増加した時の生産の波及効果をみてみる.

　もし何らかの要因で農業に 1 兆円（＝「1 単位」をここでは 1 兆円とみなしている）の需要増が発生したとすると，需要増に対して農業では当然生産が 1 兆円増加する. これは，「直接効果」である.

　農業は 1 兆円の生産を行うためには，農業自らから 0.1 兆円（＝1 兆円×0.1），工業から 0.2 兆円（＝1 兆円×0.2）の中間財を購入する必要がある（第 1 次波及効果）.

　農業に発生した 0.1 兆円の需要増によって，さらに農業に 0.01 兆円（＝0.1 兆円×0.1），工業に 0.02 兆円（＝0.1 兆円×0.2）の需要を生み出す. 同様に，工業に発生した 0.2 兆円の需要増は，農業に 0.06 兆円（＝0.2 兆円×0.3），工業に 0.1 兆円（＝0.2 兆円×0.5）の需要を生み出す.（第 2 次波及効果）

　この段階での農業及び工業の生産波及は以下の通りである.

　　　農業：1 兆円＋(0.1 兆円)＋[0.01 兆円＋0.06 兆円]＋……
　　　工業：　　　　(0.2 兆円)＋[0.02 兆円＋0.1 兆円]＋……

ここで 1 兆円が直接効果，それ以降の数字が第 1 次間接効果を示す. 第 1 次間接効果の数値のうち，（　）内の数値が第 1 次波及効果，[　]内の数値が第 2 次波及効果を示し，波及効果はさらに広がっていくことになる.

　この事例では，農業で 1 兆円の需要増が発生した時の生産波及メカニズムを示している. 同様に工業で 1 兆円の需要増が発生した時の生産波及メカニズムについても数量的に知ることができる.

　このようにある産業に生じた需要増が，中間投入係数に基づいて次々と各産業の中間需要とそれに等しい生産を創出する過程が繰り返されることになる.

しかしながら，各産業にどの程度生産波及が発生したのか，その繰り返しの過程をひとつひとつ追うことは複雑さが増して困難性を極めることになる．そこで，どれだけの生産波及効果があったかを産業ごとに正確に把握するためには，連立方程式をつくってその解をもとめるという簡単な方法がある．

4 連立方程式による解法

「取引基本表（ひな型）」の産業連関表の行に注目すると，農業での国内生産額は 300 であり，それがどのように需要（購入）されたかをみると，まず農業自身と工業に中間需要として，それぞれ 30，150 需要されている．そして，最終需要が 120 で，合計で国内生産額に等しい 300 が需要されていることがわかる．即ち，中間需要＋最終需要＝国内生産額という関係が，農業及び工業それぞれに成立するから，

$$30 + 150 + 120 = 300$$
$$60 + 250 + 190 = 500$$

と表記できる．さらに，中間投入係数を用いて変形すると，

$$0.1 \times 300 + 0.3 \times 500 + 120 = 300$$
$$0.2 \times 300 + 0.5 \times 500 + 250 = 500$$

となる．ここで，

x_1（＝農業の国内生産額），x_2（＝工業の国内生産額），
f_1（＝農業における最終需要），f_2（＝工業における最終需要）

とおくと，次式のような連立方程式体系になる．

$$0.1x_1 + 0.3x_2 + f_1 = x_1$$
$$0.2x_1 + 0.5x_2 + f_2 = x_2$$

この連立方程式は，

$$(1 - 0.1)x_1 - \qquad 0.3\ x_2 = f_1$$
$$-0.2\ x_1 + (1 - 0.5)x_2 = f_2$$

と整理でき，最終的には次式のようになる．

$$0.9x_1 - 0.3x_2 = f_1$$
$$-0.2x_1 + 0.5x_2 = f_2$$

　ここで，農業のみで最終需要が1兆円増加したと仮定する．この時，$f_1 = 1$ $f_2 = 0$ とおいて連立方程式を解くと，$x_1 = 1.282051282$　$x_2 = 0.512820513$ となる．このケースでは，農業で1.28兆円の需要創出によって同額の生産が誘発され，工業では0.51兆円生産誘発されることがわかる．

　もし工業のみに最終需要が1兆円発生したとき，生産誘発はどうなるか．この時，$f_1 = 0$　$f_2 = 1$ とおいて連立方程式を解くことになる．

$$0.9x_1 - 0.3x_2 = 0$$
$$-0.2x_1 + 0.5x_2 = 1$$

　解は，$x_1 = 0.769230769$　$x_2 = 2.307692308$ となり，農業で0.769兆円，工業で2.307兆円の生産がそれぞれの産業で誘発されるという結果になる．

　農業で最終需要が1兆円増加した時，「直接効果と第1次間接効果」によって，農業では2.28兆円（＝1兆円＋1.28兆円）の需要創出によって同額の生産が誘発され，工業では0.51兆円の生産誘発がうまれ，「直接効果と第1次間接効果」で合計2.79兆円（＝2.28兆円＋0.51兆円）の生産増が起こる．

　工業で1兆円の最終需要が発生すると，連立方程式を解いて，両産業の直接効果と第1次間接効果の和は，農業が0.769兆円，工業が3.307兆円（＝1兆円＋2.307兆円）となり，合計で4.076兆円（＝0.769兆円＋3.307兆円）の生産増が起こることがわかる．

5　レオンティエフ逆行列の導出

　上記の連立方程式の解のもとめ方は，直感的であった．産業連関分析では，多数の産業の国内生産額を未知数とした多元連立方程式体系に表記して解をもとめる必要がある．多元連立方程式の解をもとめるためには，連立方程式を行列表記して逆行列をもとめるやり方が一般的である．そこで，行列表記によって逆行列を導出して連立方程式の解をもとめる方法を説明する．

　当該事例での連立方程式体系では，中間的に次のように表記した．

$$(1-0.1)x_1 - \quad 0.3\ x_2 = f_1$$
$$-0.2\ x_1 + (1-0.5)x_2 = f_2$$

行列表記すると，(6.1) 式のようになる．

$$\begin{pmatrix} 1-0.1 & -0.3 \\ -0.2 & 1-0.5 \end{pmatrix}\begin{pmatrix} x_1 \\ x_2 \end{pmatrix} = \begin{pmatrix} f_1 \\ f_2 \end{pmatrix} \tag{6.1}$$

ここで，左辺の行列部分を整理すると以下のように表記できる．

$$\begin{pmatrix} 1-0.1 & -0.3 \\ -0.2 & 1-0.5 \end{pmatrix} = \begin{pmatrix} 1-0.1 & 0-0.3 \\ 0-0.2 & 1-0.5 \end{pmatrix} = \begin{pmatrix} 1 & 0 \\ 0 & 1 \end{pmatrix} - \begin{pmatrix} 0.1 & 0.3 \\ 0.2 & 0.5 \end{pmatrix} = (I-A)$$

但し，$I = \begin{pmatrix} 1 & 0 \\ 0 & 1 \end{pmatrix}$　$A = \begin{pmatrix} 0.1 & 0.3 \\ 0.2 & 0.5 \end{pmatrix}$

I は単位行列，A は中間投入係数表を示しており，(6.1) 式における左辺の行列表記は単位行列と中間投入係数表を用いて $(I-A)$ で表記できることが重要である．

ここで，$X = \begin{pmatrix} x_1 \\ x_2 \end{pmatrix}$　$F = \begin{pmatrix} f_1 \\ f_2 \end{pmatrix}$ とおく．

但し，X は国内生産額の列ベクトル，F は最終需要の列ベクトル

この時，(6.1) 式の行列表記は最終的に次式のようになる．

$$(I-A)X = F$$

両辺に $(I-A)^{-1}$ を左から乗じて整理すると

$$X = (I-A)^{-1}F \text{ となる}$$

$(I-A)^{-1}$ は，「レオンティエフの逆行列」と呼ばれる．国内生産額の列ベクトルは，レオンティエフの逆行列と最終需要の列ベクトルの積でもとまることがわかる．

なおここでの事例についてレオティエフの逆行列は次のようにもとまる．

$$(I-A)^{-1} = \begin{pmatrix} 1.282051282 & 0.769230769 \\ 0.512820513 & 2.307692308 \end{pmatrix}$$

表 6-3　逆行列係数表

	農 業	工 業	行 和
農 業	1.282	0.769	2.051
工 業	0.513	2.308	2.821
列 和	1.795	3.077	

（出所）　表 6-1 に同じ.

　レオティエフの逆行列は,「逆行列係数表」とも呼ばれるが, 逆行列係数表の各要素のもつ経済的意味は重要である.

　表 6-3 の逆行列係数表の列に注目すると, 第 1 列は農業で 1 単位の需要が発生した時, 農業での生産誘発額 1.282 単位, 工業での生産誘発額が 0.513 単位であるから, 列和 1.795 単位は, 生産誘発額の合計ということになる. 同様に, 第 2 列の列和は, 工業で 1 単位の需要が発生した時の, 生産誘発額の合計ということになる.

　他方行に注目すると, 第 1 行第 1 列の 1.282 単位は農業への需要が 1 単位増加した時の農業自身の生産誘発額であったが, それだけ農業自身に中間需要が発生したことを意味する. また, 第 1 行第 2 列の 0.769 単位は, 工業で需要が 1 単位発生した時, 農業での生産誘発額であり, それは農業からみるとそれだけ中間需要が発生したことを意味する. したがって, 行和である 2.051 単位は, 農業で 1 単位の需要が発生し, 同時に工業でも 1 単位の需要が発生した時, 農業において合計で 2.051 単位の中間需要が発生したことを意味する.

　逆行列係数表における列和及び行和は経済波及効果をみるうえで極めて有用な情報を提供してくれることに留意する必要がある.

6　第 2 次間接効果

　これまでは, 各産業に需要増があった時, 直接効果と第 1 次間接効果について説明した. しかし生産波及効果はそれにとどまらず, 第 2 次間接効果が生まれる. 以下では, 第 2 次間接効果について説明する.

　各産業の生産には中間財の投入のみならず, 労働や資本も投入される. 中間財の投入に応じて中間投入額の支払いが必要になり, 投入された労働や資本に対する対価として雇用者報酬や粗利潤などの粗付加価値が支払われる.

粗付加価値のうち家計に分配された所得は，税金や保険などを控除した可処分所得になり，その大部分が消費に回され，残りは貯蓄される．家計消費支出は，各産業の財・サービスへの需要を形成するので，消費支出が増大すれば，各産業の生産波及が始まることになる．

　各産業の国内生産額のうち粗付加価値が占める割合を粗付加価値率という．「取引基本表（ひな型）」の事例では，農業の粗付加価値率は 0.7，工業のそれは 0.2 である．

　いま，農業で需要が 1 兆円増加した時，直接効果と第 1 次間接効果で，農業では国内生産額が 2.282 兆円，工業で 0.513 兆円増加したことがわかっている．

　この時，農業と工業における粗付加価値の増加は次の通りである．

　　農業の粗付加価値増：1.5974 兆円（＝2.282 兆円×0.7）
　　工業の粗付加価値増：0.1026 兆円（＝0.513 兆円×0.2）

　粗付加価値増の合計は 1.7 兆円になる．「取引基本表（ひな型）」では，家計消費支出が最終需要に明示的示されていないので，2011 年産業連関表で，家計消費支出が粗付加価値に占める割合である平均消費性向（以下「消費性向」と略す）を計算すると 0.57 になったので，この数値を採用して説明する．また，家計消費支出のうち，農業及び工業の財・サービスへそれぞれどの程度消費されるのかという消費構成比率も必要になるが，これも「ひな型」には示されていない．最終需要の両産業における需要構成比率（農業：工業＝0.387：0.613）はわかるので，この数値を消費構成比率として便宜的に採用する．

　この時，家計消費支出は，0.969 兆円（＝1.7 兆円×0.57）増加し，家計消費支出構成率を 0.387（農業），0.613（工業）とすると，両産業の家計消費支出の増加は下記の通りである．

　　家計消費支出増（農業）：0.375 兆円（＝0.969 兆円×0.387）
　　家計消費支出増（工業）：0.594 兆円（＝0.969 兆円×0.613）

　農業で新たな需要が 0.375 兆円増加した時，中間財需要が増加して生産誘発過程がうまれる．同様に，工業で新たな需要が 0.594 兆円増加による生産誘発過程がうまれる．どの程度生産誘発効果があるかを，逆行列係数表をもとにもとめると，以下の通りである．

農業で新たな需要が 0.375 兆円増加した時，
　農業で 0.481 兆円（＝ 0.375 兆円× 1.282）
　工業で 0.192 兆円（＝ 0.375 兆円× 0.513）
　　　合計で 0.673 兆円の需要増（生産増）が見込まれる．
工業で新たな需要が 0.594 兆円増加しているので
　農業で 0.457 兆円（＝ 0.594 兆円× 0.769）
　工業で 1.371 兆円（＝ 0.594 兆円× 2.308）
　　　合計で 1.828 兆円の需要増（生産増）が見込まれる．

図 6-1　第 2 次間接効果の第 1 次波及効果のメカニズム
（出所）　筆者作成．

第 6 章　産業連関分析の基礎　　*105*

　第 2 次間接効果の第 1 次生産波及効果は，合計で 2.501 兆円（＝0.673 兆円＋1.828 兆円）ということになる（**図6-1** 参照）．2.501 兆円の国内生産額増はさらに粗付加価値増 → 家計消費支出増 → 各産業の国内生産額増 → 粗付加価値増という循環を繰り替えしていくことになる．

　「直接効果＋第 1 次間接効果」からどの程度内生的に第 2 次間接効果が創出されるかを算出するためには，家計消費支出を内生化したモデルを構築して産業連関分析を行う必要がある．本書では，第 7 章と第 8 章でこの形のモデルをとりあげる

7　「2011 年産業連関表」の概説

　「2011 年産業連関表」[1] を第 1 次産業，第 2 次産業，第 3 次産業に集計したものが**表 6-4** のように示される．

　前述したように産業連関表を行にそってみると，各産業で生産された財・サービスがどのように使われたか（需要されたか）を示している．

　ここで，需要は，各産業が原材料などの中間財投入のために要した費用を示す中間需要と各産業で生産されたものが最終財としてどの程度購入されたかを示す最終需要から構成されているのは言うまでもない．

　最終需要は，GDP の支出面の定義とほぼ同じで，民間消費支出，一般政府消費支出，国内総固定資本形成（民間設備投資，民間住宅投資，公的固定資本形成），その他国内最終需要（主に家計外消費支出と在庫）からなる国内最終需要と輸出で構成される．総需要と総供給は，下記のように定義できる．

　　　総需要＝中間需要＋最終需要
　　　総供給＝国内生産額＋輸入

　ここで，総需要＝総供給であるから，

　　　国内生産額＝中間需要＋最終需要－輸入

　この式は，中間需要と最終需要で総需要がきまるが，そこから外国から供給される部分である輸入を引いた分だけが，国内生産額として，国内で供給され

---

1)　産業連関表は総務省主幹で 5 年ごとに作成されるが，直近のものは総務省（2015）「平成 23 年（2011 年）産業連関表」である．

表 6-4　2011 年産業連関表（3 部門）

（単位：10 億円）

| | | 中間需要 | | | 最終需要 | | | | | （控除）輸入計 | 国内生産額 |
		第 1 次産業	第 2 次産業	第 3 次産業	民間消費支出	一般政府消費支出	国内総固定資本形成	その他国内最終需要	輸出計		
中間投入	第 1 次産業	1,457	7,851	1,374	3,389	0	168	313	48	-2,563	12,036
	第 2 次産業	2,716	161,898	62,842	55,172	243	73,761	3,749	54,473	-71,674	343,179
	第 3 次産業	2,025	66,812	155,797	224,261	98,494	17,455	12,115	16,423	-8,922	584,460
粗付加価値部門計		5,838	106,619	364,448							
国内生産額		12,036	343,179	584,460							

（出所）　総務省（2015）をもとに，筆者が加工作成.

ると解釈することができる.

　第 1 次産業を事例に生産された財・サービスがどのように需要されたかみてみると，中間需要として，1 兆 4570 億円（第 1 次産業），7 兆 8510 億円（第 2 次産業），1 兆 3740 億円（第 3 次産業）が使われていることがわかる. 最終需要をみると，そのほとんどは民間消費支出で 3 兆 3890 億円にのぼっているが，他の最終需要項目は，0 円（一般政府消費支出），1680 億円（国内総固定資本形成），輸出（480 億円）などわずかである. 中間需要と最終需要の合計である総需要は 14 兆 5990 億円になる. 輸入として外国から 2 兆 5630 億円分供給されているので，結局国内生産額は 12 兆 360 億円となっている.

　第 2 次産業を行でみると，中間需要として 2 兆 7160 億円（第 1 次産業），161 兆 8980 億円（第 2 次産業），62 兆 8420 億円（第 3 次産業）使われていることがわかる. 最終需要をみると，55 兆 1720 億円（民間消費支出），73 兆 7610 億円（国内総固定資本形成），54 兆 4730 億円（輸出）などが主である. 第 2 次産業の財・サービスに対する需要では，投資関連の需要が大きいことがわかる. 輸入が 71 兆 6740 億円であり，国内生産額は，343 兆 1790 億円になる.

　第 3 次産業を行でみると，中間需要は 2 兆 250 億円（第 1 次産業），66 兆 8120 億円（第 2 次産業），155 兆 7970 億円（第 3 次産業）であり，第 3 次産業で生産されるサービスの多くは自らの中間投入財として需要される部分が大きいことがわかる. 最終需要をみると，224 兆 2610 億円（民間消費支出），98 兆 4940 億円

（一般政府消費支出），17兆4550億円（国内総固定資本形成），16兆4230億円（輸出）などとなっている．民間消費支出での需要が大きいことに付け加えて，一般最終消費支出での需要も相当に大きいことが特徴である．輸入が8兆9220億円であるから，国内生産額は584兆4460億円に達している．

列は，各産業が財・サービスを生産するために原材料などの中間財をどの程度投入したかを示す中間投入と，生産要素である労働や資本の投入によって新たにうみだされた粗付加価値から構成される．列は，中間財及び労働や資本が生産のためにどの程度投入されたかという投入構造を示している．

第1次産業の列は，第1次産業が12兆360億円の生産のために，中間財を第1次産業自身と第2次産業，第3次産業から，それぞれ1兆4570億円，2兆7160億円，2兆円250億円購入し，労働や資本とともに投入して，5兆8380億円（＝12兆360億－6兆円1980億円）の粗付加価値をうみだしたことを示している．粗付加価値は，投入された労働や資本へ対価として分配される．

第2次産業の列は，中間財を7兆8510億円（第1次産業），161兆8980億円（第2次産業），66兆8120億円（第3次産業）投入し，106兆6190億円（＝343兆1790億円－236兆5600臆円）の粗付加価値をうみだしたことを示している．

第3次産業の列も同様で，中間財を1兆3740億円（第1次産業），62兆8420億円（第2次産業），155兆7970億円（第3次産業）投入し，364兆4480億円（＝584兆4600億円－220兆120臆円）の粗付加価値をうみだしたことを示している．

産業全体として939兆6750億円（＝12兆360億円＋343兆1790億円＋584兆4600億円）の国内生産額があり，そのうち中間投入額462兆7700億円（＝6兆1980億円＋236兆5600億円＋220兆120億円）を差し引いた476兆9050億円が粗付加価値の合計額ということになり，国民経済レベルのGDPということになる．

8　輸入を内生化した3部門の産業連関分析

1）　モデルの基本構造

上記の「2011年産業産業連関表（3部門）」をもとに産業連関分析のためのモデル構築の事例を示す．先の「取引基本表（ひな型）」における最終需要においては輸出と輸入の取り扱いが明確に示されていなかった．2011年産業連関表（3部門）ではこれが明示化されている．

輸出は最終需要を構成するので外生変数とみなせるが，輸入は国内需要（＝

表6-5 記号で表記した「2011年産業連関表（3部門）」

| | 中間需要 | | | 最終需要 | | | | | | |
	第1次産業	第2次産業	第3次産業	民間消費支出	一般政府消費支出	国内総固定資本形成	その他国内最終需要	輸出計	（控除）	国内生産額
第1次産業	$a_{11}x_1$	$a_{12}x_2$	$a_{13}x_3$	f_{1c}	f_{1g}	f_{1I}	f_{1o}	ex_1	im_1	x_1
第2次産業	$a_{21}x_1$	$a_{22}x_2$	$a_{23}x_3$	f_{2c}	f_{2g}	f_{2I}	f_{2o}	ex_2	im_2	x_2
第3次産業	$a_{31}x_1$	$a_{32}x_2$	$a_{33}x_3$	f_{3c}	f_{3g}	f_{3I}	f_{3o}	ex_3	im_3	x_3
粗付加価値	v_1x_1	v_2x_2	v_3x_3							
国内生産額	x_1	x_2	x_3							

（出所）　筆者作成.

中間需要＋国内最終需要）に大きく影響をうける．一般的には，国内需要が増加すれば輸入も増加し，国内需要が減少すれば，輸入も減少するから，輸入は国内需要に依存して決まると考えて，内生化することが望ましい．そこで以下では，輸入内生化モデルの作成事例を示す．なお，モデル作成の過程をできるだけ可視化するために，記号で表記した「2011年産業連関表（3部門）」（**表6-5**）を作成し，この表をもとに概説する．

　ここで，各記号は次のような意味である．

x_i $(i=1\sim3)$：第 i 次産業の国内生産額

a_{ij} $(i=1\sim3 \quad j=1\sim3)$：中間投入係数

v_i $(i=1\sim3)$：第 i 次産業の粗付加価値率

　　（したがって第 i 次産業の粗付加価値：v_ix_i）

f_{ic} $(i=1\sim3)$：民間消費支出のうち第 i 次産業の財・サービス購入額

f_{ig} $(i=1\sim3)$：一般政府最終消費支出のうち第 i 次産業の財・サービス購入額

f_{iI} $(i=1\sim3)$：国内総固定資本形成のうち第 i 次産業の財・サービス購入額

f_{io} $(i=1\sim3)$：その他国内最終需要のうち第 i 次産業の財・サービス購入額

ex_i $(i=1\sim3)$：第 i 次産業の財・サービス輸出額

im_i $(i=1\sim3)$：第 i 次産業の財・サービス輸入額

この時，産業連関表の行に注目すると次式が成立する．

$$a_{11}x_1 + a_{12}x_2 + a_{13}x_3 + f_{1c} + f_{1g} + f_{1i} + f_{1o} + ex_1 - im_1 = x_1$$
$$a_{21}x_1 + a_{22}x_2 + a_{23}x_3 + f_{2c} + f_{2g} + f_{2i} + f_{2o} + ex_2 - im_2 = x_2 \qquad (6.2)$$
$$a_{31}x_1 + a_{32}x_2 + a_{33}x_3 + f_{3c} + f_{3g} + f_{3i} + f_{3o} + ex_3 - im_3 = x_3$$

輸入を内生化するために，第 i 産業の財・サービスの輸入額を国内需要で割って輸入係数と定義する．輸入係数が所与であれば，国内需要が増加すれば輸入が増加し，逆は逆という関係が成立し，輸入の内生化が可能となる．いま，第 i 産業の輸入係数を，m_i（$i=1\sim3$）とおくと，次式が成立する．

$$im_1 = m_1(a_{11}x_1 + a_{12}x_2 + a_{13}x_3 + f_{1c} + f_{1g} + f_{1i} + f_{1o})$$
$$im_2 = m_2(a_{21}x_1 + a_{22}x_2 + a_{23}x_3 + f_{2c} + f_{2g} + f_{2i} + f_{2o}) \qquad (6.3)$$
$$im_3 = m_3(a_{31}x_1 + a_{32}x_2 + a_{33}x_3 + f_{3c} + f_{3g} + f_{3i} + f_{3o})$$

（6.2）式と（6.3）式から次式が導出できる．

$$(1-m_1)(a_{11}x_1 + a_{12}x_2 + a_{13}x_3 + f_{1c} + f_{1g} + f_{1i} + f_{1o}) + ex_1 = x_1$$
$$(1-m_2)(a_{21}x_1 + a_{22}x_2 + a_{23}x_3 + f_{2c} + f_{2g} + f_{2i} + f_{2o}) + ex_2 = x_2$$
$$(1-m_3)(a_{31}x_1 + a_{32}x_2 + a_{33}x_3 + f_{3c} + f_{3g} + f_{3i} + f_{3o}) + ex_3 = x_3$$

上式を整理すると最終的な連立方程式が導出される．

$$[1-(1-m_1)a_{11}]x_1 - (1-m_1)a_{12}x_2 - (1-m_1)a_{13}x_3$$
$$= (1-m_1)(f_{1c} + f_{1g} + f_{1i} + f_{1o}) + ex_1$$

$$-(1-m_2)a_{21}x_1 + [1-(1-m_2)a_{22}]x_2 - (1-m_2)a_{23}x_3$$
$$= (1-m_2)(f_{2c} + f_{2g} + f_{2i} + f_{2o}) + ex_2$$

$$-(1-m_3)a_{31}x_1 - (1-m_3)a_{32}x_3 - [1-(1-m_3)a_{33}]x_3$$
$$= (1-m_3)(f_{3c} + f_{3g} + f_{3i} + f_{3o}) + ex_3$$

これらの連立方程式体系を行列表記すると以下の通りである．

$$
\begin{bmatrix}
1-(1-m_1)a_{11} & -(1-m_1)a_{12} & -(1-m_1)a_{13} \\
-(1-m_2)a_{21} & 1-(1-m_2)a_{22} & -(1-m_2)a_{23} \\
-(1-m_3)a_{31} & -(1-m_3)a_{32} & 1-(1-m_3)a_{33}
\end{bmatrix}
\begin{bmatrix}
x_1 \\ x_2 \\ x_3
\end{bmatrix}
$$

$$
=
\begin{bmatrix}
1-m_1 & 0 & 0 \\
0 & 1-m_2 & 0 \\
0 & 0 & 1-m_3
\end{bmatrix}
\begin{bmatrix}
f_{1c}+f_{1g}+f_{1i}+f_{1o} \\
f_{2c}+f_{2g}+f_{2i}+f_{2o} \\
f_{3c}+f_{3g}+f_{3i}+f_{3o}
\end{bmatrix}
+
\begin{bmatrix}
ex_1 \\ ex_2 \\ ex_3
\end{bmatrix}
\tag{6.3}
$$

ここで，f_1，f_2 及び f_3 をそれぞれ，第 1 次産業，第 2 次産業，第 3 次産業の財サービスに対する 4 つの国内最終需要の合計額とする．

$$
\begin{bmatrix}
f_1 \\ f_2 \\ f_3
\end{bmatrix}
=
\begin{bmatrix}
f_{1c}+f_{1g}+f_{1i}+f_{1o} \\
f_{2c}+f_{2g}+f_{2i}+f_{2o} \\
f_{3c}+f_{3g}+f_{3i}+f_{3o}
\end{bmatrix}
$$

最終的には，次式のような行列表記となる．

$$
\left[
\begin{bmatrix}
1 & 0 & 0 \\
0 & 1 & 0 \\
0 & 0 & 1
\end{bmatrix}
-
\begin{bmatrix}
1-m_1 & 0 & 0 \\
0 & 1-m_2 & 0 \\
0 & 0 & 1-m_3
\end{bmatrix}
\begin{bmatrix}
a_{11} & a_{12} & a_{13} \\
a_{21} & a_{22} & a_{23} \\
a_{31} & a_{32} & a_{33}
\end{bmatrix}
\right]
\begin{bmatrix}
x_1 \\ x_2 \\ x_3
\end{bmatrix}
$$

$$
=
\begin{bmatrix}
1-m_1 & 0 & 0 \\
0 & 1-m_2 & 0 \\
0 & 0 & 1-m_3
\end{bmatrix}
\begin{bmatrix}
f_1 \\ f_2 \\ f_3
\end{bmatrix}
+
\begin{bmatrix}
ex_1 \\ ex_2 \\ ex_3
\end{bmatrix}
\tag{6.4}
$$

いま，各行列を次のように定義する．

$$
I=
\begin{bmatrix}
1 & 0 & 0 \\
0 & 1 & 0 \\
0 & 0 & 1
\end{bmatrix}
\qquad
M=
\begin{bmatrix}
m_1 & 0 & 0 \\
0 & m_2 & 0 \\
0 & 0 & m_3
\end{bmatrix}
$$

$$
A=
\begin{bmatrix}
a_{11} & a_{12} & a_{13} \\
a_{21} & a_{22} & a_{23} \\
a_{31} & a_{32} & a_{33}
\end{bmatrix}
\qquad
F=
\begin{bmatrix}
f_1 \\ f_2 \\ f_3
\end{bmatrix}
\qquad
EX=
\begin{bmatrix}
ex_1 \\ ex_2 \\ ex_3
\end{bmatrix}
$$

ここで，I（単位行列），M（輸入係数行列），A（中間投入係数行列），F（国内最終需要ベクトル），EX（輸出ベクトル）である．

結局 (6.4) 式は，$[I-[I-M]A]X=[I-M]F+EX$ と整理できる．この連立方程式体系を X について解くと

$$X = [I - [I - M]A]^{-1}[[I - M]F + EX] \tag{6.5}$$

となる．なお，$[I - [I - M]A]^{-1}$ が輸入を内生化した時のレオンティエフ逆行列ということになる．

2)　レオンティエフ逆行列

（6.5）式を利用して，実際に 2011 年の産業連関表をもとに産業別の国内生産額をもとめ，その値が産業連関表の現実データに等しくなるかどうか確認してみる．

まず，中間投入係数と輸入係数をもとにレオンティエフ逆行列をもとめる．レオンティエフ逆行列の構造は，中間投入係数と輸入係数によって決まってくる．中間投入係数及び輸入係数の行列は**表 6-6** のようにもとまる．

この 2 つの行列をもとに導出したレオンティエフ逆行列は**表 6-7** の通りである．

レオンチェフ逆行列は，ある産業に一定の需要が発生したとき，それが各産業部門に対して直接・間接にどのような影響を及ぼすのか，あるいは全ての産業に一定の需要が発生した時，それによって各産業はどのような影響を受けるのかを分析するために決定的な役割を果たす．

表 6-6　中間投入係数行列及び輸入係数行列

中間投入係数行列

	第 1 次産業	第 2 次産業	第 3 次産業
第 1 次産業	0.121	0.023	0.002
第 2 次産業	0.226	0.472	0.108
第 3 次産業	0.168	0.195	0.267

輸入係数行列

	第 1 次産業	第 2 次産業	第 3 次産業
第 1 次産業	0.176	0.000	0.000
第 2 次産業	0.000	0.199	0.000
第 3 次産業	0.000	0.000	0.015

（出所）　筆者作成．

表6-7　レオンティエフ逆行列

	第1次産業	第2次産業	第3次産業	行　和	感応度係数
第1次産業	1.119	0.036	0.007	1.163	0.621
第2次産業	0.374	1.680	0.197	2.250	1.202
第3次産業	0.348	0.445	1.409	2.202	1.176
列　和	1.841	2.160	1.613	行和平均：1.872	
影響力係数	0.984	1.154	0.862	列和平均：同上	

（出所）　筆者作成.

3)　影響力係数と感応度係数

　列に注目すると，第1次産業が需要を1単位増加した時，第1次産業で1.119単位，第2次産業で0.374単位，第3次産業で0.348の生産を誘発し，合計で1.841単位の生産を誘発することになる．同様に，第2次産業および第3次産業が需要を1単位増加した時，それぞれ合計で2.16単位及び1.613単位の生産を誘発する．列は，ある産業で需要が1単位増加した時，各産業にどの程度生産誘発の影響力をもつかを示すものである．この事例では，第2次産業が生産誘発の影響力が一番大きいということになる．

　各産業の影響力を相対的に比較する指標として「影響力係数」がある．影響力係数は，3つの産業の列和の平均値をもとめ，そのうえで各産業の列和を列和の平均値で除してもとめる．

$$列和の平均値 = \frac{1.841+2.160+1.613}{3} = 1.872 \ であるから$$

$$第1次産業の影響力係数 = \frac{1.841}{1.872} = 0.984 \ となる.$$

　第2次産業，第3次産業も同様に計算すると，影響力係数は，それぞれ1.154，0.862，である．

　影響力係数が1より大きければ，その産業の生産を誘発する影響力は相対的に大きく，1より小さければ，影響力は相対的に小さいということができる．この事例では，第2次産業の影響力が他産業に比して大きいことがわかる．

　行に注目すると，3つの産業全てで1単位の需要が増加した時，各産業でどの程度の生産が誘発されるかという反応の大きさを示す．第1次産業を事例に

すると，第1次産業は，第1次産業で1単位の需要増が起こると1.119単位の生産が誘発され，第2次産業で1単位の需要増が起こると0.036単位の生産が誘発され，第3次産業で1単位の需要増がおこると0.007単位の生産が誘発され，合計で1.163単位の生産が誘発されることになる．同様に考えて，第2次産業は2.25単位，第3次産業は2.202単位の生産が誘発されることを示している．このように行和は，全ての産業で需要が1単位増加した時，当該産業でどの程度生産が誘発されるかを示す．この事例では，第2次産業と第3次産業が同じ程度の反応の大きさを示している．

この反応の大きさを相対的にみると指標として「感応度係数」がある．感応度係数は，3つの産業の行和の平均値をもとめ，そのうえで各産業の行和を行和の平均値で除してもとめる．

$$行の平均値 = \frac{1.163+2.250+2.202}{3} = 1.872 \quad であるから$$

$$第1次産業の感応度係数 = \frac{1.163}{1.872} = 0.621 \quad となる.$$

第2次産業，第3次産業も同様に計算すると，感応度係数は，それぞれ1.202，1.176，となる．

感応度係数が1より大きければ，当該産業は他産業からの反応を相対的に強く受け，1より小さければ，他産業からの反応は相対的に小さいということができる．この事例では，第2次産業と第3次産業は，他産業からの反応を相対的に強く受けるということがわかる．第1次産業は，各産業で需要増があっても，そこからの反応は弱いことがうかがえる．

4) 最終需要項目別の生産誘発額

このレオンティエフ逆行列と国内最終需要（除：輸入による需要の漏れ）と輸出の産業別需要が与えられると，産業別の国内生産額をもとめることができる（表6-8）．

産業別の国内生産額は，12兆360億円（第1次産業），343兆1790億円（第2次産業），584兆4600億円（第3次産業）という数値になっているが，これは元の産業連関表のデータ値と一致することが確認できる．

産業連関表における国内生産額と一致するので，（6.5）式は，産業連関表を

114

表 6-8　産業別国内生産額と最終需要項目別の産業別生産誘発額

(単位：10 億円)

	国内生産額		民間消費支出	一般政府消費支出	国内総固定資本形成	その他国内最終需要	輸　出
第 1 次産業	12,036	第 1 次産業	6,302	701	2,412	482	2,139
第 2 次産業	343,179	第 2 次産業	118,806	19,443	102,689	7,492	94,749
第 3 次産業	584,460	第 3 次産業	331,648	136,686	50,529	18,227	47,371
合　計	939,675	小　計	456,755	156,830	155,630	26,201	144,258
						国内生産額	939,675

(出所)　筆者作成.

もとに中間投入係数，輸入係数，及び国内最終需要と輸出を所与とすれば，そこから正確な国内生産額を算出できることになる.

さらに，産出の過程で，国内最終需要や輸出などの個別最終需要項目が，各産業の生産をどの程度誘発するかについても知ることができる. 個別最終需要項目の生産誘発額の算出は，当該の個別最終需要項目だけ，データ数値を与え，それ以外の個別最終需要項目のデータ数値は全てゼロと置いて，(6.5) 式を解く.

例えば，民間消費支出の生産誘発効果は，f_{1c}, f_{2c}, f_{3c} のデータ値だけ残し，あとのデータ値は全てゼロにしてもとめる[2]. 同様に，国内総資本形成の生産誘発額をもとめる場合は，f_{1I}, f_{2I}, f_{3I} のみデータ値を与えて計算する.

個別最終需要項目の生産誘発効果をみてみると，民間消費支出の生産誘発額が 456 兆 7550 億円と一番大きいが，特に第 3 次産業の国内生産額 (331 兆 6480億円) の誘発額が大きいことが特徴的である. 一般政府消費支出と国内総固定資本形成の生産誘発額は，それぞれ 156 兆 8300 億円，155 兆 6300 億円でほぼ同じである.

産業別にみると，一般政府消費支出では第 3 次産業の生産誘発額が 136 兆6860 億円と一番大きく，国内総固定資本形成では第 2 次産業の生産誘発額が102 兆 6890 億円と一番大きくなっている. 輸出の生産誘発額は全体で 144 兆2580 億円であるが，そのうち第 2 次産業の生産誘発額が 94 兆 7490 億円にの

---

2)　この時，(6.5) 式で $F = \begin{bmatrix} f_{1c} \\ f_{2c} \\ f_{3c} \end{bmatrix}$ ということになる.

ぼって一番大きい.

日本経済の最終需要項目別の生産誘発額をみると，消費は第3次産業の国内生産額を支え，投資と輸出は第2次産業の国内生産額を支えるという産業構造の特徴をもつことがわかる.

9　輸入と民間消費支出を内生化した3部門産業連関分析モデル

輸入のみならず民間消費支出を内生化したモデルを作成する．ここで作成したモデルを応用した分析を第9章で展開する.

輸入を内生化した時の各産業の財市場の需給均衡式は，下記で示された.

$$[1-(1-m_1)a_{11}]x_1-(1-m_1)a_{12}x_2-(1-m_1)a_{13}x_3$$
$$=(1-m_1)(f_{1c}+f_{1g}+f_{1i}+f_{1o})+ex_1$$

$$-(1-m_2)a_{21}x_1+[1-(1-m_2)a_{22}]x_2-(1-m_2)a_{23}x_3$$
$$=(1-m_2)(f_{2c}+f_{2g}+f_{2i}+f_{2o})+ex_2$$

$$-(1-m_3)a_{31}x_1-(1-m_3)a_{32}x_3-[1-(1-m_3)a_{33}]x_3$$
$$=(1-m_3)(f_{3c}+f_{3g}+f_{3i}+f_{3o})+ex_3$$

ここで右辺の国内最終需要について民間消費支出とそれ以外の国内最終需要に分離して上式を行列表記すると次のように示すことができる.

$$
\begin{aligned}
&\left[
\begin{bmatrix} 1 & 0 & 0 \\ 0 & 1 & 0 \\ 0 & 0 & 1 \end{bmatrix}
-
\begin{bmatrix} 1-m_1 & 0 & 0 \\ 0 & 1-m_2 & 0 \\ 0 & 0 & 1-m_3 \end{bmatrix}
\begin{bmatrix} a_{11} & a_{12} & a_{13} \\ a_{21} & a_{22} & a_{23} \\ a_{31} & a_{32} & a_{33} \end{bmatrix}
\right]
\begin{bmatrix} x_1 \\ x_2 \\ x_3 \end{bmatrix} \\[2mm]
&=
\begin{bmatrix} 1-m_1 & 0 & 0 \\ 0 & 1-m_2 & 0 \\ 0 & 0 & 1-m_3 \end{bmatrix}
\begin{bmatrix} f_{1c} \\ f_{2c} \\ f_{3c} \end{bmatrix} \\[2mm]
&+
\begin{bmatrix} 1-m_1 & 0 & 0 \\ 0 & 1-m_2 & 0 \\ 0 & 0 & 1-m_3 \end{bmatrix}
\begin{bmatrix} f_{1g}+f_{1i}+f_{1o} \\ f_{2g}+f_{2i}+f_{2o} \\ f_{3g}+f_{3i}+f_{3o} \end{bmatrix}
+
\begin{bmatrix} ex_1 \\ ex_2 \\ ex_3 \end{bmatrix}
\end{aligned}
\tag{6.6}
$$

民間消費支出の内生化をどのようにモデルに組み込むかについて説明する．粗付加価値の合計が所得合計である．各産業の生産物に対する民間消費支出が

所得合計に比例すると仮定し，その時の比例定数を消費係数と呼ぶ．

いま，各産業の消費係数を，c_1, c_2, c_3 とおく．所得の総額は，$v_1x_1 + v_2x_2 + v_3x_3$ であるから，次式が成立する．

$$f_{1c} = c_1(v_1x_1 + v_2x_2 + v_3x_3)$$
$$f_{2c} = c_2(v_1x_1 + v_2x_2 + v_3x_3)$$
$$f_{3c} = c_3(v_1x_1 + v_2x_2 + v_3x_3)$$

これを行列で表示すると次のようになる

$$\begin{bmatrix} f_{1c} \\ f_{2c} \\ f_{3c} \end{bmatrix} = \begin{bmatrix} c_1 & c_2 & c_3 \\ c_1 & c_2 & c_3 \\ c_1 & c_2 & c_3 \end{bmatrix} \begin{bmatrix} v_1 & 0 & 0 \\ 0 & v_2 & 0 \\ 0 & 0 & v_3 \end{bmatrix} \begin{bmatrix} x_1 \\ x_2 \\ x_3 \end{bmatrix} \tag{6.7}$$

(6.7) 式を (6.6) 式に代入すると，行列表記は下記のごとく示される．

$$\left[\begin{bmatrix} 1 & 0 & 0 \\ 0 & 1 & 0 \\ 0 & 0 & 1 \end{bmatrix} - \begin{bmatrix} 1-m_1 & 0 & 0 \\ 0 & 1-m_2 & 0 \\ 0 & 0 & 1-m_3 \end{bmatrix} \begin{bmatrix} a_{11} & a_{12} & a_{13} \\ a_{21} & a_{22} & a_{23} \\ a_{31} & a_{32} & a_{33} \end{bmatrix} \right] \begin{bmatrix} x_1 \\ x_2 \\ x_3 \end{bmatrix}$$

$$= \begin{bmatrix} 1-m_1 & 0 & 0 \\ 0 & 1-m_2 & 0 \\ 0 & 0 & 1-m_3 \end{bmatrix} \begin{bmatrix} c_1 & c_2 & c_3 \\ c_1 & c_2 & c_3 \\ c_1 & c_2 & c_3 \end{bmatrix} \begin{bmatrix} v_1 & 0 & 0 \\ 0 & v_2 & 0 \\ 0 & 0 & v_3 \end{bmatrix} \begin{bmatrix} x_1 \\ x_2 \\ x_3 \end{bmatrix}$$

$$+ \begin{bmatrix} 1-m_1 & 0 & 0 \\ 0 & 1-m_2 & 0 \\ 0 & 0 & 1-m_3 \end{bmatrix} \begin{bmatrix} f_{1g}+f_{1i}+f_{1o} \\ f_{2g}+f_{2i}+f_{2o} \\ f_{3g}+f_{3i}+f_{3o} \end{bmatrix} + \begin{bmatrix} ex_1 \\ ex_2 \\ ex_3 \end{bmatrix}$$

左辺に X 列ベクトルにかかる行列を移動して，整理すると，次のようになる．

$$
\begin{bmatrix}
\begin{bmatrix} 1 & 0 & 0 \\ 0 & 1 & 0 \\ 0 & 0 & 1 \end{bmatrix}
- \begin{bmatrix} 1-m_1 & 0 & 0 \\ 0 & 1-m_2 & 0 \\ 0 & 0 & 1-m_3 \end{bmatrix}
\begin{bmatrix} a_{11} & a_{12} & a_{13} \\ a_{21} & a_{22} & a_{23} \\ a_{31} & a_{32} & a_{33} \end{bmatrix}
\end{bmatrix}
$$

$$
- \begin{bmatrix} 1-m_1 & 0 & 0 \\ 0 & 1-m_2 & 0 \\ 0 & 0 & 1-m_3 \end{bmatrix}
\begin{bmatrix} c_1 & c_2 & c_3 \\ c_1 & c_2 & c_3 \\ c_1 & c_2 & c_3 \end{bmatrix}
\begin{bmatrix} v_1 & 0 & 0 \\ 0 & v_2 & 0 \\ 0 & 0 & v_3 \end{bmatrix}
\begin{bmatrix} x_1 \\ x_2 \\ x_3 \end{bmatrix}
$$

$$
= \begin{bmatrix} 1-m_1 & 0 & 0 \\ 0 & 1-m_2 & 0 \\ 0 & 0 & 1-m_3 \end{bmatrix}
\begin{bmatrix} f_{1g}+f_{1i}+f_{1o} \\ f_{2g}+f_{2i}+f_{2o} \\ f_{3g}+f_{3i}+f_{3o} \end{bmatrix}
+ \begin{bmatrix} ex_1 \\ ex_2 \\ ex_3 \end{bmatrix}
\tag{6.8}
$$

ここで，

$$
C = \begin{bmatrix} c_1 & c_2 & c_3 \\ c_1 & c_2 & c_3 \\ c_1 & c_2 & c_3 \end{bmatrix} \quad
V = \begin{bmatrix} v_1 & 0 & 0 \\ 0 & v_2 & 0 \\ 0 & 0 & v_3 \end{bmatrix} \quad
F = \begin{bmatrix} f_{1g}+f_{1i}+f_{1o} \\ f_{2g}+f_{2i}+f_{2o} \\ f_{3g}+f_{3i}+f_{3o} \end{bmatrix} \quad
EX = \begin{bmatrix} ex_1 \\ ex_2 \\ ex_3 \end{bmatrix}
$$

とおくと，結局 (6.8) 式は，次のように表記できる．

$$
[I - [I-M]A - [I-M]CV]X = [[I-M]F+EX]
$$

$$
X = [I - [I-M](A+CV)]^{-1}[[I-M]F+EX]
\tag{6.9}
$$

(6.9) 式は，輸入と民間消費支出を内生化した時の 3 部門の産業連関分析モデルである．

10　食関連産業における産業連関分析の展開の方向性

　産業連関分析では，最終需要増による各産業への経済波及効果を明らかにすることができる．このことは，様々な経済的プロジェクトがどのような経済効果をもたらすかを具体的な数値データで示すことができるというメリットがあり，プロジェクトや経済政策の評価分析ツールとして極めて有用である．

　産業連関表については，接続産業連関表が利用可能であり，過去 15 年間程度の産業構造の変化とその要因について分析することができる．具体的には，中間投入係数と輸入係数の変化がレオンティエフ逆行列の変化をもたらすので，これで時系列的な産業構造の変化をみることができる．本書では，食関連産業

に焦点をあてるが，2000年から2011年にかけて食関連産業の国内生産額は相当の低下傾向を示している．食関連産業の国内生産額の減少傾向が，産業構造の変化にあるのかあるいは最終需要に原因があるのか，その見極めが，今後の食関連産業の在り方を議論する時の分岐点になると思われる．

産業連関分析は，将来の国内生産額，GDP，雇用などについて産業別に予測することが可能である．この場合，中間投入係数の将来数値の想定，および国内最終需要や輸出などの外生変数をどのように想定するかによって，多様な将来予測が可能になる．その中から，相対的に望ましい経済社会の将来像を抽出し，それを実現するための長期的政策の在り方を考察することができる．産業連関表の応用によって，経済社会の将来像を具体的にえがくことができるというメリットがある．そのためには分析目的にそった産業連関モデルをどのように作成するかが重要になる．本書では，食関連産業の将来像を明らかにすることが1つの目的であり，そこに焦点をおいた産業連関モデルの作成事例を以下では示すことになる．

食関連産業に焦点をあてた産業連関分析のメリットは次の3点にまとめることができる．

① 食関連産業が抱える経済的問題についてその原因がどこにあるかという要因分析ができる．

② 食関連連産業の活性化政策が多様に議論されているが，活性化政策の経済効果を算出することによって政策評価ができる．

③ 食関連産業の将来像を予測することができ，そこから将来予想される食関連産業の中長期的課題を明らかにすることができる．

第7章 食関連産業の現状分析

1 農林水産省作成の産業連関表の概要

　農林水産省作成の産業連関表は，5年ごとに，関係府省庁の共同事業として作成される「産業連関表」から農林漁業及び関連産業に属する部門を明示的に取り上げ，その他の産業については随時統合した部門として取り扱っているところに特徴がある．このことによって，農林漁業及び関連産業における財・サービスの全体的動向を把握するとともに，他産業との取引状況等の数量的連関性を具体的に明らかにすることができる．

　農林業及び関連産業の範囲については，**表7-1**のように区分されている．第1次産業では，言うまでもなく，農業，林業，漁業に区分して関連する産業を集計している．

　第2次産業では，「農林水産関係製造業」と「資材供給産業」及び「関連投資業」の3つに区分され，農林水産関係製造業は，さらに「食品製造業」と「非食品製造業」に分けて関連産業を集計している．

　第3次産業では「関連流通業」と「外食産業」の2つに区分され，関連流通業はさらに「商業」と「運輸業」に分けている．

　農林水産業及び関連産業以外の産業は，ひとまとめにして「その他内生部門」とすることを原則にしている．

　林業では食材となる特用林産物を生産しているので，本章では食関連産業に含むことにするが，食関連産業としての林業の生産額自体は少ない．非食品製造業では，林業全般と関連した産業が中心であり，食関連産業としては畳・わら加工品などに限定される．資材供給産業は，製氷は水産業と関係し，飼料，肥料，農薬などは農業と関係する．関連投資は，農業用機械などの民間設備投資及び農林関係の公共投資などの総固定資本形成であり，中間需要ではない．

　関連流通業は，産業連関表では商業マージン及び運輸マージンにあたる部分

表 7-1　農林漁業及び関連産業の範囲

農林業	農　業	米 飲料用作物 その他の醗農生産物	稲わら その他の食用耕種作物 肉用牛	麦　類 飼料作物 豚	いも類 種　苗 鶏　卵	豆　類 花き・花木類 肉　鶏	野　菜 葉たばこ その他の畜産	果　実 その他の非食用耕種作物 農業サービス	砂糖原料作物 生　乳
	林　業	育　林	素　材	特用林産物					
	漁　業	海面漁業	海面養殖業	内水面漁業・養殖業					
農林水産 関係製造業	食品製造業	牛　肉 冷凍魚介類 パン類 動物油脂 その他の食料品	豚　肉 塩・干・くん製品 菓子類 加工油脂 酒類	鶏　肉 水産びん・かん詰 農産びん・かん詰 植物原油かす 茶・コーヒー	その他の食肉 ねり製品 農産保存食料品 調味料 清涼飲料	と畜副産物 その他の水産食品 砂　糖 冷凍調理食品 たばこ	肉加工品 精　穀 でん粉 レトルト食品	畜産びん・かん詰 製　粉 ぶどう糖・水あめ・異性化糖 そう菜・すし・弁当	酪農品 めん類 植物油脂 学校給食
	非食品製造業	製　材	合板・集成材	木材チップ	畳・わら加工品				
資材供給産業		製　氷	飼　料	有機質肥料	化学肥料	農　薬			
関連投資		農業用機械	農林関係公共事業						
関連流通業	商　業	上記産業の商品の取引に伴う商業（卸売・小売）マージン							
	運輸業	上記産業の商品の取引に伴う国内貨物運賃							
外食産業		飲食サービス							

（出所）　農林水産省官房統計部（2016）

であり，関連流通業以外の食関連産業の生産額によって受動的に決まる側面が強い．関連流通業は，一般的なイメージと違って，主体的な経済組織の集合体として位置づけられていないことに留意する必要がある．

　以上をまとめると，農林水産省作成の産業連関表は，食関連産業のカテゴリとして，農業，林業，漁業，食品製造業，資材供給業，外食産業を明示的に取り上げているところに大きな特徴がある．

2　2005 年と 2011 年における食関連産業の国内生産額の比較

　これまで農林水産省が作成した産業連関表をもとに，食関連産業の国内生産額の動向を整理し，2005 年と 2011 年を比較したものが**表 7-2** である．

　2011 年の全産業及び食関連産業の国内生産額は，それぞれ 939 兆 6750 億円，106 兆 110 億円であり，食関連産業の構成比は 11.3% である．食関連産業の国内生産額のシェアは，全産業の 11% 程度ということになる．

　食関連産業内の国内生産額の内訳をみると，農林水産関係製造業（35 兆 5260 億円），関連流通業（29 兆 5850 億円），外食産業（25 兆 2560 億円），農林水産業（12 兆 360 億円）などとなっている．このうち，関連流通業の生産額は，流通マージン及び運輸マージンであるから，他の 3 つの産業の生産額によって受動的に決まる側面が強いことは前述した通りである．したがって，食関連産業における主要産業は，農林水産関係製造業・外食産業・農林水産業の 3 つの産業と考

第7章　食関連産業の現状分析　*121*

表7-2　農林漁業及び関連産業の国内生産額

（単位：10億円）

	2005 年		2011 年		増減率(%)
	生産額	構成比(%)	生産額	構成比(%)	23 年/17 年
農林漁業	12,490	1.3	12,036	1.3	△3.6
農　業	10,083	1	9,826	1	△2.5
林　業	821	0.1	776	0.1	△5.5
漁　業	1,587	0.2	1,435	0.2	△9.6
農林水産関係製造業	36,692	3.8	35,526	3.8	△3.2
食品製造業	35,098	3.6	34,371	3.7	△2.1
非食品製造業	1,594	0.2	1,155	0.1	△27.5
資材供給産業	1,764	0.2	1,915	0.2	8.6
関連投資業	2,883	0.3	1,693	0.2	△41.3
関連流通業	31,245	3.2	29,585	3.1	△5.3
商　業	27,871	2.9	26,614	2.8	△4.5
運輸業	3,374	0.3	2,971	0.3	△11.9
外食産業	25,784	2.6	25,256	2.7	△2.0
農林漁業及び関連産業	110,859	11.3	106,011	11.3	△4.4
全産業	977,416	100	939,675	100	△3.9

（注）　2005 年は 2011 年産業連関表の部門設定や概念等に合わせた再推計
（出所）　農林水産省大臣官房統計部（2016）

えることができる.

　2005 年と 2011 年を比較すると，食関連産業のほとんどで，2011 年の生産額は減少している．全産業の増減率が−3.9％であるのに対して，食関連産業のそれは−4.4％であるから，他産業に比して減少率が大きいことになる.

　3つの産業でみると，全産業の減少率と比べると，減少率がいずれも大きくなっている．個別にみると，漁業の生産落ち込みは顕著である．それ以外では，関連流通業の生産落ち込みが大きくなっているが，これは，関連流通業以外の食関連産業の生産の落ち込みなどが反映していると思われる.

　2005 年から 2011 年にかけて，全産業レベルにおいても国内生産額の減少がみられるので，食関連産業の構造的衰退がこの間に進んだとは必ずしもいえない．むしろ，マクロ経済の影響によって食関連産業の国内生産額も減少したのではないかと考えられる．このことは，食関連産業の経済活性化を実現しよう

とする場合，マクロ経済と食関連産業の関係性を明らかにすることの重要性を示唆している．ただし，水産業の落ち込みは突出しており，構造的な衰退要因を含んでいる可能性がある．

3 農林水産省産業連関表による食関連産業の現状分析

1) 食関連産業の現況と特徴

表7-3で示されている農林水産省作成の産業連関表をもとに，食関連産業の現況をみてみよう．

農業の国内生産額は9兆8260億円で，そのうち，中間需要として食品製造業で5兆6930億円，外食産業で6800億円，資材供給産業で4260億円需要されている．最終需要では，消費支出[1]が圧倒的で2兆9340億円需要されている．輸出はわずか200億円である一方，輸入は2兆2070億円にのぼり，多額の輸入超過の状況にある．

漁業の国内生産額は1兆4350億円，中間需要として食品製造業で9270億円，外食産業で2370億円需要されている．最終需要は，消費支出2980億円，輸出260億円，輸入2290億円で，輸入超過の状況であるが，農業に比べると輸入超過額は少ない．

食品製造業は34兆3710億円の国内生産額で，中間需要としては主に食品製造業自身で5兆9450億円，外食産業で5兆9160億円需要されている．最終需要では，消費支出が25兆8830億円需要されている．食品製造業の生産は消費支出に強く依存していることがわかる．輸出は3260億円であるが，輸入は実に6兆3520億円にのぼり，圧倒的に輸入超過の状況である．

非食品製造業の国内生産額は1兆1550億円と小さい．中間需要としては主に「その他内生部門」で1兆2040億円需要されていて，食関連産業での中間需要は小さく，また最終需要もほとんどないが，輸入が7670億円と大きくなっている．

資材供給産業の国内生産額は1兆9150億円と市場規模は小さい．中間需要としては主に農業で需要されていて，1兆5470億円の市場規模である．

関連投資産業の国内生産額も1兆6930億円と小さく，中間需要はほとんど

---

1) ここで，消費支出は，家計最終消費支出と一般政府最終消費支出の合計である．

第 7 章　食関連産業の現状分析　*123*

表 7-3　食関連産業を中心とした産業連関表（2011 年）

（単位：10 億円）

	農業	林業	漁業	食品製造業	非食品製造業	資材供給産業	関連投資業	外食産業	その他内生部門	家計外消費支出	消費支出	国内総固定資本形成	在庫純増	調整項	輸出計	（控除）輸入計	国内生産額
農業	1,311	3	0	5,693	12	426	1	680	769	47	2,934	168	-31	1	20	-2,207	9,826
林業	1	87	0	16	292	0	0	51	23	3	158	0	268	0	2	-127	776
漁業	0	0	55	927	0	2	0	237	95	14	298	0	9	1	26	-229	1,435
食品製造業	46	13	59	5,945	3	297	0	5,916	1,204	836	25,883	0	185	11	326	-6,352	34,371
非食品製造業	5	3	0	1	149	3	1	0	1,752	0	8	0	-6	0	4	-767	1,155
資材供給産業	1,547	0	68	0	0	113	2	13	164	0	222	1,407	1	2	51	-271	1,915
関連投資資業	0	0	0	0	0	0	92	0	77	0	0	0	-6	7	161	-45	1,693
外食産業	0	0	0	92	0	0	0	135	556	6,439	18,246	0	0	0	180	-392	25,256
その他内生部門	2,331	151	517	8,915	315	654	849	7,347	412,750	6,294	333,810	89,809	559	1,541	70,174	-72,768	863,248
家計外消費支出	25	7	44	360	7	26	16	408	12,741								
雇用者所得	908	167	278	4,667	197	142	545	7,469	234,048								
営業余剰	2,409	285	164	3,115	99	148	64	814	79,709								
資本減耗引当	1,460	79	184	1,501	64	71	77	1,501	94,771								
間接税	434	24	67	3,270	17	35	47	684	27,358								
経常補助金	-651	-44	0	-130	0	-2	-1	-1	-2,769								
粗付加価値部門計	4,584	519	735	12,782	383	420	747	10,877	445,858								
国内生産額	9,826	776	1,435	34,371	1,155	1,915	1,693	25,256	863,248								

（出所）農林水産省大臣官房統計部（2016）をもとに、筆者が一部加工修正．

ない．最終需要のうち，国内総固定資本形成の投資財として1兆4070億円需要されているのが目立つ．

外食産業は25兆2560億円の国内生産額で，中間需要は少なく，最終需要がほとんどである．最終需要のうち，家計外消費支出が6兆4390億円，消費支出が18兆246億円にのぼっている．外食産業の行方は，家計外消費支出の大半を占める交際費なども影響しているが，交際費がどんどん増えるとは考えにくいので，結局消費支出のうち家計消費支出に強く依存することになる．尚，留意すべきは，輸出が1800億円，輸入が3920億円という点である．現段階では輸入超過であるが，他の食関連産業に比較するとその規模は小さい．外食産業の輸出は主に外国人観光客の食費であり，その輸入は日本人の外国での食費代の支払いである．インバウンド観光が活性化している中で，外食産業の輸出拡大は大きな可能性を秘めており，将来は輸出超過も期待できる．

食関連産業の国内生産額は，食品製造業，外食産業，農業において規模が大きく，この3つの産業の趨勢が，食関連産業の将来に大きくかかわることになる．販路をみると，農業，漁業，食品製造業は類似しており，中間需要では，食品製造業と外食産業が主要であり，最終需要では消費支出が中心である．また，これらの産業では輸出はいまだ少なく，輸入超過の状況にある．特に農業と食品製造業における輸入超過は極めて大きい．外食産業は，中間需要が小さく，総需要のほとんどは消費に依存している．総じて，食品関連産業は，家計消費支出などの消費の推移に大きな影響を受けていることが再確認できる．

2)　食関連産業と他産業の連関性とその特徴

表7-4は，中間投入係数を示したものである．食関連産業の主要産業である，農業，漁業，食品製造業，外食産業の中間投入係数の特徴をみてみる．

1つの特徴は，主要な食関連産業では「その他内生部門」の中間投入係数が高い傾向にある．農業（0.237），漁業（0.36），食品製造業（0.259），外食産業（0.291）であり，いずれの食関連産業も「その他内生部門」の中間投入係数が一番大きい．食関連産業は第2次産業や第3次産業の多数の中間財を投入するので，この傾向は当然といえる．食関連産業と「その他内生部門」との関係では，食関連産業は「その他内生部門」から多くの中間財を調達していることでがわかる．

他方，「その他内生部門」における食関連産業の中間投入係数の数値はほと

第 7 章　食関連産業の現状分析　*125*

表 7-4　中間投入係数表

	農 業	林 業	漁 業	食品製造業	非食品製造業	資材供給産業	関連投資業	外食産業	その他内生部門
農　　業	0.133	0.004	0.000	0.166	0.010	0.222	0.001	0.027	0.001
林　　業	0.000	0.112	0.000	0.000	0.253	0.000	0.000	0.002	0.000
漁　　業	0.000	0.000	0.038	0.027	0.000	0.001	0.000	0.009	0.000
食品製造業	0.005	0.017	0.041	0.173	0.003	0.155	0.000	0.234	0.001
非食品製造業	0.001	0.004	0.000	0.000	0.129	0.002	0.001	0.000	0.002
資材供給産業	0.157	0.000	0.047	0.000	0.000	0.059	0.001	0.001	0.000
関連投資業	0.000	0.000	0.000	0.000	0.000	0.000	0.054	0.000	0.000
外食産業	0.000	0.000	0.000	0.003	0.000	0.000	0.000	0.005	0.001
その他内生部門	0.237	0.195	0.360	0.259	0.273	0.342	0.501	0.291	0.478

（出所）　農林水産省大臣官房統計部（2016）をもとに筆者作成.

んど無視できるほど小さい．食関連産業と「その他内生部門」の関係は，非対称的である．供給の面からみると，食関連産業は「その他内生部門」に強く依存しているが，「その他内生部門」はほとんど食関連産業の影響を受けないことがわかる．このことを需要の面からみると，食関連産業が活性化して生産が増加すると，「その他内生部門」で中間需要が増加するが，「その他内生部門」が活性化して生産が増加しても，食関連産業は中間需要をあまり期待できず，そのメリットを享受できないことを意味する．

3)　食関連産業内における連関性とその特徴

　主要な食関連産業内の中間投入係数の状況について，数値が 0.1 以上のものをみてみる．農業では，資材供給産業（0.157）で一番大きく続いて農業（0.133）であり，他の食関連産業の中間投入係数は小さい．漁業では，食関連産業の中間投入係数はいずれも非常に小さい．食品製造業では，食品製造業（0.173），農業（0.166）の中間投入係数が大きい．外食産業では，食品製造業（0.234）でダントツに高く，重要な食材であるはずの農業などの中間投入係数はきわめて小さい．

　主な食関連産業における中間財の調達関係では，農業は農業自身及び資本財供給産業から，食品製造業は食品製造業自身及び農業から，外食産業は食品産業から調達する程度が大きいことになる．

中間需要の視点から見ると，農業は農業自身と食品製造業からの中間需要が見込まれる．食品製造業は食品製造業自身と外食産業からの中間需要が見込まれる．外食産業は，食関連産業からの中間需要は見込まれない．

食関連産業の中をみると，農業の食品製造業からの発注，食品製造業の外食産業からの発注が主な取引関係である．取引の因果関係を考慮して，食関連産業内の活性化を図るとすれば，「外食産業の活性化 → 食品製造業の活性化 → 農業の活性化」という経済波及ルートの強化が重要であることを示唆している．

しかしながら，食関連産業内の取引関係は全体的に薄いので，結局食関連産業の活性化のためには，最終需要の動向に強く依存すると思われる．以下では，産業連関分析を通じて，食関連産業間の取引関係及び最終需要が食関連産業の生産を誘発する効果を数値的に明らかにする．

4 農林水産省産業連関表にもとづく産業連関分析

1) モデルの基本構造

我々は，第6章で，輸入を内生化した時の産業連関分析のために，次のような連立方程式体系を導出し解をもとめた．

連立方程式体系
$$[I-[I-M]A]X = [I-M]F+EX$$
連立方程式体系の解
$$X = [I-[I-M]A]^{-1}[[I-M]F+EX] \tag{7.1}$$

ここで，X は，食関連産業別の国内生産額の列ベクトルである．X は，レオンティエフ逆行列（$= [I-[I-M]A]^{-1}$）と需要の漏れである輸入を調整後の最終需要（$= [[I-M]F+EX]$）の積で決まることを明らかにした．

以下では，農林水産省産業連関表からレオンティエフ逆行列と輸入調整後の最終需要の列ベクトルをもとめ，2つの行列の積から，国内生産額を算出し，産業連関表に示される国内生産額データに一致することを示す．そのうえで，最終需要項目別産業別の生産誘発額をもとめ，どの最終需要項目が食関連産業の生産誘発に大きな影響を与えるのかを検討する．

農林水産省の産業連関表をもとに（7.1）式を用いて産業連関分析を行う場合，（7.1）式の行列がどのように具体的に構成されるかを，農林水産省産業連

表7-5　記号化で模した農林水産省の産業連関表

	農業	林業	漁業	食品製造業	非食品製造業	資材供給産業	関連投資業	外食産業	その他内生部門	家計外消費支出	消費支出	国内総固定資本形成	在庫純増	調整項	輸出	(控除)輸入計	国内生産額
農業	$a_{11}x_1$	$a_{12}x_2$	$a_{13}x_3$	$a_{14}x_4$	$a_{15}x_5$	$a_{16}x_6$	$a_{17}x_7$	$a_{18}x_8$	$a_{19}x_9$	f_{1o}	f_{1c}	f_{1I}	f_{1z}	f_{1a}	ex_1	im_1	x_1
林業	$a_{21}x_1$	$a_{22}x_2$	$a_{23}x_3$	$a_{24}x_4$	$a_{25}x_5$	$a_{26}x_6$	$a_{27}x_7$	$a_{28}x_8$	$a_{29}x_9$	f_{2o}	f_{2c}	f_{2I}	f_{2z}	f_{2a}	ex_2	im_2	x_2
漁業	$a_{31}x_1$	$a_{32}x_2$	$a_{33}x_3$	$a_{34}x_4$	$a_{35}x_5$	$a_{36}x_6$	$a_{37}x_7$	$a_{38}x_8$	$a_{39}x_9$	f_{3o}	f_{3c}	f_{3I}	f_{3z}	f_{3a}	ex_3	im_3	x_3
食品製造業	$a_{41}x_1$	$a_{42}x_2$	$a_{43}x_3$	$a_{44}x_4$	$a_{45}x_5$	$a_{46}x_6$	$a_{47}x_7$	$a_{48}x_8$	$a_{49}x_9$	f_{4o}	f_{4c}	f_{4I}	f_{4z}	f_{4a}	ex_4	im_4	x_4
非食品製造業	$a_{51}x_1$	$a_{52}x_2$	$a_{53}x_3$	$a_{54}x_4$	$a_{55}x_5$	$a_{56}x_6$	$a_{57}x_7$	$a_{58}x_8$	$a_{59}x_9$	f_{5o}	f_{5c}	f_{5I}	f_{5z}	f_{5a}	ex_5	im_5	x_5
資材供給産業	$a_{61}x_1$	$a_{62}x_2$	$a_{63}x_3$	$a_{64}x_4$	$a_{65}x_5$	$a_{66}x_6$	$a_{67}x_7$	$a_{68}x_8$	$a_{69}x_9$	f_{6o}	f_{6c}	f_{6I}	f_{6z}	f_{6a}	ex_6	im_6	x_6
関連投資業	$a_{71}x_1$	$a_{72}x_2$	$a_{73}x_3$	$a_{74}x_4$	$a_{75}x_5$	$a_{76}x_6$	$a_{77}x_7$	$a_{78}x_8$	$a_{79}x_9$	f_{7o}	f_{7c}	f_{7I}	f_{7z}	f_{7a}	ex_7	im_7	x_7
外食産業	$a_{81}x_1$	$a_{82}x_2$	$a_{83}x_3$	$a_{84}x_4$	$a_{85}x_5$	$a_{86}x_6$	$a_{87}x_7$	$a_{88}x_8$	$a_{89}x_9$	f_{8o}	f_{8c}	f_{8I}	f_{8z}	f_{8a}	ex_8	im_8	x_8
その他内生部門	$a_{91}x_1$	$a_{92}x_2$	$a_{93}x_3$	$a_{94}x_4$	$a_{95}x_5$	$a_{96}x_6$	$a_{97}x_7$	$a_{98}x_8$	$a_{99}x_9$	f_{9o}	f_{9c}	f_{9I}	f_{9z}	f_{9a}	ex_9	im_9	x_9
粗付加価値部門計	v_1x_1	v_2x_2	v_3x_3	v_4x_4	v_5x_5	v_6x_6	v_7x_7	v_8x_8	v_9x_9								
国内生産額	x_1	x_2	x_3	x_4	x_5	x_6	x_7	x_8	x_9								

（出所）　筆者作成.

関表を記号表記した**表7-5**で確認する.

　ここで，各記号は次のような意味である.

x_i（$i=1〜9$）：i産業の国内生産額

a_{ij}（$i=1〜9$　$j=1〜9$）：j産業の中間投入係数

v_i（$i=1〜9$）：i産業の粗付加価値率

　（したがってi産業の粗付加価値：v_ix_i）

f_{io}（$i=1〜9$）：家計外消費支出のうちi産業からの財・サービス購入額

f_{ic}（$i=1〜9$）：消費支出のうちi産業からの財・サービス購入額

f_{iI}（$i=1〜9$）：国内総固定資本形成のうちi産業からの財・サービス購入額

f_{iz}（$i=1〜9$）：i産業の在庫純増

f_{ia}（$i=1〜9$）：i産業の調整分

ex_i（$i=1〜9$）：i産業の財・サービス輸出額

im_i（$i=1〜9$）：i産業の財・サービス輸入額

$$M = \begin{bmatrix} m_1 & 0 & 0 & 0 & 0 & 0 & 0 & 0 & 0 \\ 0 & m_2 & 0 & 0 & 0 & 0 & 0 & 0 & 0 \\ 0 & 0 & m_3 & 0 & 0 & 0 & 0 & 0 & 0 \\ 0 & 0 & 0 & m_4 & 0 & 0 & 0 & 0 & 0 \\ 0 & 0 & 0 & 0 & m_5 & 0 & 0 & 0 & 0 \\ 0 & 0 & 0 & 0 & 0 & m_6 & 0 & 0 & 0 \\ 0 & 0 & 0 & 0 & 0 & 0 & m_7 & 0 & 0 \\ 0 & 0 & 0 & 0 & 0 & 0 & 0 & m_8 & 0 \\ 0 & 0 & 0 & 0 & 0 & 0 & 0 & 0 & m_9 \end{bmatrix}$$

なおここで，i 産業の輸入係数 m_i は，i 産業の輸入を i 産業の国内需要で割ったもので，産業連関表のデータに基づき次式で決まる.

$$m_i = \frac{im_i}{a_{i1}x_1 + a_{i2}x_2 + a_{i3}x_3 + a_{i4}x_4 + a_{i5}x_5 + a_{i6}x_6 + a_{i7}x_7 + a_{i8}x_8 + a_{i9}x_9 + f_{io} + f_{ic} + f_{il} + f_{iz} + f_{ia}}$$

この時，上記のような行列要素で構成される輸入係数行列を M とする.

$$A = \begin{bmatrix} a_{11} & a_{12} & a_{13} & a_{14} & a_{15} & a_{16} & a_{17} & a_{18} & a_{19} \\ a_{21} & a_{22} & a_{23} & a_{24} & a_{25} & a_{26} & a_{27} & a_{28} & a_{29} \\ a_{31} & a_{32} & a_{33} & a_{34} & a_{35} & a_{36} & a_{37} & a_{38} & a_{39} \\ a_{41} & a_{42} & a_{43} & a_{44} & a_{45} & a_{46} & a_{47} & a_{48} & a_{49} \\ a_{51} & a_{52} & a_{53} & a_{54} & a_{55} & a_{56} & a_{57} & a_{58} & a_{59} \\ a_{61} & a_{62} & a_{63} & a_{64} & a_{65} & a_{66} & a_{67} & a_{68} & a_{69} \\ a_{71} & a_{72} & a_{73} & a_{74} & a_{75} & a_{76} & a_{77} & a_{78} & a_{79} \\ a_{81} & a_{82} & a_{83} & a_{84} & a_{85} & a_{86} & a_{87} & a_{88} & a_{89} \\ a_{91} & a_{92} & a_{93} & a_{94} & a_{95} & a_{96} & a_{97} & a_{98} & a_{99} \end{bmatrix}$$

$$I = \begin{bmatrix} 1 & 0 & 0 & 0 & 0 & 0 & 0 & 0 & 0 \\ 0 & 1 & 0 & 0 & 0 & 0 & 0 & 0 & 0 \\ 0 & 0 & 1 & 0 & 0 & 0 & 0 & 0 & 0 \\ 0 & 0 & 0 & 1 & 0 & 0 & 0 & 0 & 0 \\ 0 & 0 & 0 & 0 & 1 & 0 & 0 & 0 & 0 \\ 0 & 0 & 0 & 0 & 0 & 1 & 0 & 0 & 0 \\ 0 & 0 & 0 & 0 & 0 & 0 & 1 & 0 & 0 \\ 0 & 0 & 0 & 0 & 0 & 0 & 0 & 1 & 0 \\ 0 & 0 & 0 & 0 & 0 & 0 & 0 & 0 & 1 \end{bmatrix} \quad F = \begin{bmatrix} f_{1o} + f_{1c} + f_{1l} + f_{1z} + f_{1a} \\ f_{2o} + f_{2c} + f_{2l} + f_{2z} + f_{2a} \\ f_{3o} + f_{3c} + f_{3l} + f_{3z} + f_{3a} \\ f_{4o} + f_{4c} + f_{4l} + f_{4z} + f_{4a} \\ f_{5o} + f_{5c} + f_{5l} + f_{5z} + f_{5a} \\ f_{6o} + f_{6c} + f_{6l} + f_{6z} + f_{6a} \\ f_{7o} + f_{7c} + f_{7l} + f_{7z} + f_{7a} \\ f_{8o} + f_{8c} + f_{8l} + f_{8z} + f_{8a} \\ f_{9o} + f_{9c} + f_{9l} + f_{9z} + f_{9a} \end{bmatrix}$$

$$
EX = \begin{bmatrix} ex_1 \\ ex_2 \\ ex_3 \\ ex_4 \\ ex_5 \\ ex_6 \\ ex_7 \\ ex_8 \\ ex_9 \end{bmatrix} \qquad X = \begin{bmatrix} x_1 \\ x_2 \\ x_3 \\ x_4 \\ x_5 \\ x_6 \\ x_7 \\ x_8 \\ x_9 \end{bmatrix}
$$

A は中間投入係数行列, I は単位行列, F は列ベクトルで, 各要素は各産業の国内最終需要の合計である. EX も列ベクトルで, 各産業の輸出を示す. X は, 各産業の国内生産額を示す列ベクトルである.

2) レオンティエフ逆行列の導出

主な行列の具体的なデータ値は以下の通りである.

I (単位行列)

	農 業	林 業	漁 業	食品製造業	非食品製造業	資材供給産業	関連投資業	外食産業	その他内生部門
農 業	1.00	0.00	0.00	0.00	0.00	0.00	0.00	0.00	0.00
林 業	0.00	1.00	0.00	0.00	0.00	0.00	0.00	0.00	0.00
漁 業	0.00	0.00	1.00	0.00	0.00	0.00	0.00	0.00	0.00
食品製造業	0.00	0.00	0.00	1.00	0.00	0.00	0.00	0.00	0.00
非食品製造業	0.00	0.00	0.00	0.00	1.00	0.00	0.00	0.00	0.00
資材供給産業	0.00	0.00	0.00	0.00	0.00	1.00	0.00	0.00	0.00
関連投資業	0.00	0.00	0.00	0.00	0.00	0.00	1.00	0.00	0.00
外食産業	0.00	0.00	0.00	0.00	0.00	0.00	0.00	1.00	0.00
その他内生部門	0.00	0.00	0.00	0.00	0.00	0.00	0.00	0.00	1.00

A（中間投入係数行列）

	農業	林業	漁業	食品製造業	非食品製造業	資材供給産業	関連投資業	外食産業	その他内生部門
農　業	0.133	0.004	0.000	0.166	0.010	0.222	0.001	0.027	0.001
林　業	0.000	0.112	0.000	0.000	0.253	0.000	0.000	0.002	0.000
漁　業	0.000	0.000	0.038	0.027	0.000	0.001	0.000	0.009	0.000
食品製造業	0.005	0.017	0.041	0.173	0.003	0.155	0.000	0.234	0.001
非食品製造業	0.001	0.004	0.000	0.000	0.129	0.002	0.001	0.000	0.002
資材供給産業	0.157	0.000	0.047	0.000	0.000	0.059	0.001	0.001	0.000
関連投資業	0.000	0.000	0.000	0.000	0.000	0.054	0.000	0.000	0.000
外食産業	0.000	0.000	0.000	0.003	0.000	0.000	0.000	0.005	0.001
その他内生部門	0.237	0.195	0.360	0.259	0.273	0.342	0.501	0.291	0.478

M（輸入係数行列）

	農業	林業	漁業	食品製造業	非食品製造業	資材供給産業	関連投資業	外食産業	その他内生部門
農　業	0.184	0.000	0.000	0.000	0.000	0.000	0.000	0.000	0.000
林　業	0.000	0.141	0.000	0.000	0.000	0.000	0.000	0.000	0.000
漁　業	0.000	0.000	0.140	0.000	0.000	0.000	0.000	0.000	0.000
食品製造業	0.000	0.000	0.000	0.157	0.000	0.000	0.000	0.000	0.000
非食品製造業	0.000	0.000	0.000	0.000	0.400	0.000	0.000	0.000	0.000
資材供給産業	0.000	0.000	0.000	0.000	0.000	0.127	0.000	0.000	0.000
関連投資業	0.000	0.000	0.000	0.000	0.000	0.000	0.029	0.000	0.000
外食産業	0.000	0.000	0.000	0.000	0.000	0.000	0.000	0.015	0.000
その他内生部門	0.000	0.000	0.000	0.000	0.000	0.000	0.000	0.000	0.084

　３つの行列をもとに，レオンティエフ逆行列をもとめた．

第7章　食関連産業の現状分析　*131*

レオンティエフ逆行列（$[I-[I-M]A]^{-1}$）

	農業	林業	漁業	食品製造業	非食品製造業	資材供給産業	関連投資業	外食産業	その他内生部門	行和
農　業	1.16	0.01	0.02	0.19	0.01	0.25	0.00	0.06	0.00	1.70
林　業	0.00	1.11	0.00	0.00	0.26	0.00	0.00	0.00	0.00	1.37
漁　業	0.00	0.00	1.04	0.03	0.00	0.01	0.00	0.01	0.00	1.09
食品製造業	0.03	0.02	0.05	1.18	0.01	0.17	0.00	0.24	0.00	1.70
非食品製造業	0.00	0.00	0.00	0.00	1.09	0.00	0.00	0.00	0.00	1.10
資材供給産業	0.17	0.00	0.05	0.03	0.00	1.09	0.00	0.01	0.00	1.35
関連投資業	0.00	0.00	0.00	0.00	0.00	0.00	1.06	0.00	0.00	1.06
外食産業	0.00	0.00	0.00	0.00	0.00	0.00	0.00	1.01	0.00	1.01
その他内生部門	0.56	0.36	0.66	0.60	0.58	0.78	0.87	0.62	1.78	6.81
列　和	1.92	1.50	1.82	2.03	1.95	2.30	1.93	1.95	1.79	

3)　最終需要項目別の生産誘発額

　輸入調整後の最終需要（＝$[[I-M]F+EX]$）をもとめる．ここで，F は各産業の国内最終需要合計の列ベクトルであり，輸入調整後の産業別国内最終需要合計の列ベクトル $[I-M]F$ となる．EX は，食関連産業別の輸出の列ベクトルである．具体的数値データは以下のようにもとまる．

（単位：10億円）

	$[I-M]F$	輸　出	合　計
農　業	2,546	20	2,566
林　業	368	2	370
漁　業	277	26	303
食品製造業	22,683	326	23,009
非食品製造業	1	4	5
資材供給産業	196	51	247
関連投資業	1,368	161	1,529
外食産業	24,305	180	24,485
その他内生部門	395,705	70,174	465,879

　レオンティエフ逆行列と輸入調整後の産業別最終需要合計列ベクトルの積をもとめると，国内生産額がもとまる．

また，個別最終需要項目（輸出を除く）の生産誘発額の算出は，F列ベクトルで，当該の最終需要項目だけデータ数値を与え，それ以外の最終需要項目のデータ数値は全てゼロと置いて，(7.1) 式を解く．

例えば，消費支出の生産誘発効果は，F列ベクトルでf_{1c}〜f_{9c}のデータ値だけ残し，あとのデータ値は全てゼロにしてもとめる．同様に，国内総資本形成の生産誘発額は，f_{1I}〜f_{9I}のみデータ値を与えて計算する．

表7-6 は，最終需要の合計額が，国内生産額を939兆6650億円誘発したことを示しており，農林水産省産業連関表の元データと一致する．したがって，(7.1) 式による産業連関分析は有効であることが確認できる．そのうえで，各最終需要項目がどの程度生産額を誘発したかをみると，消費支出が633兆4720億円，国内総固定資本形成150兆4530億円，輸出は127兆4080億円の国内生産額をそれぞれ生み出していることがわかる．さらに，家計外消費支出が24兆2310億円の生産誘発額である．

ここで，国内総資本形成と輸出及び消費支出のうちの政府最終消費支出は独立的支出であり，その需要の生産誘発効果は直接効果と第1次間接効果である．他方，消費支出のうち家計最終消費支出は第2次間接効果を意味する．

食関連産業への生産誘発効果は，消費支出によるところが大きい．消費支出

表7-6　最終需要項目別生産誘発額

（単位：10億円）

	国内生産額	生産誘発額					
		家計外消費支出	消費支出	国内総固定資本形成	在庫純増	調整項	輸　出
農　業	9,827	588	8,644	332	3	6	254
林　業	773	21	398	51	254	1	47
漁　業	1,435	124	1,219	21	13	2	57
食品製造業	34,372	2,344	30,944	241	189	15	638
非食品製造業	1,153	20	765	196	-2	3	171
資材供給産業	1,912	96	1,619	77	2	3	115
関連投資業	1,693	1	52	1,457	-6	7	181
外食産業	25,256	6,389	18,506	95	1	2	263
その他内生部門	863,245	14,647	571,324	147,984	1,076	2,531	125,683
合　計	939,665	24,231	633,472	150,453	1,530	2,571	127,408

（出所）　筆者作成．

によって，30 兆 9440 億円（食品製造業），18 兆 5060 億円（外食産業），8 兆 6440 億円（農業），漁業（1 兆 2190 億円）の生産誘発額である．家計外消費支出によって，外食で 6 兆 3890 億円，食品製造業で 2 兆 3440 億円の生産が誘発されているのが目立つ．

国内総資本形成の食関連産業への生産誘発効果は，直接効果と第 1 次間接効果に限られているので小さい．輸出についても，食関連産業への生産誘発額は小さく，食品製造業（6380 億円），外食産業（2630 億円），農業（2540 億円）にとどまっている．

最終需要による食関連産業の生産誘発を考える場合，消費支出特に家計消費支出の動向が重要である．また，輸出の生産誘発額が小さいことが課題として残る．

4) 影響力係数と感応度係数

表 7-7 は，レオンティエフ逆行列の列和と行和をもとめ，影響力係数と感応度係数の値を算出したものである．当該産業の影響力係数が 1 より大きければ，当該産業は他産業に生産誘発をもたらす効果が平均より大きく，1 より小さければ，他産業への生産誘発効果は平均より小さいことを示している．当該産業の感応度係数が 1 より大きければ，当該産業は他産業から受ける生産誘発の効

表 7-7　影響力係数と感応度係数

	列　和	行　和	影響力係数	感応度係数
農　業	1.924	1.702	1.007	0.891
林　業	1.504	1.373	0.787	0.719
漁　業	1.817	1.085	0.951	0.568
食品製造業	2.030	1.698	1.063	0.889
非食品製造業	1.946	1.099	1.019	0.575
資材供給産業	2.298	1.351	1.203	0.707
関連投資業	1.930	1.056	1.010	0.553
外食産業	1.950	1.014	1.021	0.531
その他内生部門	1.794	6.812	0.939	3.566
平　均	1.910	1.910		

（出所）　筆者作成．

果が平均より大きいことを意味し，1より小さければ，他産業から受ける生産
誘発効果は平均より小さいことになる．

　食関連産業について影響力係数をみると，農業，食品製造業，非食品製造業，
資材供給産業，外食産業で1より大きくなっており，他産業への影響力は平均
より高いことがわかる．他方，感応度係数をみると，1を超えている食関連産
業はない．食関連産業は，「その他内生部門」に対してある程度生産誘発の効
果をもたらすが，「その他内生部門」から受ける生産誘発の効果は小さいこと
が確認できる．

5　「飲食費のフロー」の分析について

1)　「飲食費のフロー」の概要

　国内供給（＝国内生産＋輸入）された食用農林水産物は，食品製造業，食品関
連流通業，外食産業などによる加工・製造・販売の多様なチャンネルを通じて
最終的な消費に至るという流れをたどる．食用農林水産物の生産段階から，飲
食料の最終消費段階に至るまでの一連の流れとそのなかで生み出されていく金
額を，産業連関表のデータをもとに算出して表示したものが，「飲食費のフロ
ー」である．

　「飲食費のフロー」分析によって，食関連産業内部における供給と需要の相
互関連を具体的に知ることができる．前述したように食関連産業の生産は停滞
傾向を示しているが，なぜそのような状況になったのか，どの食産業が元気に
なれば，食関連産業全体の活性化につながるかなど，食関連産業の現状分析や
振興策を検討する際に有用な情報を提供してくれる．

　飲食料の供給と需要の範囲について，**表7-8**で示される．供給の側面では，
国内生産と輸入それぞれについて，農林水産業，食品製造業，外食業の3つの
産業に分類され，「食用農林水産物」，「加工食品」「外食」を生産する．最終の
消費段階の財・サービスの表示は，「生鮮食品等」「加工品」「外食」である．

　なお，食品製造業が生産する加工食品には，牛肉，豚肉などの生鮮食品を含
むから，これらは「生鮮食品等」に分類されている．

　需要する部門については，「食品製造業」「外食産業」「最終消費」に分類さ
れている．最終消費は，産業連関表における最終需要部門に一部中間需要部門
を含んでいるのが特徴である．中間需要部門のうち，病院や介護施設，宿泊業

第 7 章　食関連産業の現状分析　*135*

表 7-8　「飲食費のフロー」とその推移

(単位：10 億円)

区　分				昭和 55 年	60	平成 2 年	7	12	17	23
生産段階	食　用　農　林　水　産　物			13,515	14,457	14,405	12,798	11,405	10,582	10,477
国内生産	食　用　農　林　水　産　物			12,278	13,056	13,217	11,655	10,245	9,374	9,174
		最　終　消　費　向　け		3,910	3,500	3,947	3,544	2,947	2,772	2,874
		食　品　製　造　業　向　け		7,482	8,837	8,637	7,344	6,414	5,767	5,453
		外　食　産　業　向　け		886	718	634	767	884	835	847
	加　　工　　食　　品			24,384	33,929	35,974	37,088	36,950	34,185	33,354
		最終消費（生鮮品等）向け		4,448	5,781	5,733	5,109	3,880	4,013	3,392
		最終消費（加工品）向け		15,083	20,221	21,840	23,594	23,244	21,487	20,840
		食　品　製　造　業　向　け		2,280	4,301	3,935	3,601	4,386	4,048	4,361
		外　食　産　業　向　け		2,573	3,625	4,466	4,785	5,441	4,636	4,760
	外　　　　　　　　食			13,703	17,813	21,360	26,763	26,848	25,648	25,121
輸入	食　用　農　林　水　産　物			1,237	1,402	1,188	1,143	1,160	1,208	1,303
		最　終　消　費　向　け		280	290	278	323	298	328	261
		食　品　製　造　業　向　け		888	1,045	805	661	712	747	929
		外　食　産　業　向　け		69	66	105	160	150	133	113
	加　　工　　食　　品			1,954	2,364	4,026	4,597	4,829	5,471	5,916
		最終消費（生鮮品等）向け		583	363	1,058	1,032	948	704	775
		最終消費（加工品）向け		582	533	1,261	1,290	1,659	2,114	2,520
		食　品　製　造　業　向　け		559	1,194	1,117	1,146	1,198	1,371	1,464
		外　食　産　業　向　け		229	273	589	1,129	1,024	1,282	1,156
流通経費	食　用　農　林　水　産　物			4,364	4,681	4,847	5,313	4,900	4,756	4,731
		最　終　消　費　向　け		3,006	2,912	2,858	2,954	2,717	2,727	2,807
		食　品　製　造　業　向　け		890	1,342	1,667	1,858	1,631	1,439	1,255
		外　食　産　業　向　け		468	427	322	500	551	590	669
	加　　工　　食　　品			8,994	11,235	16,107	22,159	22,259	22,709	21,580
		最終消費（生鮮品等）向け		1,813	2,190	2,965	3,315	3,093	2,811	2,359
		最終消費（加工品）向け		6,041	7,593	10,860	15,181	15,251	15,836	15,320
		食　品　製　造　業　向　け		398	645	902	1,334	1,454	1,532	1,523
		外　食　産　業　向　け		743	807	1,380	2,329	2,461	2,529	2,377
最終消費段階	合　　　　　　　　　計			49,450	61,197	72,161	83,104	80,885	78,442	76,271
		生　　鮮　　品　　等		14,041	15,036	16,839	16,277	13,884	13,356	12,469
		加　　　工　　　品		21,706	28,348	33,961	40,064	40,153	39,438	38,681
		外　　　　　　　食		13,703	17,813	21,360	26,763	26,848	25,648	25,121

（注 1）　総務省等 10 府省庁「産業連関表」を基に農林水産省で推計.
（注 2）　平成 17 年以前については，最新の「平成 23 年産業連関表」の概念等に合わせて再推計した値である.
（出所）　農林水産省大臣官房統計部（2016）.

など多くのサービス部門における飲食料の購入は，「飲食費のフロー」では最終消費に含まれる. また，最終需要部門では飲食料の輸出も最終消費に含まれ

る.

　国内供給された「食用農林水産物」は国内生産と輸入からなるが，それぞれ
の販売ルートについて，直接家計等に消費される「最終消費向け」，加工製造
を目的とした「食品製造業向け」，外食用に供される「外食産業向け」の3つ
に区分して算出されている.

　国内の食品製造業で加工製造された「加工食品」は，「最終消費（生鮮品等）
向け」と「最終消費（加工品）向け」として需要される.さらに，食品製造業
間で中間財として取引される「食品製造業向け」，外食産業の中間財（料理の素
材等）である「外食産業向け」として需要される.

　輸入された加工品も同様に，「最終消費（生鮮品等）向け」と「最終消費（加
工品）向け」，「食品製造業向け」，「外食産業向け」として需要される.

　「食用農林水産物」および「加工食品」の販売のためには，卸売及び小売な
どの流通ルートを必要とするから，流通コストと運輸コストが発生する.これ
らのコストを「流通経費」として算出している.流通経費のうち，食用農林水
産物については，「最終消費向け」，「食品製造業向け」，「外食産業向け」の3
つに区分して算出されている.加工食品は「最終消費（生鮮品等）向け」と
「最終消費（加工品）向け」，「食品製造業向け」，「外食産業向け」に区分されて
いる.

2)　2011年の「飲食費のフロー」

　2011年の「飲食費のフロー」の具体的な動きについては，**図 7-1** で示され
たフロチャートがわかりやすい.ここでは，**図 7-1** にそって，2011年の「飲
食費のフロー」を説明する.

　生産段階における食用農林水産物の国内供給は 10兆 4770億円（国内生産 9兆
1740億円，輸入 1兆 3030億円）であった.このうち，需要先をみると，「最終消費
向け」 3兆 1350億円（国内生産分 2兆 8740億円，輸入分 261億円），「食品製造業向
け」 6兆 3820億円（国内生産分 5兆 4530億円，輸入分 929億円），「外食産業向け」
1兆 600億円（国内生産分 8470億円，輸入分 1130億円）であった.

　「最終消費向け」食用農林水産物は，流通経費 2兆 8070億円を上乗せして，
最終消費段階の「生鮮品等」として 5兆 9420億円に達している.

　「食品製造業向け」食用農林水産物は， 1兆 2550億円の流通コストを上乗せ
して，食品製造業に販売されて，加工製造されて，結局食品製造業の国内生産

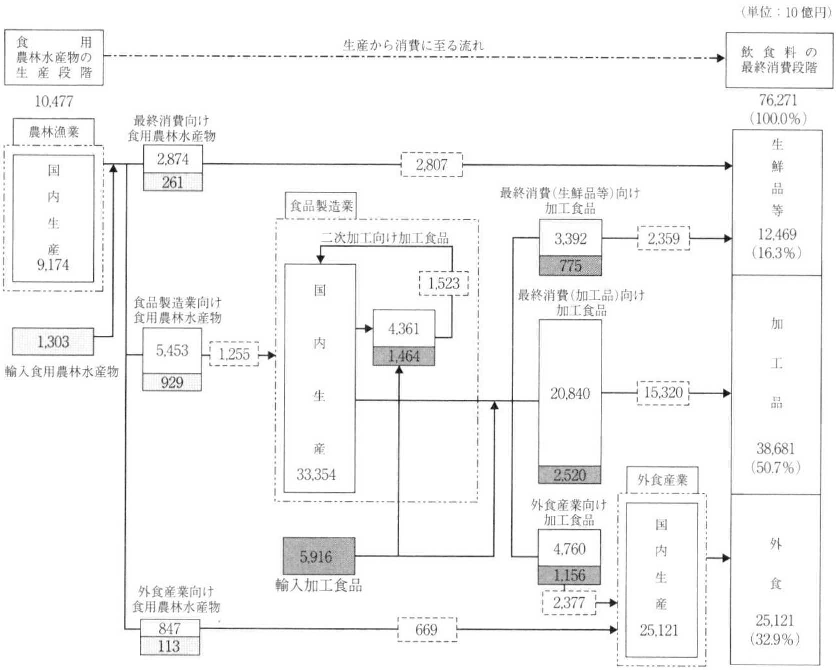

第 7 章　食関連産業の現状分析　*137*

（単位：10億円）

図 7-1　飲食費のフロー（平成 23 年）

（注1）　総務省等 10 府省庁「平成 23 年産業連関表」を基に農林水産省で推計.
（注2）　旅館・ホテル，病院等での食事は「外食」に計上するのではなく，使用された食材費を最終消費額として，それぞれ「生鮮品等」及び「加工品」に計上している.
（注3）　加工食品のうち，精穀（精米・精麦等），食肉（各種肉類）及び冷凍魚介類は加工度が低いため，最終消費においては「生鮮品等」として取り扱っている.
（注4）　[□] 内は，各々の流通段階で発生する流通経費（商業マージン及び運賃）である.
（注5）　□ は食用農林水産物の輸入，■ は加工食品の輸入を表している.
（出所）　**表 7-8** に同じ.

は 33 兆 3540 億円となった.

　食品製造業の国内生産 33 兆 3540 億円のうち 4 兆 3610 億円は，食品製造業の二次加工食品として，さらに，「最終消費（生鮮品等）向け」加工食品 3 兆 3920 億円，「最終消費（加工品）向け」加工食品 20 兆 8400 億円，「外食産業向け」加工食品 4 兆 7600 億円として，それぞれ流通経費を上乗せして販売されている.

　輸入加工食品 5 兆 9160 億円は，食品製造業の二次加工向け加工食品として 1 兆 4640 億円，「最終消費（生鮮品等）向け」加工食品 7750 億円，「最終消費（加工品）向け」加工品 2 兆 5200 億円，「外食産業向け」加工品 1 兆 1560 億円

が，それぞれ流通経費を上乗せして販売されている．

外食産業は，外食産業向け食用農林水産物（国内生産分8470億円，輸入分1130億円）と外食産業向け加工食品（国内生産分4兆7600億円，輸入分1兆1560億円）に流通経費を上乗せして食材を仕入れて生産を行い，国内生産は25兆1210億円に達している．

最終消費段階は，「生鮮食品等」，「加工品」，「外食」に区分され，それぞれ，12兆4690億円，38兆6810億円，25兆1210億円，トータルで76兆2710億円の最終消費が行われたという結果になっている．

3) 飲食費のフローの推移と特徴

表7-8をもとに，飲食費のフローの推移とその特徴を明らかにする．国内生産でみると，食用農林水産物は，1990（平成2）年をピークに増加傾向を示しているが，その後減少傾向を示している．加工食品も1995（平成7）年をピークに減少傾向である．それに対して，外食は，13兆7030億円（1975（昭和50）年）から26兆8480億円（2000（平成12）年）まで急増し，その後25兆円台をキープしている．農林水産業や加工食品産業の停滞に対して，外食産業の急成長が起こっていたことがわかる．

食用農林水産物への需要をみると，食品製造業向けが一番多く，続いて最終消費向けが多く，需要のほとんどはこの2つに集中しており，外食産業向けは少ない．食用農林水産物の生産の減少傾向は，食品製造業向け，最終消費向けの需要がいずれも減少していることと連動している．特に，食品製造業向けの需要が，8兆6370億円（1990（平成2）年）から5兆4530億円（2011（平成23）年）まで減少しており，これが大きく影響している．

加工食品への需要としては，最終消費（加工品）向けのウェートが大きく，続いて最終消費（生鮮品等）向けが大きい．最終消費向けの需要は，加工品と生鮮品等を合わせて，28兆7080億円（1995（平成7）年）をピークに，それ以後24兆2320億円（2011（平成23）年）まで減少している．最終消費向けの需要減が加工食品の生産の減少に大きな影響を与えている．

加工食品の外食産業向け需要は4兆7850億円（1995（平成7）年）から5兆4410億円（2000（平成12）年）まで増加している．この期間，加工食品の最終消費向けの需要は28兆7080億円（1995（平成7）年）から27兆1240億円（2000（平成12）年）に減少しているが，加工食品の生産は37兆880億円（1995（平成

7）年）から 36 兆 9500 億円（2000（平成 12）年）へと減少幅は小さい．同期間の最終消費向け需要の減少を外食産業向け需要増加で相殺した結果であると考えられる．最終消費需要の減少傾向に対して，外食産業の需要が減少しなかったことが，加工食品の生産の下支えをしていたといえる．しかしその後，外食産業向けの需要自体もやや減少して下支え効果がなくなり，加工食品の生産減少に歯止めがかからなくなった．

外食産業の生産は 1980（昭和 55）年から 2000（平成 12）年にかけて急成長し，その後やや減少している状況である．しかし，外食産業の食用農林水産物からの食材調達は，8860 億円（1980（昭和 55）年）が 8840 億円（2000（平成 12）年）とあまり増えていない．外食産業の生産が増加したとしても食用農林水産物の需要増にはほとんど結びついていないことがわかる．

輸入をみると，食用農林水産物は増減を繰り返して増加傾向はみられない．それに対して，加工食品の増加は顕著である．輸入加工食品の需要先をみると，最終消費（加工品），食品製造業，外食産業でいずれも増加傾向がみられる．輸入加工品は日本の家計や食品製造業へ着実に浸透している．

流通経費については，食用農林水産物は 5 兆 3130 億円（1995（平成 7）年）をピークに 4 兆 7310 億円（2011（平成 23）年）まで減少している．加工食品については，1995（平成 7）年から 2005（平成 17）年まで 22 兆円台を維持し，22 兆7090 億円（2005（平成 17）年）から，21 兆 5800 億円（2011（平成 23）年）へと減少幅が大きくなっている．その主要な原因は，食用農林水産物・加工食品両方の最終消費向けの需要減が流通経費の減少に結び付いている．最終消費向けの需要減は販路縮小を意味するから，流通経費も縮小したことがわかる．

まとめると，加工食品の生産減少が顕著である．それが食用農林水産物の生産減少に影響を与えている．加工食品の生産減少の原因は，最終消費の減少が主要であり，そのうえで加工食品の輸入増も 1 つの原因になっている．外食産業の生産はやや減少傾向にあることもあり，外食の存在が食用農産物や加工食品の生産増に寄与しているとは現段階では言い難い．流通経費の減少においても，加工食品の最終消費向け（生鮮品等と加工品両方）需要の減少が大きな原因である．

加工食品の最終消費向けの需要減少が食用農林水産物の生産減少と流通経費縮小をもたらしている．外食産業では食関連産業の牽引役は果たせない．食関連産業の活性化のためには，加工食品の生産減少を抑止することが不可欠であ

る．加工食品が活性化すれば，食用農林水産物も活性化する．そのためには，最終消費の落ち込みに歯止めがかかるかどうかが最大のポイントになる．

6 食関連産業における労働条件

1) 「2011年産業連関表」の「雇用表」にみる就業実態

表7-9は，20011年産業連関表の「雇用表」中分類（108部門）から，食関連産業を抽出し，従業者の就業形態の状況を示している．

ここで抽出した食関連産業の従業者総数は1127万人で，産業別の主な構成比率をみると，飲食サービス（44%），耕種農業（35%），食料品（12%）などで，食関連産業における従業者は，この3つの産業で90%以上を占める．特に，飲食サービス及び耕種農業の従業者の多さが目立つ．

耕種農業では，従業者のうち，無給の家族従業者の数が多く，これが従業者の数の多さにつながっている．耕種農業では，雇用者比率が低く個人業主・家

表7-9 食関連産業の従業員者の就業形態

	従業者総数 （人）	（構成 比率）	個人業主 （人）	家族従業者 （人）	有給役員雇 用者（人）	個人業主・家 族従業者比率	雇用者 比率	正規雇 用率
耕種農業	3,955,804	0.35	1,427,450	2,214,624	313,730	0.921	0.079	0.17
畜 産	263,233	0.02	92,534	98,741	71,958	0.727	0.273	0.36
農業サービス	85,569	0.01	8,278	1,691	75,600	0.117	0.883	0.60
林 業	261,695	0.02	137,153	71,169	53,373	0.796	0.204	0.61
漁 業	249,805	0.02	99,273	52,733	97,799	0.608	0.392	0.70
食料品	1,347,779	0.12	56,582	30,619	1,260,578	0.065	0.935	0.61
飲 料	143,466	0.01	5,639	3,595	134,232	0.064	0.936	0.71
たばこ	8,421	0.00	0	0	8,421	0.000	1.000	0.91
飲食サービス	4,959,218	0.44	496,334	293,616	4,169,268	0.159	0.841	0.22
食関連産業	11,274,990	1.00	2,323,243	2,766,788	6,184,959			

（注）　＊従業者総数＝個人業主＋家族従業者＋有給役員雇用者
　　　　　有給役員雇用者＝有給役員＋雇用者
　　　　　雇用者＝常用雇用者＋臨時雇用者
　　　　　常用雇用者＝正社員・正職員＋正社員・正職員以外
　　　　＊構成比率は食関連産業全体の従業者に占める当該産業の従業者の割合
　　　　＊雇用者比率は，当該産業の従業者全体に占める有給役員雇用者の割合
　　　　＊個人業主・家族従業者比率は当該産業の従業者全体に占める個人業主・家族従業者の割合
　　　　＊正規雇用率は，有給役員雇用者に占める正社員・正職員の割合
（出所）　「2011年産業連関表」の「雇用表」をもとに筆者加工作成．

第7章　食関連産業の現状分析　*141*

表 7-10　食関連産業別の労働生産性と貨幣賃金率（1人当たり雇用者所得）

	労働生産性（百万円）	1人当たり雇用者所得（百万円）
耕種農業	0.84	1.3
畜　産	2.72	2.5
農業サービス	6.34	4.3
林　業	1.98	3.1
漁　業	2.94	2.8
食料品	5.61	3.1
飲　料	23.86	5.1
たばこ	216.33	11.7
飲食サービス	2.19	1.8

（注）　＊労働生産性＝粗付加価値／従業者である.
　　　　＊1人当たり雇用者所得（百万円）は「有給役員・雇用者」の1人当たりの雇用者所得
　　　　　（百万円）
（出所）「2011年産業連関表」の「雇用表」をもとに筆者加工作成.

族従業者の比率が圧倒的に高い状況である．畜産及び漁業においても個人業主・家族従業者の比率が高いが，絶対数でいえば，耕種農業における家族従業者の数が圧倒的に多いことがわかる.

　他方，農業サービス，食料品，たばこ，飲食サービスでは，雇用者比率が高くなっている．その中で，飲食サービスは，雇用者比率が高い中で，正規雇用率が極端に低いという特徴がある.

2)　食関連産業における労働生産性と貨幣賃金率の実態

　食関連産業の従業者の労働条件，特に貨幣賃金率の現状について分析をする．貨幣賃金率はどのような要因で決まるかを明らかにするためには，労働分配率とは何かを明らかにする必要がある．労働分配率は，粗付加価値のうち，従業者に分配される賃金総額（＝貨幣賃金率×従業者）の割合と定義できる[2].

$$労働分配率 = \frac{貨幣賃金率 \times 従業者}{粗付加価値}$$

労働分配率の定義式を変形すると次式がもとまる.

---

2)　ここで物価については考慮していないために，貨幣賃金率と実質賃金率は同じである.

$$労働分配率 = 貨幣賃金率 \times \cfrac{1}{\left(\cfrac{粗付加価値}{従業者}\right)} = 貨幣賃金率 \times \cfrac{1}{労働生産性}$$

ここで，労働生産性は，粗付加価値を従業者で割った値であり，1人当たり従業者がどれだけの粗付加価値を生み出したかという指標である．この時，次式が成立する．

$$貨幣賃金率 = 労働分配率 \times 労働生産性$$

各産業の貨幣賃金率（＝1人当たり雇用者所得）は，労働生産性と労働分配率に規定され，労働分配率が高くなれば貨幣賃金率が上昇し，逆は逆である．また，労働生産性が上昇すれば貨幣賃金率が上昇し，逆は逆ということになる．

一般的には，労働生産性が相対的に高い産業は，貨幣賃金率も高く，労働生産性が相対的に低い産業は貨幣賃金率も低いという関係がある．したがって，従業者の労働条件を改善するためには，労働生産性が高くなるということが必要である．

表7-10 は，食関連産業別の労働生産性と貨幣賃金率を算出したものである．この表からわかるように，食関連産業における労働生産性は産業によって相当の格差がみられる．例えば，耕種農業は家族従業者を含めて従業者が相当に多いわりに粗付加価値が少ないため労働生産性は84万円で一番低い．また，飲食サービスも219万円と低い．それに対して，たばこの労働生産性は2億1633万円，飲料が2386万円など相当に高い水準である．それ以外の産業では，農業サービス634万円，食料品561万円，漁業294万円，畜産272万円などとなっている．

貨幣賃金率をみると，労働生産性を反映して，高い順から，たばこ1170万円，飲料510万円，農業サービス430万円，食料品310万円などとなっている．他方，耕種農業130万円，飲食サービス180万円など低賃金である．

このように，食関連産業内では労働生産性に大きな違いがあり，それに規定されて賃金格差が大きいことに留意する必要がある．特に，従業者が多い耕種農業と飲食サービスの労働生産性の低さが問題であり，両産業の労働生産性を高めて，食関連産業内における労働生産性格差を縮小させる独自の構造改革を必要とするが，そのような構造改革を議論することは本書の内容を超えている．

本書では，食関連産業の労働条件を改善するためには，まずは食関連産業全体の労働生産性の着実な上昇を実現するということを前提に，以下での議論を展開する．

ま と め

① 食関連産業の国内生産額は，食品製造業，外食産業，農業において規模が大きく，この3つの産業の趨勢が，食関連産業の将来に大きくかかわる．

② 2005年から2011年にかけて，食関連産業の国内生産額が大幅に減少した原因はマクロ経済のパフォーマンスの悪化である可能性が高い．このことは，食関連産業とマクロ経済との関係を明らかにすることの重要性を示唆している．

③ 最終需要項目別に食関連産業への生産誘発額をみると，消費支出が圧倒的に大きい．食品関連産業は，家計消費支出などの消費支出の推移に大きな影響を受けていることが再確認できる．

④ 食関連産業では輸出が極端に少なく，輸入超過の状況にある．特に農業と食品製造業における輸入超過は極めて大きい．

⑤ 食関連産業内における連関性を需要面からみると，農業は農業自身と食品製造業からの中間需要が見込まれる．食品製造業は食品製造業自身と外食産業からの中間需要が見込まれる．外食産業は，食関連産業からの中間需要は見込まれない．「農業は食品製造業に依存，食品製造業は外食産業にある程度依存する」というのが主要な依存関係であるが，全体的にみると，食関連産業内の連関性はそれほど強くない．食関連産業内の連携を強化しても，それが食関連産業の活性化を必ずしも保障するものではない．

⑥ 「飲食費のフロー」を時系列的分析の結論は，以下の通りである．ⅰ）加工食品の生産減少が顕著で，それが食用農林水産物の生産減少に影響を与えている．ⅱ）加工食品の生産減少の原因は，最終消費の減少が主要である．ⅲ）外食の存在が食用農産物や加工食品の生産増に寄与しているとは現段階では言い難い．食関連産業の活性化のためには，加工食品の生産減少を抑止することが不可欠である．加工食品が活性化すれば，食用農林水産物も活性化する．そのためには，最終消費の落ち込みに歯止めがかかるかどうかが最大のポイントになる．

⑦ 食関連産業と他産業（＝「その他内生部門」）の関係は，非対称的である．供給の面からみると，食関連産業は「その他内生部門」に強く依存しているが，「その他内生部門」はほとんど食関連産業の影響を受けていない．そのことは，食関連産業の影響力係数と感応度係数の数値からも確認できる．

⑧ 食関連産業内では労働生産性に大きな差があり，それに規定されて賃金格差が大きい．特に，従業者が多い耕種農業と飲食サービスの労働生産性の低さが問題であり，両産業の労働生産性を高めて，食関連産業内における労働生産性格差を縮小させる独自の構造改革を必要とする．

第8章 食関連産業と家計最終消費支出の構造分析

1 構造分析のテーマについて

　本章では，2つのテーマについて議論する．第1は，2000年から2011年にかけて食関連産業の国内生産額が大幅に落ち込んだが，その要因は何かを精緻に分析することである．国内生産額大幅落ち込みの原因について，食関連産業の供給構造が主要な要因か，あるいはマクロ経済が主要な要因かという視点から考察する．

　食関連産業の供給構造とは，具体的には中間投入係数の変化である．例えば，食品製造業が，生産技術の変化などによって，これまでと同じ生産水準に必要な農林水産物原材料の投入を節約できた場合，食品製造業において農林産物の中間投入が節約されて中間投入係数は小さくなる．この時農林水産物を生産する産業では，中間需要が減少するので国内生産額が減少する．逆に，食品製造業の生産技術の変化が農林水産物を原材料として多く必要とする場合，中間投入係数が大きくなって，農林水産物を生産する産業では中間需要が増加して，国内生産額が増加する．このように，食関連産業の供給構造の変化は，生産技術の変化を反映した中間投入係数の変化としてとらえる．2000年から2011年にかけての中間投入係数の変化が，食関連産業の生産に与えた影響について分析する．

　マクロ経済が要因という場合は，2000年から2011年にかけての各最終需要項目の値の変化がもたらした生産への影響に注目する．

　第9章で2030年の食関連産業を展望するが，2030年段階では人口減少が鮮明になってくる．人口減少が予想されるなか，食関連産業は人口減少に影響を受けるのどうかを知っておく必要がある．ところで，食関連産業の生産は，家計最終消費支出に大きな影響を受けることはすでに明らかにした．したがって，家計最終消費支出が人口減少によってどのような影響を受けるかを分析するこ

とが重要になる．そこで，第2のテーマとして，ここでは，人口減少が家計最終消費支出に与える影響について分析する．

2 2000年から2011年にかけての食関連産業の国内生産額の変化要因分析

1) 「接続産業連関表」にみる食関連産業の特徴

2000年と2011年の産業別国内生産額の変化要因を分析するためには，同じ基準で作成した2000年と2011年の2枚の産業連関表が必要になる．総務省を主幹として，5年に一度新しい産業連関表が作成されるが，新しい産業連関表ができたら，その作成基準にしたがって，過去2回分の産業連関表の組み替え作業を行う．組み換え作業が終了した過去2回分の産業連関表と最新の産業連関表は，「接続産業連関表」として公表される．直近のものは，「平成12－17－23年接続産業連関表」である．我々は，この接続産業連関表のうち，2000（平成12）年と2011（平成23）年の2枚の産業連関表を比較検討することによって，第1のテーマにアプローチする．

「平成12－17－23年接続産業連関表」は，2011年価格を基準にした実質ベースで示されている．実質ベースであるから，価格変動が産業構造にあたえる影響は捨象できる．

接続産業連関表は，統合中分類で作成されている．食関連産業に焦点をあてながら，できるだけ簡便な産業連関表で分析を行うために，産業分類については，「農業」「林業」「漁業」「食品製造業」「飲食サービス」の5つの食関連産業と「その他内生部門」の6分類で集計して，簡便化した接続産業連関表を独自に作成した．

最終需要については，国民経済計算の分類にのっとり，細分化している．各産業の「粗付加価値」も実質値であり，国内生産額（実質値）から中間投入額（実質値）差し引いた値である．作成した2枚の産業連関表は，**表8-1**及び**表8-2**で示される．

2枚の産業連関表から，2000年から2011年にかけての各産業の国内生産額の変化をみたものが，**表8-3**である．林業を除く産業でこの間国内生産額は減少している．「その他内生部門」は1307億円減少しているが，国内生産額の大きさからみるとほとんど無視できる数値であり，2000年と2011年では殆ど変わらなかったことがわかる．

第8章　食関連産業と家計最終消費支出の構造分析　*147*

表 8-1　簡便化した 2000 年接続産業連関表

（単位：100 万円）

	農　業	林　業	漁　業	食品製造業	飲食サービス	その他内生部門
農　業	1,427,075	1,619	0	6,451,518	819,824	1,448,155
林　業	1,837	85,399	1,012	14,282	42,027	544,796
漁　業	0	0	103,790	1,363,263	324,815	142,004
食品製造業	71,197	23,438	85,991	6,081,427	6,682,546	1,680,823
飲食サービス	0	0	0	41,183	145,481	610,308
その他内生部門	4,141,104	206,844	711,569	10,162,066	7,447,553	402,458,078
中間投入合計	5,641,213	317,300	902,362	24,113,739	15,462,246	406,884,164
粗付加価値部門計	5,481,739	384,213	1,117,831	15,919,207	12,705,575	451,991,826
国内生産額	11,122,952	701,513	2,020,193	40,032,946	28,167,821	858,875,990

	家計外消費支出（列）	家計最終消費支出	対家計民間非営利団体最終消費支出	一般政府消費支出	公的固定資本形成	民間住宅投資投資	企業設備投資	在庫等	輸　出	（控除）輸入計	国内生産額
農　業	70,586	3,223,590	0	0	0	59,641	175,869	22,598	13,826	-2,591,349	11,122,952
林　業	3,397	161,663	0	0	0	0	224,371	915	34,183	-378,186	701,513
漁　業	21,892	381,742	0	0	0	0		35,489	34,183	-386,985	2,020,193
食品製造業	1,165,639	29,887,306	0	321,106	0	0		277,058	211,181	-6,454,766	40,032,946
飲食サービス	8,906,054	19,245,873	0	0	0	0	0	0	62,525	-843,603	28,167,821
その他内生部門	8,287,418	221,743,677	5,513,734	82,500,419	37,684,946	22,690,896	66,911,471	321,750	52,369,326	-64,274,861	858,875,990

（出所）「平成 12－17－23 年接続産業連関表」をもとに筆者加工作成.

表 8-2　簡便化した 2011 年接続産業連関表

（単位：100 万円）

	農　業	林　業	漁　業	食品製造業	飲食サービス	その他内生部門
農　業	1,310,728	2,512	0	5,692,856	680,077	1,207,455
林　業	1,321	86,929	216	16,487	50,699	315,713
漁　業	0	0	54,905	926,913	236,894	97,301
食品製造業	45,746	13,224	74,303	5,944,654	5,929,391	1,514,916
飲食サービス	0	0	0	91,544	135,317	555,714
その他内生部門	3,883,518	154,365	569,824	8,939,132	7,347,374	407,669,380
中間投入合計	5,241,313	257,030	699,248	21,611,586	14,379,752	411,360,479
粗付加価値部門計	4,584,401	518,716	735,254	12,805,478	10,876,602	447,384,805
国内生産額	9,825,714	775,746	1,434,502	34,417,064	25,256,354	858,745,284

	家計外消費支出（列）	家計最終消費支出	対家計民間非営利団体最終消費支出	一般政府消費支出	公的固定資本形成	民間住宅投資投資	企業設備投資	在庫等	輸　出	（控除）輸入計	国内生産額
農　業	46,658	2,933,731	0	0	0	29,525	138,735	-29,573	20,216	-2,207,206	9,825,714
林　業	3,167	157,755	0	0	0	0	268,104	2,065		-126,710	775,746
漁　業	13,594	297,567	0	0	0	0		10,612	25,609	-228,893	1,434,502
食品製造業	836,009	25,653,586	0	235,186	0	0		196,326	325,939	-6,352,216	34,417,064
飲食サービス	6,439,435	18,245,593	0	0	0	0	0	0	180,436	-391,665	25,256,354
その他内生部門	6,294,433	229,046,049	6,487,164	98,501,281	20,401,047	12,426,248	58,388,851	2,097,670	70,390,315	-73,851,367	858,745,284

（出所）「平成 12－17－23 年接続産業連関表」をもとに筆者加工作成.

表 8-3　2000 年と 2011 年の産業別国内生産額の変化

	国内生産額（2011 年）	国内生産額（2000 年）	2000 年から 2011 年にかけての変化分
農　業	9,825,714	11,122,952	-1,297,238
林　業	775,746	701,513	74,233
漁　業	1,434,502	2,020,193	-585,691
食品製造業	34,417,064	40,032,946	-5,615,882
飲食サービス	25,256,354	28,167,821	-2,911,467
その他内生部門	858,745,284	858,875,990	-130,706
合　計	930,454,664	940,921,415	-10,466,751

（出所）　筆者の計算に基づく.

　産業全体で, 10 兆 4667 億円の減少がみられるが, そのほとんどは食関連産業である. 特に, 食品製造業が 5 兆 6158 億円, 飲食サービス 2 兆 9114 億円の減少が大きい. 続いて, 農業が 1 兆 2972 億円, 漁業が 5856 億円それぞれ減少している. 食関連産業のみにおいて, なぜこれほどの国内生産額の落ち込みがみられたのかについて分析を行うが, そのためにまず, 産業連関分析のためのモデルを説明する.

2)　モデルの基本構造

　ここで利用する産業連関分析モデルは, 第 6 章「5　レオンティエフ逆行列の導出」で採用した次式のモデルが基本になる.

$$X = (I - A)^{-1} F \tag{8.1}$$

表 8-4　記号表記の接続産業連関表

	農業	林業	漁業	食品製造業	飲食サービス	その他内生部門	家計最終消費支出	家計外消費支出	対家計民間非営利団体最終消費支出	一般政府消費支出	公的固定資本形成	民間住宅投資	企業設備投資	在庫等	輸出	(控除)輸入	国内生産額
農　業	$a_{11}x_1$	$a_{12}x_2$	$a_{13}x_3$	$a_{14}x_4$	$a_{15}x_5$	$a_{16}x_6$	f_{1c}	f_{1o}	f_{1n}	f_{1g}	f_{1p}	f_{1h}	f_{1e}	f_{1s}	ex_1	im_1	x_1
林　業	$a_{21}x_1$	$a_{22}x_2$	$a_{23}x_3$	$a_{24}x_4$	$a_{25}x_5$	$a_{26}x_6$	f_{2c}	f_{2o}	f_{2n}	f_{2g}	f_{2p}	f_{2h}	f_{2e}	f_{2s}	ex_2	im_2	x_2
漁　業	$a_{31}x_1$	$a_{32}x_2$	$a_{33}x_3$	$a_{34}x_4$	$a_{35}x_5$	$a_{36}x_6$	f_{3c}	f_{3o}	f_{3n}	f_{3g}	f_{3p}	f_{3h}	f_{3e}	f_{3s}	ex_3	im_3	x_3
食品製造業	$a_{41}x_1$	$a_{42}x_2$	$a_{43}x_3$	$a_{44}x_4$	$a_{45}x_5$	$a_{46}x_6$	f_{4c}	f_{4o}	f_{4n}	f_{4g}	f_{4p}	f_{4h}	f_{4e}	f_{4s}	ex_4	im_4	x_4
飲食サービス	$a_{51}x_1$	$a_{52}x_2$	$a_{53}x_3$	$a_{54}x_4$	$a_{55}x_5$	$a_{56}x_6$	f_{5c}	f_{5o}	f_{5n}	f_{5g}	f_{5p}	f_{5h}	f_{5e}	f_{5s}	ex_5	im_5	x_5
その他内生部門	$a_{61}x_1$	$a_{62}x_2$	$a_{63}x_3$	$a_{64}x_4$	$a_{65}x_5$	$a_{66}x_6$	f_{6c}	f_{6o}	f_{6n}	f_{6g}	f_{6p}	f_{6h}	f_{6e}	f_{6s}	ex_6	im_6	x_6
粗付加価値	v_1x_1	v_2x_2	v_3x_3	v_4x_4	v_5x_5	v_6x_6											
国内生産額	x_1	x_2	x_3	x_4	x_5	x_6											

（出所）　筆者作成.

(8.1) 式の各行列がどのような行列要素で構成されているかは，**表8-4** の記号化した接続産業連関表をもとにすると，次のように示される．

$$X = \begin{bmatrix} x_1 \\ x_2 \\ x_3 \\ x_4 \\ x_5 \\ x_6 \end{bmatrix} \qquad I = \begin{bmatrix} 1 & 0 & 0 & 0 & 0 & 0 \\ 0 & 1 & 0 & 0 & 0 & 0 \\ 0 & 0 & 1 & 0 & 0 & 0 \\ 0 & 0 & 0 & 1 & 0 & 0 \\ 0 & 0 & 0 & 0 & 1 & 0 \\ 0 & 0 & 0 & 0 & 0 & 1 \end{bmatrix}$$

$$A = \begin{bmatrix} a_{11} & a_{12} & a_{13} & a_{14} & a_{15} & a_{16} \\ a_{21} & a_{22} & a_{23} & a_{24} & a_{25} & a_{26} \\ a_{31} & a_{32} & a_{33} & a_{34} & a_{35} & a_{36} \\ a_{41} & a_{42} & a_{43} & a_{44} & a_{45} & a_{46} \\ a_{51} & a_{52} & a_{53} & a_{54} & a_{55} & a_{56} \\ a_{61} & a_{62} & a_{63} & a_{64} & a_{65} & a_{66} \end{bmatrix}$$

$$F = \begin{bmatrix} f_{1c} + f_{1o} + f_{1n} + f_{1g} + f_{1p} + f_{1h} + f_{1e} + f_{1z} + ex_1 - im_1 \\ f_{2c} + f_{2o} + f_{2n} + f_{2g} + f_{2p} + f_{2h} + f_{2e} + f_{2z} + ex_2 - im_2 \\ f_{3c} + f_{3o} + f_{3n} + f_{3g} + f_{3p} + f_{3h} + f_{3e} + f_{3z} + ex_3 - im_3 \\ f_{4c} + f_{4o} + f_{4n} + f_{4g} + f_{4p} + f_{4h} + f_{4e} + f_{4z} + ex_4 - im_4 \\ f_{5c} + f_{5o} + f_{5n} + f_{5g} + f_{5p} + f_{5h} + f_{5e} + f_{5z} + ex_5 - im_5 \\ f_{6c} + f_{6o} + f_{6n} + f_{6g} + f_{6p} + f_{6h} + f_{6e} + f_{6z} + ex_6 - im_6 \end{bmatrix}$$

　ここで，x_i ($i = 1 \sim 6$) は，i 産業の国内生産額を示し，X は列ベクトルである．尚，i について，農業 ($i = 1$)，林業 ($i = 2$)，漁業 ($i = 3$)，食品製造業 ($i = 4$)，飲食サービス ($i = 5$)，その他内生部門 ($i = 6$) である．

　また，$i = 1 \sim 6$ について，家計最終消費支出 (f_{ic})，家計外消費支出 (f_{io})，対家計民間非営利団体最終消費支出 (f_{in})，一般政府消費支出 (f_{ig})，公的固定資本形成 (f_{ip})，民間住宅投資 (f_{ih})，企業設備投資 (f_{ie})，在庫等 (f_{iz})，輸出 (ex_i)，輸入 (im_i)，である．

　F の要素は，i 産業 ($i = 1 \sim 6$) の最終需要の合計を示すもので，列ベクトルである．尚ここで，輸入を外生変数として最終需要とみなしている．但し，輸入は最終需要の減少要因であるから，控除することになる．

　レオンティエフ逆行列 ($= (I - A)^{-1}$) と最終需要の列ベクトル ($= F$) をもとめ，2つの行列の積から，産業別の国内生産額が産出される．また，個別最終需要項目の生産誘発額を算出するために，F 列ベクトルで，当該の最終需要項

目だけデータ数値を与え，それ以外の最終需要項目のデータ数値は全てゼロと置いて，(8.1) 式を解くことになる.

3) 要因分析のためのモデルの導出

産業連関表分析の枠組みでみると，異時点間の国内生産額の変化は，生産技術の変化を反映したレオンティエフ逆行列の変化と最終需要の変化に区分される.

国内生産額の列ベクトル（$=X$）について，X_2 および X_1 は，それぞれ 2011 年及び 2010 年の列ベクトルとする. また，レオンティエフ逆行列を B（$=(I-A)^{-1}$）と表記し，B_2 が 2011 年，B_1 が 2010 年を示すとする. 最終需要の列ベクトル（$=F$）についても，F_2 が 2011 年，F_1 が 2000 年とする. この時，2011 年と 2000 年の国内生産額の変化の要因分析に係わる式を導出する.

X の変化分は，$\Delta X = X_2 - X_1$ と表わせる. 国内生産額の列ベクトルは，レオンティエフ逆行列 B（$=(I-A)^{-1}$）と最終需要の列ベクトル（$=F$）の積であるから，$X_2 = B_2 F_2$，$X_1 = B_1 F_1$ となり，$\Delta X = X_2 - X_1 = B_2 F_2 - B_1 F_1$ と表すことができる. ここで，$\Delta B = B_2 - B_1$，$\Delta F = F_2 - F_1$ であるから，結局次式が導出される.

$$\Delta X = B_2 F_2 - (B_2 - \Delta B)F_1 = B_2 F_2 - B_2 F_1 + \Delta B F_1$$
$$= B_2(F_2 - F_1) + \Delta B F_1 = B_2 \Delta F + \Delta B F_1$$

第 1 項は，最終需要の変化，第 2 項が生産技術変化による国内生産額の変化である. 要因分析のためには，両時期について中間投入係数をもとにレオンティエフ逆行列及び最終需要列ベクトルをもとめ，そのうえでレオンティエフ逆行列と最終需要列ベクトルの両期間の要素変化分を示す行列及び列ベクトルを導出する必要がある.

4) レオンティエフ逆行列の変化

食品製造業者が魚を原材料として缶詰を作る生産技術と野菜などを素材として漬物を作る生産技術は当然ちがう. 原材料等の中間財をどのような産業からどの程度購入して生産をするかによって，多様な生産技術が存在することになる. このような多様な生産技術をシンプルに数値情報で表現したものが中間投入係数である. 中間投入係数は，産業ごとにもとめることができ，各産業のあ

る時点の生産技術構造を反映しているということができる.

表 8-5 は，2000 年と 2011 年食関連産業の中間投入係数表である．主な食関連産業の中間投入係数の変化をみると，まず農業については，農業自体が生産した農産物の中間投入の割合がやや上昇し（0.128 → 0.133），食品製造業の加工品等の中間投入の割合がやや小さくなっている（0.006 → 0.005）．農産物の原材料を増やし，食料加工品節約的な生産技術が普及していると読み取ることができる.

食品製造業では，農業の農産物などの中間投入の割合がやや上昇し（0.161 →0.165），食品製造業自身の加工品等の中間投入の割合は相当に上昇している（0.152 → 0.173）．食品製造業では，農産物や食料加工品等を原材料として多く使用する生産技術の普及がみられる.

飲食サービスでは，農業や食品製造業からの食材の中間投入の比率が下がっており，食材節約的な生産技術が普及していることが示す.

このような中間投入係数の変化による生産技術の変化で，ある産業で需要が

表 8-5　2000 年及び 2011 年の中間投入係数表

2000 年

	農 業	林 業	漁 業	食品製造業	飲食サービス	その他内生部門
農　業	0.128	0.002	0.000	0.161	0.029	0.002
林　業	0.000	0.122	0.001	0.000	0.001	0.001
漁　業	0.000	0.000	0.051	0.034	0.012	0.000
食品製造業	0.006	0.033	0.043	0.152	0.237	0.002
飲食サービス	0.000	0.000	0.000	0.001	0.005	0.001
その他内生部門	0.372	0.295	0.352	0.254	0.264	0.469

2011 年

	農 業	林 業	漁 業	食品製造業	飲食サービス	その他内生部門
農　業	0.133	0.003	0.000	0.165	0.027	0.001
林　業	0.000	0.112	0.000	0.000	0.002	0.000
漁　業	0.000	0.000	0.038	0.027	0.009	0.000
食品製造業	0.005	0.017	0.052	0.173	0.235	0.002
飲食サービス	0.000	0.000	0.000	0.003	0.005	0.001
その他内生部門	0.395	0.199	0.397	0.260	0.291	0.475

（出所）　筆者作成.

発生した時の産業間の中間投入取引を通じた生産波及効果は違ってくるので，各産業の国内生産額も影響をうけることになる．生産技術の変化を中間投入係数の変化とみなし，それがどの程度各産業の国内生産額に影響を与えたかは，2000年と2011年のレオンティエフ逆行列をもとめ，2期間のレオンティエフ逆行列の各要素の変化をもとめて行列表記する必要があり，その結果は，**表8-6**に示されている．

ΔB の行に注目すると，各産業の需要が全て1単位増加した仮定した場合，

表8-6　2000年2011年のレオンティエフ逆行列および2期間の変化の行列

2000年　レオンティエフ逆行列

	農　業	林　業	漁　業	食品製造業	飲食サービス	その他内生部門
農　業	1.1508	0.0130	0.0116	0.2206	0.0877	0.0046
林　業	0.0008	1.1391	0.0012	0.0011	0.0024	0.0014
漁　業	0.0005	0.0018	1.0563	0.0427	0.0226	0.0005
食品製造業	0.0108	0.0467	0.0550	1.1852	0.2849	0.0049
飲食サービス	0.0006	0.0005	0.0006	0.0018	1.0060	0.0014
その他内生部門	0.8125	0.6649	0.7355	0.7505	0.7143	1.8891

2011年　レオンティエフ逆行列

	農　業	林　業	漁　業	食品製造業	飲食サービス	その他内生部門
農　業	1.1570	0.0096	0.0142	0.2333	0.0877	0.0040
林　業	0.0005	1.1264	0.0006	0.0010	0.0028	0.0008
漁　業	0.0003	0.0007	1.0418	0.0342	0.0180	0.0004
食品製造業	0.0086	0.0244	0.0673	1.2150	0.2890	0.0045
飲食サービス	0.0006	0.0004	0.0007	0.0038	1.0067	0.0013
その他内生部門	0.8756	0.4467	0.8324	0.8047	0.7811	1.9103

2011年〜2000年　レオンティエフ逆行列の変化（＝ΔB）

	農　業	林　業	漁　業	食品製造業	飲食サービス	その他内生部門	行和
農　業	0.0062	-0.0034	0.0026	0.0127	0.0001	-0.0006	0.0177
林　業	-0.0003	-0.0127	-0.0006	-0.0001	0.0004	-0.0006	-0.0138
漁　業	-0.0002	-0.0011	-0.0145	-0.0085	-0.0046	-0.0002	-0.0290
食品製造業	-0.0022	-0.0224	0.0123	0.0298	0.0041	-0.0004	0.0213
飲食サービス	0.0000	-0.0002	0.0001	0.0020	0.0007	-0.0001	0.0026
その他内生部門	0.0632	-0.2182	0.0970	0.0542	0.0668	0.0212	0.0841
列　和	0.0667	-0.2578	0.0969	0.0902	0.0674	0.0194	0.0828

（出所）　筆者作成．

農業では 0.0177 単位（＝列和）の中間需要が増加することがわかる．内訳をみると，農業（0.0062 単位），漁業（0.0026 単位），食品製造業（0.0127 単位），飲食サービス（0.0001 単位）と主に食関連産業からの中間需要が増加している．

食品製造業においても，各産業の需要が全て 1 単位増加した時，漁業（0.0123 単位），食品製造業（0.0298 単位），飲食サービス（0.0041 単位）などで中間需要が増加し，全体では 0.0213 単位（＝列和）の中間需要が増加している．

飲食サービスでは，各産業の需要が全て 1 単位増加した時，食品製造業（0.0020 単位），飲食サービス（0.0007 単位）などで中間需要が増加し，全体で中間需要が 0.0026 単位増加している．

このように，農業・食品製造業・飲食サービスでは，特に，食関連産業別の中間投入係数の変化を反映した生産技術の変化が中間需要の増加をもたらし，国内生産額が増加したことがわかる．他方，林業と漁業は，食関連産業における生産技術の変化が，中間需要を減少させて，それぞれの国内生産額の減少をもたらしている．

5) 最終需要の変化

2000 年及び 2011 年の最終需要の総額を産業別に示した列ベクトル（＝F_1 及び F_2）とその変化（＝F_2-F_1）を算出した結果が，**表 8-7** である．

最終需要総額の変化をみると，農業，食品製造業，飲食サービスの最終需要が 2000 年から 2011 年にかけて減少している．特に食品製造業の減少が著しく，4 兆 5126 億円にのぼっている．この金額は，その他内生部門の減少 3 兆 5670

表 8-7　2000 年・2011 年の産業別最終需要と 2 期間の変化

（単位：100 万円）

	2000 年	2011 年	最終需要の変化
	F_1	F_2	F_2-F_1
農　業	974,761	932,086	-42,675
林　業	12,160	304,381	292,221
漁　業	86,321	118,489	32,168
食品製造業	25,407,524	20,894,830	-4,512,694
飲食サービス	27,370,849	24,473,779	-2,897,070
その他内生部門	433,748,776	430,181,691	-3,567,085

（出所）　筆者作成.

億円を大きく上回るものである．飲食サービスの減少も大きく，2兆8970億円の減少となっている．このように，食関連産業では，食品製造業と飲食サービスにおける最終需要の落ちこみが大きいという特徴がある．

6) 技術変化効果と最終需要変化効果

結局，技術変化による食関連産業の国内生産額の変化は，レオンティエフ行列の変化分と2000年の最終需要で決まる．計算結果を見ると，農業，食品製造業，飲食サービスでは，それぞれ702億円，7116億円，263億円増加している．他方，林業，漁業では，それぞれ2393億円，4118億円の減少となっている．食関連産業全体では，1570億円の増加にとどまっている．2000年から2011年における食関連産業における技術変化は，食関連産業の国内生産額を増加させる方向に働いたが，その程度は非常に小さいことがわかる（**表8-8**参照）．

最終需要の変化による国内生産額の変化をみるためには，2011年のレオンティエフ逆行列と最終需要の変化分（$=F_2-F_1$）の列ベクトルとの積でもとめることができる．

林業以外の産業では，最終需要が減少しているので，それを反映して国内生産額は減少している．食品製造業は最終需要の大幅な落ち込みを反映して，国内生産額は6兆3275億円も減少している．飲食サービスも，最終需要の減少を反映して，2兆9377億円の国内生産額の減少である．その他の産業では，農業も最終需要の落ち込みを反映して1兆3675億円の国内生産額減少になっ

表8-8 技術変化効果と最終需要の変化効果

（単位：100万円）

	技術変化効果	最終需要の変化効果
農　業	70,277	−1,367,515
林　業	−239,363	313,596
漁　業	−411,810	−173,881
食品製造業	711,665	−6,327,547
飲食サービス	26,319	−2,937,786
その他内生部門	12,457,674	−12,588,380
国内生産額	12,614,764	−23,081,515

（出所）　筆者作成．

ている．漁業は，最終需要は増加しているが，国内生産額は 1738 億円の減少
である．これは，食品製造業などで国内生産額が大幅に減少しているため，漁
業の中間需要が減少した結果と考えることができる．最終需要は増加したが他
産業向けの中間需要が減少したため，国内生産額が減少したということになる
（表8-9 参照）．

　技術変化要因と最終需要変化要因に分けて，2000 年から 2011 年の食関連産
業の国内生産額減少の要因について分析してきた．技術変化要因は，食関連産
業の国内生産額を増加する方向で働いている．結局は最終需要の減少が食関連
産業の生産減少の主要な要因である．それでは，最終需要のうち，どの最終需
要項目が食関連産業の国内生産額減少をもたらしたのであろうか．以下では，
2 期間の項目別最終需要の変化が食関連産業の国内生産額にもたらした影響に
ついて考察する．

7)　最終需要項目別の需要の変化

　表8-9 は，2000 年と 2011 年の最終需要項目別に産業別の需要を算出し，両
期間におけるその変化を示したものである．

　最終需要項目別産業別需要の合計をみると，家計最終消費支出，一般政府消
費支出，輸出などは増加しているが，公的固定資本形成・民間住宅投資・企業
設備投資はいずれも減少している．輸入は増加している．家計最終消費支出は
全体では微増であるが，食関連産業では減少している．例えば，食品製造業は
家計最終消費支出の落ち込みが大きく，4 兆 2337 億円の減少になっている．
飲食サービスは，家計外消費支出の減少が 2 兆 4666 億円と大きく，家計最終
消費支出も 1 兆 2 億円の減少になっている．このように，食品製造業と飲食サ
ービスにおける最終需要の落ち込みは，民間消費支出に主に起因するというこ
とになる．食関連産業全体でみると，家計最終消費支出の減少が目立つ．

　2000 年から 2011 年における輸出の変化をみてみると，漁業以外では輸出が
増えている．農業と林業では，微増であるが，食品製造業では，1147 億円，
飲食サービスで 1179 億円増加している．飲食サービスの増加は，外国人観光
客の増加による飲み食いへの支出増を反映している．

　輸入の変化については，表8-10 では全ての食関連産業でプラスの数値であ
るが，これは 2000 年に比して，2011 年では輸入が減少していることを示してい
る．可処分所得の伸び悩みで，食関連産業における輸入需要が減ったと思われる．

表8-9　2000年・2011年の最終需要項目別産業別需要と2期間の変化

最終需要 2000年　　　　　　　　　　　　　　　　　　　　　　　　　　　　　　　　　　　　（単位：100万円）

	家計外消費支出	家計最終消費支出	対家計民間非営利団体最終消費支出	一般政府消費支出	公的固定資本形成	民間住宅投資	企業設備投資	在庫等	輸出	(控除)輸入
農 業	70,586	3,223,590	0	0	0	59,641	175,869	22,598	13,826	-2,591,349
林 業	3,397	161,663	0	0	0	0	0	224,371	915	-378,186
漁 業	21,892	381,742	0	0	0	0	0	35,489	34,183	-386,985
食品製造業	1,165,639	29,887,306	0	321,106	0	0	0	277,058	211,181	-6,454,766
飲食サービス	8,906,054	19,245,873	0	0	0	0	0	0	62,525	-843,603
その他内生部門	8,287,418	221,743,677	5,513,734	82,500,419	37,684,946	22,690,896	66,911,471	321,750	52,369,326	-64,274,861

最終需要 2011年

	家計外消費支出 (列)	家計最終消費支出	対家計民間非営利団体最終消費支出	一般政府消費支出	公的固定資本形成	民間住宅投資	企業設備投資	在庫等	輸出	(控除)輸入
農 業	46,658	2,933,731	0	0	0	29,525	138,735	-29,573	20,216	-2,207,206
林 業	3,167	157,755	0	0	0	0	0	268,104	2,065	-126,710
漁 業	13,594	297,567	0	0	0	0	0	10,612	25,609	-228,893
食品製造業	836,009	25,653,586	0	235,186	0	0	0	196,326	325,939	-6,352,216
飲食サービス	6,439,435	18,245,593	0	0	0	0	0	0	180,436	-391,685
その他内生部門	6,294,433	229,046,049	6,487,164	98,501,281	20,401,047	12,426,248	58,388,851	2,097,670	70,390,315	-73,851,367
国内生産額	13,633,296	276,334,281	6,487,164	98,736,467	20,401,047	12,455,774	58,527,585	2,543,139	70,944,580	-83,158,077

2011年〜2000年最終需要の変化

	家計外消費支出	家計最終消費支出	対家計民間非営利団体最終消費支出	一般政府消費支出	公的固定資本形成	民間住宅投資	企業設備投資	在庫等	輸出	(控除)輸入
農 業	-23,928	-289,859	0	0	0	-30,115	-37,135	-52,171	6,390	384,143
林 業	-230	-3,908	0	0	0	0	0	43,733	1,150	251,476
漁 業	-8,298	-84,175	0	0	0	0	0	-24,877	-8,574	158,092
食品製造業	-329,630	-4,233,720	0	-85,920	0	0	0	-80,732	114,758	102,550
飲食サービス	-2,466,619	-1,000,280	0	0	0	0	0	0	117,911	451,918
その他内生部門	-1,992,985	7,302,372	973,430	16,000,862	-17,283,899	-10,264,648	-8,522,620	1,775,920	18,020,989	-9,576,506
合 計	-4,821,690	1,690,430	973,430	15,914,942	-17,283,899	-10,294,763	-8,559,755	1,661,873	18,252,624	-8,228,327

（出所）　筆者作成.

8)　項目別最終需要の変化による産業別国内生産額の変化

項目別最終需要の変化が産業別の国内生産額に与えた影響について算出したものが，**表8-10**である．算出の方法について，例えば，家計最終消費支出の産業別変化の生産誘発額を計算するときは，それ以外の最終需要項目の産業別変化の値をゼロとして，2011年のレオンティエフ逆行列を乗じてもとめる．

最終需要項目別にみた場合，家計最終消費支出の減少による影響が大きいの

表8-10　項目別最終需要の変化による産業別生産誘発効果

(単位：100万円)

	家計外消費支出(列)	家計最終消費支出	対家計民間非営利団体最終消費支出	一般政府消費支出	公的固定資本形成	民間住宅投資投資	企業設備投資	在庫等	輸出	(控除)輸入計	国内生産額
農業	-329,068	-1,383,056	3,892	43,933	-69,112	-75,888	-77,044	-72,033	116,463	474,398	-1,367,515
林業	-9,043	-5,956	776	12,661	-13,773	-8,196	-6,812	50,550	16,100	277,288	313,596
漁業	-65,044	-247,766	353	2,875	-6,275	-3,737	-3,107	-28,015	3,656	173,180	-173,881
食品製造業	-1,123,140	-5,408,718	4,372	-32,532	-77,627	-46,360	-38,596	-91,173	253,958	232,268	-6,327,547
飲食サービス	-2,486,830	-1,013,993	1,222	19,755	-21,689	-12,898	10,717	1,891	141,742	443,732	-2,937,786
その他内生部門	-6,027,042	9,435,739	1,859,515	30,496,861	-33,016,950	-19,634,640	-16,313,040	3,280,673	34,608,410	-17,277,906	-12,588,380
国内生産額	-10,040,167	1,376,250	1,870,130	30,543,552	-33,205,426	-19,781,719	-16,449,316	3,141,891	35,140,329	-15,677,039	-23,081,515

列和 -23,081,515

行和 -23,081,515

(出所)　筆者作成.

はいうまでもない．国内生産額の減少は，1兆3830億円（農業），2477億円（漁業），5兆4087億円（食品製造業），1兆139億円（飲食サービス）などとなっている．

農業の落ち込みが大きいのは，食品製造業の財・サービスへの家計最終消費支出減少によって食品製造業の国内生産額減少し，これが農業の中間需要を減少させて農業の国内生産額をより減少させたと考えられる．

家計外消費支出の減少も結構大きな影響を与えている．食品製造業及び飲食サービスの国内減少額は，それぞれ，1兆1231億円，2兆4868億円にのぼる．

公的固定資本形成，民間住宅投資，企業設備投資などの投資は，2000年から2011年にかけて全て減少している．投資が減少しても食関連産業への直接効果はあまりないが，公的固定資本形成，民間住宅投資及び企業設備投資の減少によって，食品製造業の国内生産額は，それぞれ770億円，463億円，385億円程度減少している．これは，投資需要減少の直接効果が，ほとんど「その他内生部門」に現れ，「その他内生部門」の生産減少のために，食関連産業への中間需要が少し減少したと考えることができる．

輸出の増加は，食関連産業の全ての国内生産額を増加させている．輸出増が食関連産業の国内生産額増に寄与するということは重要である．

9)　家計最終消費支出減少の要因は何か

結局，2000年から2011年の最終需要の減少において，消費特に家計最終消費支出の減少が，食関連産業の国内生産額を減少させたことが確認できる．そ

表 8-11　SNA における家計最終消費支出と粗付加価値の関連データ

(単位：100 万円)

	2000 年	2011 年
実質国内生産額	940,921,415	930,454,664
実質 GDP	487,600,391	476,905,256
家計最終消費支出（実質）	274,325,813	276,334,281
粗付加価値（名目）	526,030,788	476,905,256
家計可処分所得（名目）	310,254,168	290,432,744
家計可処分所得（実質）	305,112,697	290,432,744

（注）　粗付加価値（名目），家計可処分所得（名目，実質）は SNA ベース.

れでは，なぜ 2000 年から 2011 年にかけて家計最終消費支出が減少したのか.
この問題を考える.

　表 8-11 は，SNA における家計最終消費支出と粗付加価値の関連データである．**表 8-11** によると，実質家計最終消費支出は，274 兆円（2000 年）から 276 兆円（2011 年ん）へと微増にとどまり，わずか 1 兆 6904 億円しか増えていない．粗付加価値（名目）は，526 兆円（2000 年）から 476 兆円（2011 年）へと大幅な減少がみられる．粗付加価値の大幅減少と実質家計最終消費支出の微増の関係が重要になる.

　実質家計最終消費支出は，実質家計可処分所得の影響を受けるが，デフレ経済で物価は下落したが，名目家計可処分所得はそれ以上に大幅に減少した結果，実質可処分所得が減少した．名目家計可処分所得は，310 兆円（2000 年）から 290 兆円（2011 年）へと大幅に減少している．名目家計可処分所得の大幅減少は，粗付加価値（名目）の大幅減少による．粗付加価値の大幅減少が名目家計可処分所得を減少させ，それが実質可処分所得の減少と実質家計最終消費支出の伸び悩みをもたらしたということができる.

　実質家計最終消費支出の伸び悩みの中で，「その他内生部門」では 7 兆 3023 億円の増加があったのに対し，食関連産業では，実質家計最終消費支出の減少額が，2898 億円（農業），39 億円（林業），841 億円（漁業），4 兆 2337 億円（食品製造業），1 兆 2 億円（飲食サービス）にのぼり，特に食品製造業と飲食サービスに対する実質家計最終消費支出の減少が目立つ（**表 8-9** 参照）.

　実質家計最終消費支出が伸び悩む中，家計は食関連産業の消費を減らし，

第 8 章 食関連産業と家計最終消費支出の構造分析 *159*

表 8-12 実質家計最終消費支出の産業別構成比率

	2000 年 (100 万円)	2011 年 (100 万円)	2000 年	2011 年
農 業	3,223,590	2,933,731	0.0117	0.0106
林 業	161,663	157,755	0.0006	0.0006
漁 業	381,742	297,567	0.0014	0.0011
食品製造業	29,887,306	25,653,586	0.1088	0.0928
飲食サービス	19,245,873	18,245,593	0.0701	0.0660
その他内生部門	221,743,677	229,046,049	0.8074	0.8289
合 計	274,643,851	276,334,281	1.0000	1.0000

(注) **表 8-9** をもとに筆者作成.

「その他部門」の消費を優先するという消費行動をとったと考えることができる. **表 8-12** で実質家計最終消費支出の産業別構成比率をみると,「その他内生部門」は 0.807（2000 年）から 0.8289（2011 年）と, わずかに増加しており, その分食関連産業の比率が下落していることがそれを証明している. 食関連産業と「その他部門」の実質家計最終消費支出の間に「代替関係」が生じていることがわかる. 実質家計可処分所得が減少する中で実質家計最終消費支出が伸び悩むとき, 食関連産業の国内生産額に大きな打撃を与えることがわかる.

　粗付加価値が大幅に減少し名目家計可処分所得が減少するような状況では, 消費者は食関連産業の財・サービスへの家計最終消費支出を節約するような消費行動をとると考えられる.

　家計が食関連産業の財・サービスへの消費を増やすためには, 名目家計可処分所得が増加する状況, それを保障する粗付加価値が増加する状況を作り出すことが重要である. 粗付加価値が増加する状況は, 日本がデフレから脱却し, 安定した経済成長率を実現することが今後期待できるかどうかにかかっている. このことは, 長期的視点からのマクロ経済と食関連産業の連関性の分析が重要であることを示唆している. 我々は, 第 9 章でこの問題をとりあげる.

3　人口減少と家計消費支出

　家計最終消費支出（以下では「家計消費支出」と略す）の伸び悩みは, 家計可処分所得の伸び悩みと強く関連していることがわかった. 他方日本は, すでに本

格的な少子高齢社会に突入し，今後人口減少が本格化する．人口減少は，家計消費支出や食関連産業の財・サービスへの消費支出を縮小させる方向に影響を与える懸念がある．はたして人口減少の本格化によって家計消費支出はどうなるのであろうか．

この問題を考えるために，まず人口減少過程にある 1999 年と 2014 年を比較して，人口の変動が家計消費支出に与えた影響を分析する．そのうえで，人口減少が本格化する 2030 年時点と 2040 年時点をとりあげ，人口減少が家計消費支出を縮小する方向にはたらくかどうかを検証する．

検証の方法としては，家計消費支出の動向をみる場合，世帯ベースで考えることが一般的であるから，2 人以上世帯と単身世帯に分けて，1999 年から 2014 年までの 2 期間における家計消費支出の変化要因を分析するためのモデルをつくる[1]．

1)　2 人以上世帯の消費支出の変化要因分析のためのモデル

1999 年と 2014 年の消費支出及び 2 期間における消費支出の変化は，次式で示される．

> 消費支出（2014 年）
> 　＝世帯数（2014 年）×世帯人員（2014 年）× 1 人当たり消費支出（2014 年）
> 消費支出（2009 年）
> 　＝世帯数（2009 年）×世帯人員（2009 年）× 1 人当たり消費支出（2009 年）
> 消費支出変化分＝消費支出（2014 年）－消費支出（2009 年）

2 人以上世帯の消費支出の変動要因は，世帯数，世帯人員及び 1 人当たり消費支出の 3 つの要因に区別することができるので，この 3 つの要因を明示化した「消費支出変化分式」を導出する．

2 期間の世帯数の変化分・世帯人員変化分及び 1 人当たり消費支出変化分は，次のように示すことができる．

---

1)　家計消費支出に関するデータは，当該年の「家計調査年報（家計収支編）」（総務省）から抽出している．また，世帯数の時系列的動向および将来世帯数についてのデータは，国立社会保障人口問題研究所（2018）「日本の世帯数の将来推計（全国推計）―2018（平成 30）年推計―」から抽出している．

第8章　食関連産業と家計最終消費支出の構造分析　*161*

　　世帯数（2014年）＝世帯数（2009年）＋世帯数変化分

　　世帯人員（2014年）＝世帯人員（2009年）＋世帯人員変化分

　　1人当たり消費支出（2014年）

　　　＝1人当たり消費支出（2009年）＋1人当たり消費支出変化分

したがって，消費支出変化分は，次のような式に置き換えることができる．

　　消費支出変化分＝消費支出（2014年）－消費支出（2009年）

　　　＝{世帯数（2009年）＋世帯数変化分}

　　　×{世帯人員（2009年）＋世帯人員変化分}

　　　×{1人当たり消費支出（2009年）＋1人当たり消費支出変化分}

　　　－世帯数（2009年）×世帯人員（2009年）×1人当たり消費支出（2009年）

　ここで，「変化分」同士をかけたものは，値が小さくなるのでこれらを無視すると，次式のような近似式を導出することができる．

　　消費支出変化分

　　　≒世帯数変化分×{世帯人員（2009年）×1人当たり消費支出（2009年）}

　　　＋世帯人員変化分×{世帯数（2009年）×1人当たり消費支出（2009年）}

　　　＋1人当たり消費支出変化分×{世帯数（2009年）×世帯人員（2009年）}

　　　　　　　　　　　　　　　　　　　　　　　　　　　　　　　　　(8.2)

2)　2人以上世帯の消費支出の変化要因分析

　2期間の消費支出変化分の分析に必要な世帯数，世帯人員，1人当たり消費支出のデータについて，世帯主の年齢階層別に整理したものが**表8-13**であり，1999年から2014年にかけたデータの変化状況は**表8-14**に示されている．一般世帯数の合計では，3362万9000世帯（1999年）から3494万3000世帯（2014年）に増加している．年齢階層別に世帯数をみると，60歳以上の年齢階層において増加し，59歳以下の年齢階層で減少するというかたちで高齢化の実態が現れている．1世帯を構成する人数を示す「世帯人員」は，30歳未満を除いて，軒並み減少している．1世帯当たりの消費支出および1人当たり消費支出は，全ての年齢階層で減少している．

　以上のことを踏まえて，(8.2)式にもとづいて分析した結果を，**表8-14**で

表 8-13　2人以上の一般世帯の消費支出関連データ

	1999 年	2014 年	1999 年	2014 年	1999 年	2014 年
	世帯数(世帯)	世帯数(世帯)	世帯人員(人)	世帯人員(人)	消費支出（円）	消費支出（円）
30 歳未満	1,442,684	705,849	2.95	3.06	4,287,704,762,046	2,025,637,770,950
30～39	5,874,986	4,032,422	3.76	3.65	20,261,123,702,921	13,021,057,444,508
40～49	8,081,049	6,831,357	4.14	3.68	35,340,014,823,011	25,425,445,591,242
50～59	8,323,178	6,471,444	3.41	3.26	39,665,497,430,416	27,934,782,901,960
60～69	6,487,034	8,672,853	2.72	2.67	24,317,946,098,007	30,577,641,706,678
70 歳以上	3,420,069	8,225,582	2.50	2.36	10,551,413,071,235	23,818,883,384,497
合　計	33,629,000	34,943,000			134,423,699,887,635	122,803,448,799,835

	1999 年	2014 年	1999 年	2014 年
	1 世帯当たり 消費支出(円)	1 世帯当たり 消費支出(円)	1 人当たり 消費支出(円)	1 人当たり 消費支出(円)
30 歳未満	2,972,033	2,869,791	1,005,966	937,537
30～39	3,448,710	3,229,091	918,184	884,433
40～49	4,373,197	3,721,874	1,055,564	1,010,957
50～59	4,765,668	4,316,623	1,399,113	1,322,230
60～69	3,748,700	3,525,673	1,376,184	1,318,436
70 歳以上	3,085,146	2,895,708	1,232,149	1,228,875
平　均	3,997,255	3,514,393		

（出所）　当該年の「家計調査年報（家計収支編）」（総務省）から抽出.

表 8-14　2人以上の一般世帯の消費支出の変化要因

	1999 年～ 2014 年	1999 年～ 2014 年	1999 年～ 2014 年	1999 年～2014 年	1999 年～2014 年	1999 年～2014 年	1999 年～2014 年	1999 年～2014 年
	世帯数変化分 （世帯）	世帯人員変化 （人）	1人当たり消費 支出変化（円）	世帯数変化効果 （円）	世帯人員変化効果 （円）	人口変化効果 （円）	1人当たり消費支出 変化効果（円）	消費支出変化分 推計値（円）
30 歳未満	-736,836	0.107	-68,430	-2,189,899,425,796	154,685,222,915	-2,035,214,202,881	-291,666,238,303	-2,326,880,441,184
30～39	-1,842,564	-0.105	-33,752	-6,354,469,143,300	-566,290,960,946	-6,920,760,104,246	-744,784,972,328	-7,665,545,076,574
40～49	-1,249,692	-0.461	-44,607	-5,465,149,699,222	-3,936,297,138,392	-9,401,446,837,614	-1,493,417,872,154	-10,894,864,709,768
50～59	-1,851,734	-0.142	-76,883	-8,824,748,270,990	-1,648,378,234,774	-10,473,126,505,763	-2,179,679,885,838	-12,652,806,391,601
60～69	2,185,819	-0.050	-57,749	8,193,978,271,677	-445,006,950,071	7,748,971,321,606	-1,020,452,371,339	6,728,518,950,267
70 歳以上	4,805,513	-0.147	-3,274	14,825,708,831,996	-621,507,002,941	14,204,201,829,055	-28,035,749,056	14,176,166,079,999
合計	1,310,506			185,420,564,365	-7,062,795,064,208	-6,877,374,499,843	-5,758,037,089,019	-12,635,411,588,862

（出所）　筆者作成.

示している.

　2 期間における世帯数の変化が消費支出の変化をもたらす効果を「世帯数変化効果」と呼ぶと，59 歳以下の年齢階層では世帯数の減少を反映して消費支出も減少し，逆に 60 歳以上の年齢階層では，世帯数の増加によって消費支出が増加し，トータルでみた「世帯数変化効果」は 1854 億円のわずかなプラスである.

　世帯人員の変化による消費支出の変化を「世帯人員変化効果」と呼ぶとすると，これは 7 兆 627 億円の減少である.「世帯数変化効果」と「世帯人員変化効果」を合計したものが，人口変化による消費支出の変化分であり，これを「人口変化効果」と呼ぶと，6 兆 8773 億円の減少ということになる.

　2 人以上世帯の 2 期間における人口変化が消費支出の変化に与えた影響は，6 兆 8773 億円の減少であり，それらのほとんどは世帯人員の減少によってもたらされたことがわかる.

　1 人当たり消費支出は，全ての年齢層で減少しており，それが消費支出の減少に与えた影響は 5 兆 7580 億円の減少にのぼる.以上のことから，2 人以上世帯の 2 期間の消費支出の減少は，世帯人員減少と 1 人当たり消費支出の減少によってもたらされており，トータルで消費支出の減少は 12 兆 6354 億円であった.

3) 単身世帯の消費支出の変化要因分析のためのモデル

　単身世帯の消費支出変化分の定式化は，2 人以上世帯と同じであるが，単身世帯であるから世帯人員を考える必要はない.消費支出変化分の要因分析の式は，(8.2) に準じて導出することができる.

　1999 年と 2014 年の消費支出及び 2 期間の消費支出変化分は次式で定義される.

　　　消費支出 (2014 年) = 世帯数 (2014 年) × 1 人当たり消費支出 (2014 年)
　　　消費支出 (1999 年) = 世帯数 (1999 年) × 1 人当たり消費支出 (1999 年)
　　　消費支出変化分 = 消費支出 (2014 年) − 消費支出 (2009 年)

ここで，

世帯数変化分＝世帯数（2014年）－世帯数（2009年）

1人当たり消費支出変化分

＝1人当たり消費支出（2014年）－1人当たり消費支出（2009年）

と書くことができるから

世帯数（2014年）＝世帯数（2009年）＋世帯数変化分

1人当たり消費支出（2014年）

＝1人当たり消費支出（2009年）＋1人当たり消費支出変化分

と書き換えると，

消費支出（2014年）－消費支出（2009年）

＝{世帯数（2009年）＋世帯数変化分}

×{1人当たり消費支出（2009年）＋1人当たり消費支出変化分}

となり，結局（8.3）式が導出される．

消費支出変化分 ≒ 世帯数変化分×1人当たり消費支出（2009年）

＋1人当たり消費支出変化分×世帯数（2009年）

(8.3)

4) 単身世帯の消費支出の変化要因分析

表8-15 は，単身世帯における男女別年齢階層別の世帯数と消費支出及び1世帯当たり消費支出のデータである．男では40歳以上の全ての年齢階層，女では30歳以上の全ての年齢階層で世帯数が増えている．1世帯当たり消費支出は，男の「60～69歳」と女の「70歳以上」を除いた男女全ての年齢階層で減少している．

（8.3）式による消費支出の変化要因の分析結果は**表8-16** でまとめている．これによると，「世帯数変化効果」（＝人口変化効果）は11兆1522億円の増加，「1人当たり（1世帯当たり）消費支出変化効果」は2兆6232億円の減少，トータルでみると8兆5289億円の増加となっている．単身世帯では，人口減少にもかかわらず単身世帯数の増加によって消費支出を増加させたことがわかる．

1999年を起点として2014年と比較すると，世帯数と世帯人員の変化を反映

第 8 章　食関連産業と家計最終消費支出の構造分析　　*165*

表 8-15　単身世帯の消費支出関連データ

男女別	年齢層別	1999 年 世帯数（世帯）	2014 年 世帯数（世帯）	1999 年 消費支出（円）	2014 年 消費支出（円）	1999 年 1世帯当たり消費支出(円)	2014 年 1世帯当たり消費支出(円)
男	30 歳未満	2,009,604	1,257,961	4,358,827,742,118	2,349,150,734,537	2,168,998	1,867,428
	30〜39 歳	1,165,731	977,930	3,141,889,415,380	1,942,791,212,066	2,695,211	1,986,636
	40〜49 歳	970,086	1,200,201	2,692,275,010,987	2,773,875,484,362	2,775,295	2,311,176
	50〜59 歳	839,827	1,701,769	2,163,607,016,519	4,074,423,787,703	2,576,254	2,394,228
	60〜69 歳	568,745	1,479,657	1,184,775,253,281	3,092,896,496,250	2,083,141	2,090,280
	70 歳以上	711,740	1,808,782	1,390,891,091,189	3,186,805,868,103	1,954,212	1,761,852
女	30 歳未満	1,048,634	682,113	2,112,843,112,325	1,324,480,400,037	2,014,854	1,941,732
	30〜39 歳	530,791	682,424	1,382,002,379,773	1,464,324,298,129	2,603,664	2,145,768
	40〜49 歳	302,433	557,486	702,808,144,054	1,231,123,632,211	2,323,847	2,208,348
	50〜59 歳	943,251	1,083,288	2,406,639,052,157	2,624,316,851,004	2,551,431	2,422,548
	60〜69 歳	1,603,449	2,249,422	3,461,984,955,749	4,585,393,299,303	2,159,086	2,038,476
	70 歳以上	1,882,710	4,409,967	3,268,187,181,430	8,157,345,554,461	1,735,895	1,849,752
合　計		12,577,000	18,091,000	28,266,730,354,961	36,806,927,618,164	2,247,494	2,034,544

（出所）　筆者作成.

表 8-16　単身世帯の消費支出の変化要因

（単位：「世帯数変化分」以外円）

男女別	年齢層別	1999 年〜2014 年 世帯数変化分（世帯）	1999 年〜2014 年 1世帯当たり消費支出変化	1999 年〜2014 年 世帯数変化効果	1999 年〜2014 年 1世帯当たり消費支出変化効果	1999 年〜2014 年 消費支出変化分推計値
男	30 歳未満	-751,644	-301,570	-1,630,313,507,666	-606,036,841,186	-2,236,350,348,851
	30〜39 歳	-187,800	-708,575	-506,161,613,262	-826,007,198,491	-1,332,168,811,753
	40〜49 歳	230,115	-464,119	638,636,324,863	-450,235,251,549	188,401,073,314
	50〜59 歳	861,942	-182,026	2,220,582,207,988	-152,869,923,770	2,067,712,284,218
	60〜69 歳	910,912	7,139	1,897,558,041,499	4,060,242,193	1,901,618,283,692
	70 歳以上	1,097,042	-192,360	2,143,852,178,278	-136,910,376,499	2,006,941,801,779
女	30 歳未満	-366,521	-73,122	-738,485,488,044	-76,677,822,311	-815,163,310,354
	30〜39 歳	151,633	-457,896	394,801,217,381	-243,047,197,549	151,754,019,832
	40〜49 歳	255,053	-115,499	592,704,385,947	-34,930,609,088	557,773,776,860
	50〜59 歳	140,037	-128,883	357,295,725,527	-121,569,422,493	235,726,303,034
	60〜69 歳	645,973	-120,610	1,394,711,527,603	-193,392,266,707	1,201,319,260,896
	70 歳以上	2,527,257	113,857	4,387,053,657,083	214,359,316,841	4,601,412,973,924
合　計		5,514,000	-2,623,664	11,152,234,657,199	-2,623,257,350,608	8,528,977,306,591

（出所）　筆者作成.

表 8-17　人口減少の消費支出への影響の総合評価　(単位：円)

	1999 年～2014 年 人口変化効果	1999 年～2014 年 1 人当たり消費支出 変化効果	1999 年～2014 年 消費支出変化分 推計値
2 人以上の一般世帯	-6,877,374,499,843	-5,758,037,089,019	-12,635,411,588,862
単身世帯	11,152,234,657,199	-2,623,257,350,608	8,528,977,306,591
合　計	4,274,860,157,355	-8,381,294,439,627	-4,106,434,282,271

(出所)　筆者作成.

した人口変化効果では，2 人以上の一般世帯で 6 兆 8773 億円の減少，単身世帯の人口変化効果は 11 兆 1522 億円の増加で，合計では，4 兆 2748 億円の増加になっている (表 8-17 参照).

　2 人以上の世帯では世帯人員の減少傾向が消費支出の減少に影響を与えている．他方，単身世帯数は引き続き増加傾向であるため，これが消費支出を増やしている．2 人以上世帯の消費支出の減少傾向は明らかであるが，単身世帯の増加が消費支出の下支えをしている．現状 (2014 年段階) では，人口減少が家計消費支出を減少させているという状況ではない.

5)　2030 年及び 2040 年の人口減少と家計消費支出

　表 8-18 は，総世帯数の過去実績値と将来見通しについて「2 人以上世帯」と「単身世帯」に区分して示したものである．総世帯数は 2025 年まで増加して，その後減少に転じる見通しである．そのうち，2 人以上世帯は，2010 年に 3505 万 8000 世帯でピークに達し，その後減少傾向をとっている．2011 年の 3502 万 9000 世帯であったものが，3323 万世帯 (2030 年)，3081 万 3000 世帯 (2040 年) へと減少傾向は明らかである.

　他方単身世帯は，2030 年まで増加し続ける．1711 万 1000 世帯 (2011 年) が，2025 万 4000 世帯 (2030 年) となり，それ以降減少に転じ，1994 万 4000 世帯 (2040 年) となる.

　このように，2 人世帯の減少は消費支出の減少要因になるが，一方，単身世帯の増加は消費支出の増加要因になり，減少と増加を相殺した結果が，消費支出への総合的効果ということになる.

　2011 年の世帯数を起点として，2030 年及び 2040 年の世帯数の変化が消費支出に与える影響を計算してみる．2011 年の 1 世帯当たりの平均消費支出は，

第 8 章 食関連産業と家計最終消費支出の構造分析 *167*

表 8-18 世帯数の過去の実績値と将来推計値

(単位：1000 世帯)

	2 人以上世帯	単身世帯	総世帯数
1980 年	28,718	7,105	35,824
1985 年	30,085	7,895	37,980
1990 年	31,281	9,390	40,670
1995 年	32,661	11,239	43,900
2000 年	33,871	12,911	46,782
2005 年	34,605	14,457	49,063
2010 年	35,058	16,785	51,842
2011 年	35,029	17,111	52,140
2012 年	35,000	17,438	52,438
2013 年	34,971	17,765	52,736
2014 年	34,943	18,091	53,034
2015 年	34,914	18,418	53,332
2020 年	34,764	19,342	54,107
2025 年	34,156	19,960	54,116
2030 年	33,230	20,254	53,484
2035 年	32,081	20,233	52,315
2040 年	30,813	19,944	50,757

(出所) 国立社会保障人口問題研究所 (2018).

2 人以上世帯で 362 万 1825 円，単身世帯で 209 万 7572 円だった．

　世帯数の将来の変化を見通すと，2030 年時点では，2 人以上世帯では 179 万 8996 世帯の減少，単身世帯は 314 万 2524 世帯の増加が予想されている．したがって，世帯数の変化による消費支出の変化は，2 人以上世帯では 6 兆 5156 億円の減少，単身世帯は 6 兆 5916 億円の増加でトータルでは 760 億円のわずかな増加である．2030 年時点では，2 人以上世帯数の減少が大きくなるが，依然単身世帯は増加するので，人口減少が消費支出の減少をもたらすまでには至らない．

　しかし，2040 年になると，2 人以上世帯は 421 万 5992 世帯も減少し，単身世帯は 283 万 2855 世帯増加するが，2 人以上世帯の減少が顕著になる．これを反映して，2 人以上世帯の消費支出は 15 兆 2695 億円も減少する．単身世帯

表 8-19　2030 年 2040 年の人口減少による消費支出変化予測

1 世帯当たり消費支出　　　　　　　　　　　　　　　　　　　　（単位：円）

	2 人以上世帯	単身世帯
2011 年	3,621,825	2,097,572

世帯数の変化（2011 年～2030 年）　（単位：1000 世帯）

2 人以上世帯	単身世帯
-1798.996	3142.524

消費支出の変化（2011 年～2030 年）　　　　　　　　　　　　（単位：1000 円）

2 人以上世帯	単身世帯	総世帯
-6,515,648,014	6,591,671,407	76,023,392

世帯数の変化（2011 年～2040 年）　（単位：1000 世帯）

2 人以上世帯	単身世帯
-4215.992	2832.855

消費支出の変化（2011 年～2040 年）　　　　　　　　　　　　（単位：1000 円）

2 人以上世帯	単身世帯	総世帯
-15,269,583,648	5,942,118,279	-9,327,465,369

（出所）　筆者作成.

では，5 兆 9421 億円の増加であるが，トータルでは 9 兆 3274 億円の減少に陥る（表 8-19 参照）.

　人口減少が消費支出の減少をもたらすのは，2040 年以降ということになる．我々が分析対象年としている 2030 年は人口減少が消費支出に与える影響はまだ顕在化しないので，以下の分析では人口減少の影響については保留して取り上げない．

第9章 2030年の食関連産業

本章では，長期予測用の産業連関分析モデルを構築してシミュレーションを行い，2030年の食関連産業の姿を具体的に展望する．

これまでの議論で明らかにしてきたように，食関連産業はマクロ経済の動向に強い影響を受けるので，長期展望では，マクロ経済の長期的動向の見極めが重要になる．

そこでまず，過去（1990年代）から現在までの「趨勢」でマクロ経済が今後も推移すると想定して（＝「趨勢ケース」），2030年の食関連産業の姿を明らかにする．「趨勢ケース」では，日本経済は長期停滞から脱却できないため，食関連産業も低迷し，特に雇用問題が深刻になる可能性を示す．

次に，食関連産業の低迷衰退に少しでも歯止めをかけるためにはマクロ経済政策と食関連産業活性化政策（＝輸出促進政策）のポリシーミックスが必要であることを示す．そのうえで，ポリシーミックスが想定の経済的成果をあげた時，食関連産業はどうなるか，その姿を具体的に展望する．

1 長期予測のための産業連関分析モデル

1) モデルの基本構造

産業連関表を用いて長期予測モデルを構築する場合，外生的に所与とすべき変数と産業連関分析を通じて内生的に決まる変数を区分する必要がある．ここでは，「2011年産業連関表」をベースにマクロ経済における独立的支出を外生変数とし，輸入及び家計最終消費支出は内生変数とする産業連関分析モデルを構築する．そこでまず，表9-1に表記された記号を利用して説明する．[1]

輸入を内生化するために，第i産業の財・サービスの輸入額を国内需要で割って輸入係数と定義する．輸入係数が所与であれば，国内需要が増加すれば輸入が増

---

1) 以下，各記号の経済的意味については表9-1を参照のこと．

170

表 9-1　2011 年産業連関表の記号モデル

	農業	林業	漁業	食品製造業	飲食サービス	その他内生部門	家計最終消費支出	家計外消費支出	対家計民間非営利団体最終消費支出	一般政府消費支出	公的固定資本形成	民間住宅投資	企業設備投資	在庫等	輸出	(控除)輸入	国内生産額
農　業	$a_{11}x_1$	$a_{12}x_2$	$a_{13}x_3$	$a_{14}x_4$	$a_{15}x_5$	$a_{16}x_6$	f_{1c}	f_{1o}	f_{1n}	f_{1g}	f_{1p}	f_{1h}	f_{1e}	f_{1z}	ex_1	im_1	x_1
林　業	$a_{21}x_1$	$a_{22}x_2$	$a_{23}x_3$	$a_{24}x_4$	$a_{25}x_5$	$a_{26}x_6$	f_{2c}	f_{2o}	f_{2n}	f_{2g}	f_{2p}	f_{2h}	f_{2e}	f_{2z}	ex_2	im_2	x_2
漁　業	$a_{31}x_1$	$a_{32}x_2$	$a_{33}x_3$	$a_{34}x_4$	$a_{35}x_5$	$a_{36}x_6$	f_{3c}	f_{3o}	f_{3n}	f_{3g}	f_{3p}	f_{3h}	f_{3e}	f_{3z}	ex_3	im_3	x_3
食品製造業	$a_{41}x_1$	$a_{42}x_2$	$a_{43}x_3$	$a_{44}x_4$	$a_{45}x_5$	$a_{46}x_6$	f_{4c}	f_{4o}	f_{4n}	f_{4g}	f_{4p}	f_{4h}	f_{4e}	f_{4z}	ex_4	im_4	x_4
飲食サービス	$a_{51}x_1$	$a_{54}x_2$	$a_{53}x_3$	$a_{54}x_4$	$a_{55}x_5$	$a_{56}x_6$	f_{5c}	f_{5o}	f_{5n}	f_{5g}	f_{5p}	f_{5h}	f_{5e}	f_{5z}	ex_5	im_5	x_5
その他内生部門	$a_{61}x_1$	$a_{64}x_2$	$a_{63}x_3$	$a_{64}x_4$	$a_{65}x_5$	$a_{66}x_6$	f_{6c}	f_{6o}	f_{6n}	f_{6g}	f_{6p}	f_{6h}	f_{6e}	f_{6z}	ex_6	im_6	x_6
粗付加価値	v_1x_1	v_2x_2	v_3x_3	v_4x_4	v_5x_5	v_6x_6											
国内生産額	x_1	x_2	x_3	x_4	x_5	x_6											

（出所）　筆者作成.

加し，逆は逆という関係が成立し，輸入の内生化が可能となる．いま，第 i 産業の輸入係数を，m_i $(i=1\sim6)$ とおいた時の輸入係数行列 M を次のように表記する．

$$M=\begin{bmatrix} m_1 & 0 & 0 & 0 & 0 & 0 \\ 0 & m_2 & 0 & 0 & 0 & 0 \\ 0 & 0 & m_3 & 0 & 0 & 0 \\ 0 & 0 & 0 & m_4 & 0 & 0 \\ 0 & 0 & 0 & 0 & m_5 & 0 \\ 0 & 0 & 0 & 0 & 0 & m_6 \end{bmatrix}$$

この時，m_i $(i=1\sim6)$ は，産業連関表のデータを利用して次式からもとめる．

$$im_1 = m_1(a_{11}x_1 + a_{12}x_2 + a_{13}x_3 + a_{14}x_4 + a_{15}x_5 + a_{16}x_6 \\ + f_{1c} + f_{1o} + f_{1n} + f_{1g} + f_{1p} + f_{1h} + f_{1e} + f_{1z})$$

$$im_2 = m_2(a_{21}x_1 + a_{22}x_2 + a_{23}x_3 + a_{24}x_4 + a_{25}x_5 + a_{26}x_6 \\ + f_{2c} + f_{2o} + f_{2n} + f_{2g} + f_{2p} + f_{2h} + f_{2e} + f_{2z})$$

$$im_3 = m_3(a_{31}x_1 + a_{32}x_2 + a_{33}x_3 + a_{34}x_4 + a_{35}x_5 + a_{36}x_6 \\ + f_{3c} + f_{3o} + f_{3n} + f_{3g} + f_{3p} + f_{3h} + f_{3e} + f_{2z})$$

$$im_4 = m_4(a_{41}x_1 + a_{42}x_2 + a_{43}x_3 + a_{44}x_4 + a_{45}x_5 + a_{46}x_6 \\ + f_{4c} + f_{4o} + f_{4n} + f_{4g} + f_{4p} + f_{4h} + f_{4e} + f_{4z})$$

$$im_5 = m_5(a_{51}x_1 + a_{52}x_2 + a_{53}x_3 + a_{54}x_4 + a_{55}x_5 + a_{56}x_6 \\ + f_{5c} + f_{5o} + f_{5n} + f_{5g} + f_{5p} + f_{5h} + f_{5e} + f_{5z})$$

$$im_6 = m_6(a_{61}x_1 + a_{62}x_2 + a_{63}x_3 + a_{64}x_4 + a_{65}x_5 + a_{66}x_6 \\ + f_{6c} + f_{6o} + f_{6n} + f_{6g} + f_{6p} + f_{6h} + f_{6e} + f_{6z})$$

粗付加価値の合計が所得合計である．各産業の生産物にたいする家計最終消費支出が所得合計に比例すると仮定し，その時の比例定数を家計消費係数と呼ぶ．今，各産業の家計消費係数を，c_1, c_2, c_3, c_4, c_5, c_6 とおく．所得の総額は，$v_1x_1 + v_2x_2 + v_3x_3 + v_4x_4 + v_5x_5 + v_6x_6$ であるから，産業別の家計最終消費支出について次式が成立する．

$$f_{1c} = c_1(v_1x_1 + v_2x_2 + v_3x_3 + v_4x_4 + v_5x_5 + v_6x_6)$$
$$f_{2c} = c_2(v_1x_1 + v_2x_2 + v_3x_3 + v_4x_4 + v_5x_5 + v_6x_6)$$
$$f_{3c} = c_3(v_1x_1 + v_2x_2 + v_3x_3 + v_4x_4 + v_5x_5 + v_6x_6)$$
$$f_{4c} = c_4(v_1x_1 + v_2x_2 + v_3x_3 + v_4x_4 + v_5x_5 + v_6x_6)$$
$$f_{5c} = c_5(v_1x_1 + v_2x_2 + v_3x_3 + v_4x_4 + v_5x_5 + v_6x_6)$$
$$f_{6c} = c_6(v_1x_1 + v_2x_2 + v_3x_3 + v_4x_4 + v_5x_5 + v_6x_6)$$

ここで，家計消費係数の行列 C，粗付加値率の行列 V，中間投入係数の行列 A を次のように表記する．

$$C = \begin{bmatrix} c_1 & c_2 & c_3 & c_4 & c_5 & c_6 \\ c_1 & c_2 & c_3 & c_4 & c_5 & c_6 \\ c_1 & c_2 & c_3 & c_4 & c_5 & c_6 \\ c_1 & c_2 & c_3 & c_4 & c_5 & c_6 \\ c_1 & c_2 & c_3 & c_4 & c_5 & c_6 \\ c_1 & c_2 & c_3 & c_4 & c_5 & c_6 \end{bmatrix} \quad V = \begin{bmatrix} v_1 & 0 & 0 & 0 & 0 & 0 \\ 0 & v_2 & 0 & 0 & 0 & 0 \\ 0 & 0 & v_3 & 0 & 0 & 0 \\ 0 & 0 & 0 & v_4 & 0 & 0 \\ 0 & 0 & 0 & 0 & v_5 & 0 \\ 0 & 0 & 0 & 0 & 0 & v_6 \end{bmatrix}$$

$$A = \begin{bmatrix} a_{11} & a_{12} & a_{13} & a_{14} & a_{15} & a_{16} \\ a_{21} & a_{22} & a_{23} & a_{24} & a_{25} & a_{26} \\ a_{31} & a_{32} & a_{33} & a_{34} & a_{35} & a_{36} \\ a_{41} & a_{42} & a_{43} & a_{44} & a_{45} & a_{46} \\ a_{51} & a_{52} & a_{53} & a_{54} & a_{55} & a_{56} \\ a_{61} & a_{62} & a_{63} & a_{64} & a_{65} & a_{66} \end{bmatrix}$$

産業別の国内最終需要（家計最終消費支出を除く）合計の列ベクトルを F_d とおくと，次のように表記することができる．

$$F_d = \begin{bmatrix} f_{1o}+f_{1n}+f_{1g}+f_{1p}+f_{1h}+f_{1e}+f_{1z} \\ f_{2o}+f_{2n}+f_{2g}+f_{2p}+f_{2h}+f_{2e}+f_{2z} \\ f_{3o}+f_{3n}+f_{3g}+f_{3p}+f_{3h}+f_{3e}+f_{3z} \\ f_{4o}+f_{4n}+f_{4g}+f_{4p}+f_{4h}+f_{4e}+f_{4z} \\ f_{5o}+f_{5n}+f_{5g}+f_{5p}+f_{5h}+f_{5e}+f_{5z} \\ f_{6o}+f_{6n}+f_{6g}+f_{6p}+f_{6h}+f_{6e}+f_{6z} \end{bmatrix}$$

産業別の輸出（列ベクトル）を EX とおき，単位行列を I，国内生産額の列ベクトルを X と置く.

$$EX = \begin{bmatrix} ex_1 \\ ex_2 \\ ex_3 \\ ex_4 \\ ex_5 \\ ex_6 \end{bmatrix} \qquad I = \begin{bmatrix} 1 & 0 & 0 & 0 & 0 & 0 \\ 0 & 1 & 0 & 0 & 0 & 0 \\ 0 & 0 & 1 & 0 & 0 & 0 \\ 0 & 0 & 0 & 1 & 0 & 0 \\ 0 & 0 & 0 & 0 & 1 & 0 \\ 0 & 0 & 0 & 0 & 0 & 1 \end{bmatrix} \qquad X = \begin{bmatrix} x_1 \\ x_2 \\ x_3 \\ x_4 \\ x_5 \\ x_6 \end{bmatrix}$$

2) モデルの導出

この時，輸入と消費を内生化した産業連関分析のモデルは次式のように導出された[2].

$$X = [I-(I-M)(A+CV)]^{-1} \times [(I-M)F_d + EX] \tag{9.1}$$

ここで $(I-M)F_d$ は，独立的支出（輸出を除く）のうち，輸入という形で海外に漏れる需要部分を除いた独立的支出（輸出を除く）合計の産業別需要を示す. $[(I-M)F_d + EX]$ は，輸出を含む独立的支出合計の産業別需要である.

$[I-(I-M)(A+CV)]^{-1}$ は，輸入及び家計最終消費支出を内生化した時の，レオンティエフ逆行列である.

3) レオンティエフ逆行列

いま（9.1）式において，V, C, M の各行列要素が一定であるとすれば，レオンティエフ逆行列の各行列要素も一定値をとり，国内生産額 X は，結局，一般政府消費支出，公的固定資本形成，総固定資本形成（民間），その他独立的

2）詳しくは，第6章参照.

第9章　2030年の食関連産業　　*173*

支出及び輸出で決定されることになる．もとめたレオンティエフ逆行列が，**表9-2** である．

表9-2　レオンティエフ逆行列

	農 業	林 業	漁 業	食品製造業	飲食サービス	その他内生部門	行和
農　　業	1.154	0.038	0.040	0.208	0.091	0.034	1.565
林　　業	0.002	1.108	0.002	0.002	0.003	0.002	1.119
漁　　業	0.005	0.005	1.040	0.032	0.018	0.005	1.105
食品製造業	0.118	0.136	0.168	1.281	0.344	0.118	2.165
飲食サービス	0.068	0.071	0.069	0.068	1.072	0.070	1.419
その他内生部門	2.182	1.893	2.176	2.024	2.046	3.269	13.590
列　　和	3.528	3.251	3.495	3.615	3.575	3.498	

（出所）　筆者作成．

2　独立的支出項目別の想定

1)　近似曲線の一次式による独立的支出の推計式とそのグラフ

独立的支出の各需要項目については，主な決定要因を数量的分析で特定化するために，消費関数や投資関数，輸出関数などの推計作業が行われるのが一般的である．しかし各需要項目に影響を与える要因は多様で，個別関数の推計結果も説明変数の種類や推計期間によって多様である．ここでは，個別関数の特定化が目的ではなく，2030年の予想に必要な情報を得ることである．そこで，多様な要因を反映した結果は，時間の流れに反映すると考えて，タイムトレンドを説明変数として近似曲線の一次式をもとめた．

対家計民間非営利団体最終消費支出
$$Y = 150.78T + 3876.9 \qquad R^2 = 0.9022$$
一般政府消費支出
$$Y = 1498.9T + 72487 \qquad R^2 = 0.9746$$

---

3)　ここで総固定資本形式（民間）は民間住宅投資と企業設備投資である．その他独立的支出は家計外消費支出，対家計民間非営利団体最終消費支出，在庫等で構成される．

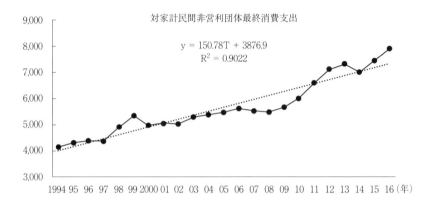
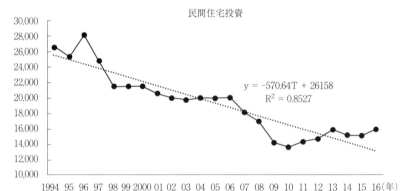
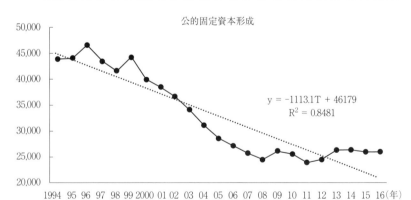

図 9-1　各需要項目の

(出所)　筆者作成.

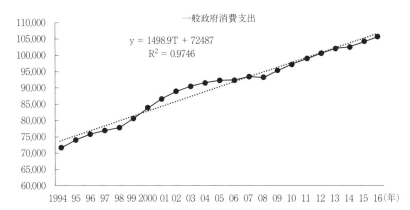

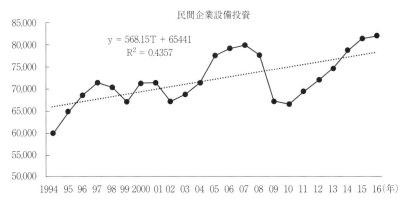

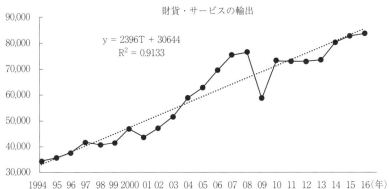

近似曲線の一次式

公的固定資本形成

$$Y = 1113.1T + 46179 \qquad R^2 = 0.8481$$

民間住宅投資投資

$$Y = -570.64T + 26158 \quad R^2 = 0.8527$$

民間企業設備投資

$$Y = 568.15T + 65441 \qquad R^2 = 0.4357$$

輸　出

$$Y = 2396T + 30644 \qquad R^2 = 0.9133$$

Y：需要量　T：タイムトレンド　R^2：決定係数

　推計結果をみると，民間企業設備投資以外は決定係数の値も高く，あてはまりもいい（図9-1参照）．したがって，長期予想では，各需要項目の一次式を将来に伸ばした趨勢値をベースラインの予想値とする．以下では，各需要項目の想定値について説明する．

2)　将来想定値作成の考え方

　一般政府消費支出を例に，将来想定値の作成方法を述べる（以下，表9-3参照）．タイムトレンドについて，1994年の1から始めて，2030年37まで設定している．1994年から2016年の現実値データを従属変数，タイムトレンドを説明変数として，近似曲線の一次式をもとめ，「推計値」を1994年から2030年までもとめた[4]．

　ところで我々は，2011年を起点として，2030年までの想定変化率をもとめる必要がある．その際，2012年〜2016年については，現実の変化率を採用する[5]．2017年以降は，推計値をもとに想定変化率をもとめることになるが，2016年の現実値（105,894（百万円））と推計値（106,962（百万円））には −1,067（百万円）の誤差があり，推計値は過大評価の可能性がある．そこで2017年以降については各年の推計値からこの誤差分を調整して想定値をもとめ想定変化率を算出した．

　表9-3でもとめた想定変化率をもとに，2011年の一般政府消費支出（産連ベ

---

4)　1994年から2030年の推計値はタイムトレンドを1（1994年）から37（2030年）までを外挿することによってもとまる．

5)　現実値からもとめた現実の変化率は1.68％（2012年），1.50％（2013年），0.54％（2014年），1.54％（2015年），1.31％（2016年）であった．

第 9 章　2030 年の食関連産業　*177*

表 9-3　一般政府消費支出の想定変化率

一般政府消費支出	タイムトレンド	現実値	推計値	2011 年を起点とした想定値	2011 年を起点とした想定変化率
1994 年	1	71,551	73,986		
1995 年	2	74,311	75,485		
1996 年	3	76,012	76,984		
1997 年	4	77,113	78,483		
1998 年	5	78,055	79,982		
1999 年	6	80,765	81,480		
2000 年	7	83,899	82,979		
2001 年	8	86,760	84,478		
2002 年	9	89,062	85,977		
2003 年	10	90,709	87,476		
2004 年	11	91,776	88,975		
2005 年	12	92,505	90,474		
2006 年	13	92,567	91,973		
2007 年	14	93,636	93,472		
2008 年	15	93,562	94,971		
2009 年	16	95,472	96,469		
2010 年	17	97,324	97,968		
2011 年	18	99,205	99,467	99,205	
2012 年	19	100,869	100,966	100,869	1.68
2013 年	20	102,382	102,465	102,382	1.50
2014 年	21	102,938	103,964	102,938	0.54
2015 年	22	104,524	105,463	104,524	1.54
2016 年	23	105,894	106,962	105,894	1.31
2017 年	24		108,461	107,393	1.42
2018 年	25		109,960	108,892	1.40
2019 年	26		111,458	110,391	1.38
2020 年	27		112,957	111,890	1.36
2021 年	28		114,456	113,389	1.34
2022 年	29		115,955	114,888	1.32
2023 年	30		117,454	116,387	1.30
2024 年	31		118,953	117,886	1.29
2025 年	32		120,452	119,384	1.27
2026 年	33		121,951	120,883	1.26
2027 年	34		123,450	122,382	1.24
2028 年	35		124,949	123,881	1.22
2029 年	36		126,447	125,380	1.21
2030 年	37		127,946	126,879	1.20

（出所）　筆者作成.

表9-4 項目別独立的支出の想定変化率 (変化率：%)

	対家計民間非営利団体最終消費支出	一般政府消費支出	公的固定資本形成	民間住宅投資投資	企業設備投資	輸出
2012 年	7.95	1.68	2.65	2.51	4.06	-0.09
2013 年	2.87	1.50	6.75	8.02	3.69	0.76
2014 年	-4.25	0.54	0.74	-4.26	5.44	9.29
2015 年	6.18	1.54	-1.74	-1.05	3.43	2.94
2016 年	6.36	1.31	-0.09	5.65	0.62	1.34
2017 年	1.90	1.42	-4.30	-3.59	0.69	2.85
2018 年	1.87	1.40	-4.49	-3.72	0.69	2.77
2019 年	1.83	1.38	-4.70	-3.87	0.68	2.69
2020 年	1.80	1.36	-4.94	-4.02	0.68	2.62
2021 年	1.77	1.34	-5.19	-4.19	0.67	2.56
2022 年	1.74	1.32	-5.48	-4.38	0.67	2.49
2023 年	1.71	1.30	-5.79	-4.58	0.66	2.43
2024 年	1.68	1.29	-6.15	-4.80	0.66	2.37
2025 年	1.65	1.27	-6.55	-5.04	0.66	2.32
2026 年	1.62	1.26	-7.01	-5.31	0.65	2.27
2027 年	1.60	1.24	-7.54	-5.60	0.65	2.22
2028 年	1.57	1.22	-8.16	-5.94	0.64	2.17
2029 年	1.55	1.21	-8.88	-6.31	0.64	2.12
2030 年	1.52	1.20	-9.74	-6.73	0.63	2.08

（出所） 筆者作成.

ース）を起点として 2030 年までの想定値がもとまる.

　主な独立的支出項目について，上記の方法で「想定変化率」をもとめてまとめたものが**表9-4**である．2011 年の現実データ（産連ベース）を初期値にして，**表9-4**の「想定変化率」を上乗せして，独立的支出項目別に 2030 年までの想定値を設定したものが**表9-5**で示されている.

3) 項目別独立的支出の想定値の概要

　一般政府消費支出は 1 ％台の伸び率で推移している．高齢社会の進行のなかで，国民医療費や介護保険給付費における一般政府の財政負担が増加することを反映している結果である．高齢化要因による支出増であるが，一般政府消費

第 9 章　2030 年の食関連産業　*179*

表 9-5　項目別独立的支出の想定値

(単位：100 万円)

主な独立的支出	対家計民間非営利団体最終消費支出	一般政府消費支出	公的固定資本形成	民間住宅投資投資	企業設備投資	輸　出	独立的支出合計	独立的支出合計増加率(%)
2011 年	6,487,164	98,736,467	20,401,047	12,455,774	58,527,585	70,944,580	267,552,617	
2012 年	7,002,585	100,393,114	20,941,701	12,768,604	60,906,416	70,881,802	272,894,222	2.00
2013 年	7,203,529	101,899,175	22,354,726	13,793,011	63,153,361	71,421,363	279,825,165	2.54
2014 年	6,897,694	102,451,855	22,519,603	13,205,488	66,588,879	78,056,672	289,720,191	3.54
2015 年	7,324,036	104,030,970	22,128,286	13,067,186	68,870,903	80,352,565	295,773,947	2.09
2016 年	7,789,566	105,394,705	22,108,221	13,805,347	69,296,074	81,428,108	299,822,022	1.37
2017 年	7,937,651	106,886,534	21,157,808	13,309,614	69,775,171	83,745,765	302,812,544	1.00
2018 年	8,085,737	108,378,362	20,207,395	12,813,882	70,254,268	86,063,422	305,803,066	0.99
2019 年	8,233,822	109,870,191	19,256,982	12,318,149	70,733,365	88,381,079	308,793,589	0.98
2020 年	8,381,908	111,362,019	18,306,570	11,822,417	71,212,462	90,698,736	311,784,111	0.97
2021 年	8,529,993	112,853,847	17,356,157	11,326,684	71,691,559	93,016,393	314,774,634	0.96
2022 年	8,678,079	114,345,676	16,405,744	10,830,952	72,170,656	95,334,050	317,765,156	0.95
2023 年	8,826,164	115,837,504	15,455,331	10,335,220	72,649,753	97,651,706	320,755,679	0.94
2024 年	8,974,250	117,329,333	14,504,918	9,839,487	73,128,850	99,969,363	323,746,201	0.93
2025 年	9,122,336	118,821,161	13,554,505	9,343,755	73,607,947	102,287,020	326,736,724	0.92
2026 年	9,270,421	120,312,989	12,604,092	8,848,022	74,087,044	104,604,677	329,727,246	0.92
2027 年	9,418,507	121,804,818	11,653,679	8,352,290	74,566,141	106,922,334	332,717,769	0.91
2028 年	9,566,592	123,296,646	10,703,266	7,856,557	75,045,238	109,239,991	335,708,291	0.90
2029 年	9,714,678	124,788,475	9,752,853	7,360,825	75,524,335	111,557,648	338,698,813	0.89
2030 年	9,862,763	126,280,303	8,802,441	6,865,092	76,003,432	113,875,305	341,689,336	0.88

(出所)　筆者作成.

支出は GDP 上昇要因になっている.

　公的固定資本形成は，趨勢的に減少傾向になる．額でみると 21 兆 1578 億円 (2017 年) から 8 兆 8024 億円 (2030 年) まで半分以下に落ち込むと想定している．膨大な公的債務残高をかかえる中で，財政赤字の拡大は続いている．財政健全化に向けては，支出の節約が必要である．一般政府消費支出の増加は現行の社会保障制度の維持を前提にすると，高齢化要因によって増やさざるをえない．その分，公的固定資本形成分を減らして，政府支出合計（＝公的固定資本形成＋一般政府消費支出）の伸び率を抑制する想定になっている．

　このままの推移でいくと，政府支出の合計額は，128 兆 443 億円 (2017 年) から 135 兆 827 億円 (2030 年) と 7 兆円程度の増加にとどまることになる．

　一般政府消費支出の増加は不十分であるが，現行の社会保障制度を維持するという視点から見ると，ギリギリのところである．他方，公的資本形成の大幅

減少は，これまで形成されてきた社会資本ストックの老朽化が進んでも補修されずに放置されることを意味する．しかし，それは国民生活に大きな支障はきたす可能性があるので，将来の社会資本ストックは目減りしない程度に公的固定資本形成は積み増しせざるを得ないと思われる．

民間住宅投資も趨勢的に減少傾向を示し，減少率は時間とともに増加する．金額をみると，15兆3210億円（2017年）から7兆9020億円（2030年）と半減するという趨勢である．民間シンクタンクの予想でも建築着工戸数の相当の落ち込みを想定している．その根拠は，空き家が820万戸を超え，すでに過剰供給になっていること，これから世帯数が減少する中で，需要が減少することなどがあげられる．我々の趨勢的予測は非現実的とは言えないので，一次式による推計をそのまま採用している．

民間企業設備投資の毎年の平均増加率は，0.7％弱の増加にとどまっている．金額的にみると，82兆7450億円（2017年）から90兆1310億円（2030年）という想定である．

民間設備投資は，更新投資と新規投資から構成されるが，既存の生産設備の老朽化などにともなう更新投資は今後とも顕著に推移すると思われる．しかし，新たな生産能力拡大のための新規投資の増加はあまり望めない．

民間設備投資の牽引役である大企業は，本格的なグローバル化に突入した．グローバル化の本質は，現地の市場に対応して現地生産を促進するということになる．そのために，現地で供給体制を確立すたるために，現地で設備投資拡大をすることになる．他方日本では，国内市場が成熟・縮小化し，期待成長率も高まらない状況になり，国内での設備投資意欲は高まらない．大企業が，国外を市場獲得の主戦場としてみることは今後ますます進むと思われるので，設備投資をけん引してきた大企業の設備投資は趨勢的に大幅に増加することは期待できない．但し，国内市場の拡大が見込まれれば，当然ながら，設備投資は趨勢より増加する可能性はある．

輸出の増加率は趨勢的には2％台を維持している．日本の輸出は製造業に依存する部分が大きい．製造業の輸出をめぐる国際競争は今後とも激しくなると予想される．特に日本は電気機械・自動車など機械製造業にこれまで強みがあったが，中国をはじめ新興国からの追い上げは激しいものがある．したがって，

---

6) 例えば，野村総合研究所（2018）参照．

一部の機械製造業分野の輸出は今後減少する可能性が高い．しかし，製造業でも国際競争力の高い製品開発による輸出が増える分野も当然ある．したがって，趨勢では，製造業を中心とする日本経済の輸出構造はあまり変わらず，国際競争力が低下する製造業分野と国際競争力が高まる製造業分野が併存し，これまで通り2％台の輸出増加率を維持すると想定する．このようなマクロ経済の見通しの中で，食関連産業の将来像を考察する．

3 民間企業設備投資の適正水準の設定について

1) 資本生産性の定義

企業設備投資の将来値を設定するために設備投資関数を推計することが考えられる．しかし，設備投資は不安定な動きをしているので，長期的に安定した設備投資関数をえることが困難である．ここでは，設備投資を外生的に与え，事後的にそれが妥当するかどうかを判断し，必要に応じて外生的に与えた数値を調整して，妥当と思われる水準に数値を決める．

そこで重要なことは，「何をもって妥当とするか」という判断指標の設定である．我々は，資本生産性に注目する．資本生産性は，次のように定義される．

$$資本生産性 = \frac{生産量}{資本ストック} = \frac{生産量}{生産能力} \times \frac{生産能力}{資本ストック}$$

ここで，$\frac{生産量}{生産能力}$ は，生産能力がどの程度稼働しているかという「稼働率」を示してしる．$\frac{生産能力}{資本ストック}$ は，生産能力をフルに稼働させたときの生産量を資本ストックで除した「能力資本生産性」と呼ばれるものである．能力資本生産性は，ある生産設備の資本ストック1単位がうみだす最大生産量ということになる．これは，技術革新によって規定されるものである．能力資本生産性が高まれば，それは技術革新などのイノベーションによるものであると解釈できる．

他方，稼働率は景気動向によって左右される．総需要が増えれば，稼働率が上昇し，逆は逆ということになる．

我々は，近似曲線の一次式を推計して，資本生産性のトレンドをもとめる．

この場合，説明変数は 1995 年から 2016 年のタイムトレンド，従属変数は，SNA ベースの資本生産性である．推計結果とそのグラフは以下の通りである（図 9-2 参照）．

推計結果： $Y = 0.0032T + 0.7153$　　$R^2 = 0.7248$

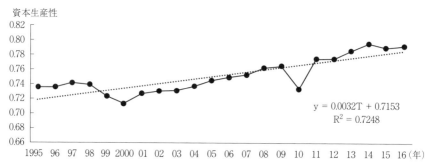

図 9-2　資本生産性の推計結果のグラフ

(出所)　筆者作成．

2)　資本生産性の長期的趨勢

現実の資本生産性は，もとめた直線上の上下で変動している．もとめた直線は，正の傾きをもち時間とともに着実に増加していることがわかる．もとめた直線は，稼働率が趨勢的に一定値をとる正常稼働率の状態で，技術進歩率が 0.32％であることを示している[7]．1994 年から 2016 年まで，毎年の技術進歩率は 0.32％で，「能力資本生産性」を高めたということになる．我々は，資本生産性の今後の長期的趨勢は，「正常稼働率かつ技術進歩率 0.32％」であると想定する．現実の資本生産性は，この長期的趨勢の資本生産性の回りで変動することになる．

3)　外生的に設定した民間設備投資の調整の考え方

現実の資本生産性がこの長期的趨勢を上回る状況が続くようであれば，現実の稼働率が正常稼働率を上回る状況が続くということであり，生産能力が不足している状況と判断される．このような状況で企業は，供給不足を解消するた

---

7)　この場合，正常稼働率を 1 と想定していることになる．

めに新規投資を行うと思われる．設備投資の増加は，現実の資本生産性が長期的趨勢の資本生産性の水準に落ち着くところまで続くと考えられる．逆に，現実の資本生産性が，長期的趨勢の資本生産性を下回る状況が一定期間続くときは，生産能力が過剰ということになり，生産能力調整のため，設備投資は減少することになる．

　以上のことをふまえて，現実の資本生産性が長期的趨勢の資本生産性より高くなりすぎる場合は，外生的に民間企業設備投資の伸び率を高めに設定する．逆に，現実の資本生産性が長期的趨勢の資本生産性より低くなる傾向を持つ時は，外生的に与える民間企業設備投資の伸び率を低めになるように修正する．

4)　資本生産性の SNA ベースから産連ベースへの変換率について

　上記で議論してきた資本生産性は，SNA ベースのデータに基づいていた．

　SNA ベースでの資本生産性は緩やかな増加を示している．**表 9-6** では，0.789（2017 年）から，0.831（2030 年）と緩やかな増加傾向をたどることが示されている．ところで，SNA ベースの設備投資と産連ベースのそれでは，数値に若干の相違があり，産連ベースのほうが少ない額になっているので設備投資を蓄積した資本ストックも産連ベースが小さくなる．したがって，資本生産性についても SNA ベースから産連ベースに変換する必要がある．

　そこでまず，2011 年について民間企業設備投資の SNA ベースと産連ベースの数値をもとに，その比率を調整係数（0.843）としてもとめ，それに SNA ベースの民間資本ストック（634 兆 9250 億円）を乗じて産連ベースの民間資本ストック 535 兆 4060 億円（＝0.843×634 兆 9250 億円）を算出する．この値と産連ベースの 2011 年の実質 GDP（476 兆 9050 億円）から資本生産性は 0.891 がもとまる．この時，産連ベースと SNA ベースの資本生産性の比率は，1.157（＝0.891/0.843）になる．この値を，毎年の SNA ベースの「資本生産性の長期的趨勢値」に乗じて産連ベースの資本生産性とみなす．この時，産連ベースの資本生産性の長期的趨勢は，0.913（2017 年）から 0.961（2030 年）まで緩やかに上昇する．

　この趨勢を我々の様々な分析における資本生産性の「ガイドライン」とみなし，その時系列的上昇はイノベーションの成果であり，資本ストックについては大きな過不足はないとみなす．そのうえで，例えば，資本生産性が 2030 年のガイドラインである 0.9611 を大きく超えるようであれば，それはイノベーションの成果を超えた資本不足に起因するとみなす．逆に，この「ガイドライ

表 9-6　資本生産性の長期的趨勢に関する調整

資本生産性の変換率

2011 年	産連ベース	SNA ベース	産連／SNA
企業設備投資（10 億円）	58,528	69,407	0.843
民間資本ストック（10 億円）	535,406	634,925	
実質 GDP（10 億円）	476,905	492,023	
資本生産性	0.891	0.775	1.157

資本生産性の趨勢

	産連ベース	SNA ベース
2011 年	0.891	0.770
2012 年	0.894	0.773
2013 年	0.898	0.776
2014 年	0.902	0.779
2015 年	0.906	0.783
2016 年	0.909	0.786
2017 年	0.913	0.789
2018 年	0.917	0.792
2019 年	0.920	0.795
2020 年	0.924	0.799
2021 年	0.928	0.802
2022 年	0.931	0.805
2023 年	0.935	0.808
2024 年	0.939	0.811
2025 年	0.943	0.815
2026 年	0.946	0.818
2027 年	0.950	0.821
2028 年	0.954	0.824
2029 年	0.957	0.827
2030 年	0.961	0.831

（出所）　筆者作成.

ン」の数値を大きく下回れば，それは資本過剰であるとみなす．

　民間企業設備投資の想定値は，まずは**表9-5**での値を設定する．そのうえで，様々な分析結果において，2030年の資本生産性がガイドライン（0.9611）を大きく上回る場合は，当初の民間企業設備投資の水準を見直して，ガイドラインの数値に近くなるところまで企業設備投資の増加率を高めるという調整を行う．逆に資本生産性がガイドラインを大きく下回る場合は，企業設備投資の増加率を低くするという調整を行う．

4　労働生産性上昇率の想定について

　将来の労働生産性上昇率は1.5％と想定する．少子高齢社会が本格化する中で，マクロ経済における家計消費行動では，現役世代のみならず引退世代の影響が今後ますます大きくなる．引退世代の所得はほぼ年金収入に依存しているから，公的年金制度において財政的に長期的持続性が担保される必要がある．

　公的年金制度の財政収支の安定性では，「財政見通し」通りの保険料収入が着実に見込まれれるかどうかがもっとも重要である．保険料収入は，現役世代の所得に依存する．想定では，貨幣賃金率上昇率2.5％，消費者物価上昇率1％，実質賃金率上昇率1.5％が100年間実現するとしている．したがって，実質賃金率1.5％の上昇は，公的年金制度を財政的に支える根幹である[8]．ところで，

$$実質賃金率＝労働分配率 × 労働生産性[9]$$

という関係があることを第7章で論じた．もし労働分配率が一定であれば，実質賃金率上昇率は労働生産性上昇率に連動することになる．ここでは，労働分配率は一定とおき，労働生産性上昇率を1.5％を実現すると想定するが，これ

---

8)　厚生労働省は「厚生年金の財政見通し（平成21年財政検証）」を示している．そこでは長期（ほぼ100年間）の経済前提として，物価上昇率1％，賃金上昇率2.5％，運用利回り4.1％としている．賃金上昇率2.5％とおいているため，保険料収入は，23.8兆円（2009年）から96.2兆円（2105年）へと大幅に増加し，これが財政収入の根幹を支える設計である．

9)　第7章では「貨幣賃金率＝労働分配率×労働生産」の関係があることを示した．ここでは，物価上昇率を勘案していないので，貨幣賃金率と実質賃金率は等しいとみなすことができ，実質賃金率は，労働分配率と労働生産性の積になる．

は，実質賃金率を毎年 1.5% であげて，公的年金制度の財政的安定を維持することによって，引退世代の安定的年金収入を保障し，家計消費行動にブレーキがかかる事態は回避されると想定することを意味する．

5 「趨勢ケース」の分析

表 9-5 で示した項目別独立支出の想定値を前提として分析するケースを「趨勢ケース」として，このケースをベースラインとみなして，様々なシミュレーションを展開する．

1) 項目別最終需要の生産誘発額

表 9-7 は，「趨勢ケース」の 2030 年におけるの項目別独立的支出の水準が与えらえた時，各産業で誘発される生産額を項目ごとに算出して整理したものである．「国内生産額」の列は，2030 年の独立的支出の合計額が与えられた時の産業別の生産誘発額を示している．

2030 年の独立的支出について額が大きい項目は，一般政府消費支出（126 兆 8790 億円），輸出（117 兆 7250 億円），企業設備投資（90 兆 1310 億円）の 3 項目である．これら 3 項目が国内生産額の行方に大きな影響を与える（表 9-5 参照）．

列に注目すると，2030 年の一般政府最終消費支出が各産業にもたらした生産誘発額が示され，合計で 403 兆 8319 億円の国内生産額をうみだしたことを

表 9-7 「趨勢ケース」における項目別独立的支出の生産誘発額

(単位：100 万円)

	家計外消費支出（列）	対家計民間非営利団体最終消費支出	一般政府消費支出	公的固定資本形成	民間住宅投資	企業設備投資	在庫等	輸 出	国内生産額	粗付加価値率	実質 GDP
農 業	572,108	305,939	3,960,538	273,048	227,782	2,521,779	80,800	4,007,381	11,949,375	0.467	5,575,242
林 業	22,256	17,143	219,478	15,300	11,926	132,037	259,201	220,623	897,965	0.669	600,440
漁 業	106,264	42,713	553,797	38,121	29,721	329,045	24,991	600,319	1,724,972	0.513	884,135
食品製造業	2,240,743	1,062,242	13,893,143	948,043	739,202	8,183,707	467,926	14,089,899	41,624,906	0.372	15,487,283
飲食サービス	4,313,412	635,300	8,132,108	567,000	442,063	4,894,084	161,696	8,311,101	27,456,763	0.431	11,824,204
その他内生部門	19,812,370	29,480,348	377,072,890	26,310,985	20,500,479	226,960,800	7,008,320	371,175,144	1,078,321,336	0.521	561,778,434
合 計	27,067,153	31,543,685	403,831,954	28,152,497	21,951,175	243,021,451	8,002,934	398,404,467	1,161,975,317	列 和	596,149,737
									1,161,975,317	行 和	

(出所) 筆者作成．

示している．この場合，直接効果，第 1 次間接効果，第 2 次間接効果の総計ということになる．

一般政府最終消費支出が食関連産業にもたらした生産誘発額をみると，農業（3 兆 9605 億円），林業（2194 億円），漁業（5537 億円），食品製造業（13 兆 8931 億円），飲食サービス（8 兆 1321 億円），合計で 26 兆 7590 億円である．

企業設備投資による生産誘発額は，農業（2 兆 5217 億円），林業（1320 億円），漁業（3290 億円），食品製造業（8 兆 1837 億円），飲食サービス（4 兆 8940 億円）で，合計 16 兆 606 億円となっている．

輸出による生産誘発額は，農業（4 兆 73 億円），林業（2206 億円），漁業（6003 億円），食品製造業（14 兆 898 億円），飲食サービス（8 兆 3111 億円）で，合計 27 兆 2293 億円である．

食関連産業は，輸出による生産誘発額が一番大きく，つづいて一般政府最終消費支出，企業設備投資の順になっており，この 3 つの独立的支出の影響を強く受けることがわかる．一般政府最終消費支出が輸出より額は大きいが[10]，食関連産業への生産誘発額でみると，輸出が大きくなっている．これは，輸出のほうが食関連産業生産への直接効果が大きいことに起因すると思われる．

2) 「趨勢ケース」における食関連産業の雇用状況

表 9-8 は，「趨勢ケース」における 2030 年の産業別実質 GDP と従業者の予想値である．実質 GDP は 476 兆 9052 億円（2011 年）から 596 兆 1497 億円（2030 年）に増加している．食関連産業についてみると，農業では，4 兆 5844 億円（2011 年）から 5 兆 5752 億円（2030 年），林業で，5187 億円（2011 年）から 6004 億円（2030 年），漁業で 7352 億円（2011 年）から 8841 億円（2030 年），食品製造業で，12 兆 8054 億円（2011 年）から 15 兆 4872 億円（2030 年），飲食サービスで，10 兆 8766 億円（2011 年）から 11 兆 8242 億円（2030 年）などと変化している．食品製造業の増加が一番大きく，続いて飲食サービス，農業の順番になっている．

労働生産性上昇率 1.5％を想定した時の従業者の変化をみると，農業では，430 万 4000 人（2011 年）から 394 万 5000 人（2030 年）に減少している．林業でも，26 万 1000 人（2011 年）から 22 万 8000 人（2030 年）に減少している．漁業

---

10) 2030 年においては，一般政府消費支出（126 兆 2803 億円），輸出（113 兆 8753 億円）の額を想定している．

表 9-8 「趨勢ケース」における 2030 年の産業別実質 GDP と従業者

実質 GDP	2011 年	2030 年
農 業	4,584,401	5,575,242
林 業	518,716	600,440
漁 業	735,254	884,135
食品製造業	12,805,478	15,487,283
飲食サービス	10,876,602	11,824,204
食関連小計	29,520,451	34,371,303
その他内生部門	447,384,805	561,778,434
合 計	476,905,256	596,149,737

従業者（人）	2011 年	2030 年
農 業	4,304,606	3,945,115
林 業	261,695	228,287
漁 業	249,805	226,374
食品製造業	2,027,086	1,847,553
飲食サービス	4,959,218	4,062,909
食関連小計	11,802,410	10,310,238
その他内生部門	54,766,472	51,825,535
合 計	66,568,882	62,710,420

（出所） 筆者作成.

で 24 万 9000 人（2011 年）から 22 万 6000 人（2030 年），食品製造業で 202 万 7000 人（2011 年）から 184 万 7000 人（2030 年），飲食サービスで 495 万 9000 人（2011 年）から 406 万 2000 人（2030 年），それぞれ減少している．食関連産業全体でみると，1180 万 2000 人（2011 年）から 1031 万人（2030 年）へと，149 万 2000 人も従業者が減少せざるをえない状況である．

　「趨勢ケース」では，労働生産性上昇率 1.5％を前提とすると，大量の食関連産業からの離職者を生み出すことになる．

　2030 年の資本生産性の動向をみると，「ガイドライン」（0.961），「趨勢ケース」（0.959）で数値が近似している．したがって，「趨勢ケース」では資本ストックの過不足はあまりないことがわかり，外生的に与えた企業設備投資の変化率は妥当であると判断される．

2030 年の資本生産性	
ガイドライン	0.961
趨　勢	0.959

表 9-9　「趨勢ケース」における公的資本ストックの見通し

（単位：100 万円）

	公的資本ストック
2017 年	588,617,312
2018 年	587,288,658
2019 年	585,058,204
2020 年	581,958,943
2021 年	578,022,663
2022 年	573,279,989
2023 年	567,760,426
2024 年	561,492,396
2025 年	554,503,285
2026 年	546,819,476
2027 年	538,466,385
2028 年	529,468,500
2029 年	519,849,413
2030 年	509,631,851

（出所）　筆者作成.

　他方，公的固定資本形成の資本ストックをみると，588 兆円（2017 年）から 509 兆円（2030 年）へと相当の減少がみられる（表 9-9）．このことは，現在の社会資本ストックの老朽化が放置され，維持管理が不十分であることを意味する．国民生活基盤に重大な影響を与えていることが予想される．財政的制約がある中でも，公的固定資本形成を増加させる必要がある．

　そこで，公的資本ストックが 2030 年まで一定水準に維持される程度に公的固定資本形成を増加させた場合を「公共投資拡大ケース」として，その経済効果を検討する．

6 「公共投資拡大ケース」

1) 公的固定資本形成の想定値と公的資本ストックの動向

公的資本ストックが一定水準を維持するように，公的固定資本形成を増加させる．公的固定資本形成の水準は，2017 年以降 21 兆円台を維持し，2030 年には 21 兆 1975 億円で推移している（**表 9-10**）．「趨勢ケース」では，8 兆 8024 億円（2030 年）であったから，相当の増額ということになり，一般政府消費支出との合計額である政府支出をみると，「趨勢ケース」は，2017 年以降毎年 5414 億円増加しているが，「公共投資拡大ケース」では毎年 1 兆 4280 億円も増加し，財政の健全性が担保されるかという問題が残される．

2) 公的固定資本形成の増加と生産誘発額

この「公共投資拡大ケース」では，独立的支出項目のうち公的固定資本形成

表 9-10 「公共投資拡大ケース」における公的固定資本形成と公的
資本ストックの見通し

（単位：100 万円）

	公的固定資本形成	公的資本ストック
2017 年	22,041,896	589,501,401
2018 年	21,975,771	589,908,775
2019 年	21,909,843	590,235,318
2020 年	21,844,114	590,484,184
2021 年	21,778,582	590,658,412
2022 年	21,713,246	590,760,929
2023 年	21,648,106	590,794,556
2024 年	21,583,162	590,762,009
2025 年	21,518,412	590,665,903
2026 年	21,453,857	590,508,757
2027 年	21,389,496	590,293,000
2028 年	21,325,327	590,020,969
2029 年	21,261,351	589,694,914
2030 年	21,197,567	589,317,005

（出所）　筆者作成．

第 9 章　2030 年の食関連産業　*191*

表 9-11　「公共投資拡大ケース」における生産誘発額

国内生産額	家計外消費支出（列）	対家計民間非営利団体最終消費支出	一般政府消費支出	公的固定資本形成	民間住宅投資	企業設備投資	在庫等	輸　出	国内生産額	粗付加価値率	実質 GDP
農　業	572,108	305,939	3,960,538	657,540	227,782	2,521,779	80,800	4,007,381	12,333,867	0.467	5,754,635
林　業	22,256	17,143	219,478	36,845	11,926	132,037	259,201	220,623	919,510	0.669	614,846
漁　業	106,264	42,713	553,797	91,801	29,721	329,045	24,991	600,319	1,778,652	0.513	911,648
食品製造業	2,240,743	1,062,242	13,893,143	2,283,026	739,202	8,183,707	467,926	14,089,899	42,959,890	0.372	15,983,988
飲食サービス	4,313,412	635,300	8,132,108	1,365,419	442,063	4,894,084	161,696	8,311,101	28,255,182	0.431	12,168,042
その他内生部門	19,812,370	29,480,348	377,072,890	63,360,708	20,500,479	226,960,800	7,008,320	371,175,144	1,115,371,058	0.521	581,080,412
合　計	27,067,153	31,543,685	403,831,954	67,795,340	21,951,175	243,021,451	8,002,934	398,404,467	1,201,618,160	列　和	616,513,570
									1,201,618,160	行　和	

（出所）　筆者作成.

のみが増加し，生産誘発効果を通じて産業別国内生産額が増加する（**表 9-11**）．農業では，2730 億円（2011 年）から 6575 億円（2030 年）へ増加，林業は 153 億円（2011 年）から 368 億円（2030 年）へ，漁業は 381 億円（2011 年）から 918 億円（2030 年），食品製造業 9480 億円（2011 年）から 2 兆 2830 億円（2030 年），飲食サービス 5670 億円（2011 年）から 1 兆 3654 億円（2030 年）へと，いずれも増加する．産業全体の国内生産額をみると，28 兆 1524 億円（2011 年）から 67 兆7953 億円（2030 年）の増加になっている．

　2030 年の実質 GDP をみると，「趨勢ケース」596 兆 1497 億円に対して，「公共投資拡大ケース」は，616 兆 5135 億円（2030 年）まで増加している（**表9-12**）．

　食関連産業の従業者の状況をみると，2011 年の 1180 万 2410 人から 2030 年には 1062 万 7101 人ということになる（**表9-12**）．「趨勢ケース」と比較すると雇用状況は改善しているが，依然として 2011 年の従業者数の水準には達成せず，離職者が生まれることになる．

　資本生産性は，2030 年には 0.991 まで上昇し，「ガイドライン」（0.961）をやや上回り投資不足の傾向がみられる．

2030 年の資本生産性	
ガイドライン	0.961
公的投資拡大	0.991

表9-12 「公共投資拡大ケース」における実質GDP及び従業者見通し

実質GDP（2030年）	趨　勢	公的投資増
農　業	5,575,242	5,754,635
林　業	600,440	614,846
漁　業	884,135	911,648
食品製造業	15,487,283	15,983,988
飲食サービス	11,824,204	12,168,042
食関連合計	34,371,303	35,433,158
その他内生部門	561,778,434	581,080,412
合　計	596,149,737	616,513,570

従業者（人）	2011年	2030年
農　業	4,304,606	4,072,056
林　業	261,695	233,764
漁　業	249,805	233,419
食品製造業	2,027,086	1,906,807
飲食サービス	4,959,218	4,181,055
食関連合計	11,802,410	10,627,101
その他内生部門	54,766,472	53,606,193
合　計	66,568,882	64,852,540

（出所）　筆者作成.

7 「家計消費係数上昇ケース」

　家計消費支出の粗付加価値に占める比率（＝家計消費支出/粗付加価値）を「家計消費係数」と呼び，この比率が上昇するケースを「家計消費係数上昇ケース」とする.

1)　家計消費係数の規定要因

　家計消費係数はどのような要因に規定されているのか，SNAベースのデータをもとに要因分析を行う. 家計消費係数の定義式を要因分析が可能になるように変形したものが次式である.

$$家計消費係数 = \frac{家計最終消費支出}{粗付加価値}$$

$$= \frac{家計最終消費支出}{家計可処分所得} \times \frac{家計可処分所得}{国民可処分所得}$$

$$\times \frac{国民可処分所得}{GNI} \times \frac{GNI}{粗付加価値 (GDP)}$$

ここで，家計消費支出/家計可処分所得は，「平均消費性向」(以下,「消費性向」と略す) である．さらに，

$\alpha = GNI/GDP$

$\beta = 国民可処分所得/GNI$

$\gamma = 家計可処分所得/国民可処分所得$　とおくと，次式がもとまる．

家計消費係数 $= \alpha \cdot \beta \cdot \gamma \cdot 消費性向$

家計消費係数は，α, β, γ, 消費性向の4つの要因によって決まる．SNAデータベースに基づき，2011年の数値を示すと，以下の通りである．

	2011年の数値	消費性向変更
a	1.031	1.031
β	0.790	0.790
γ	0.748	0.748
消費性向	0.967	1.000
家計消費係数 (SNA ベース)	0.589	0.609
家計消費係数 (産連ベース)	0.579	0.599

2) 消費性向の想定

ここでSNAベースの消費性向は 0.967 (2011年) まで上昇し，1を超える勢いである．家計可処分所得は現役世代の所得のみならず引退世代の所得も含んでいる．現役世代の消費性向は1よりは小さい．ところが，引退世代の消費性向は1を超えている．引退世代の所得は主に年金収入であるがそれだけでは，消費に回すお金が不足するので，貯金を取り崩しながら消費をすることになる．即ち自らの可処分所得以上に消費をしなければならないので，消費性向は1を超える．引退世代の消費性向は今後さらに上昇すると想定される．

引退世代が増大するにつれて，家計可処分所得は，引退世代の所得のウエイトが高くなり，消費も引退世代の動向に大きく左右されることになる．このような状況を勘案して，将来の消費性向を1と想定する．この時家計消費係数は，0.609（SNAベース）であり，産連ベースに調整すると 0.599 になる[11]．消費性向が高まればそれだけ消費増 → 生産増 → 付加価値増 → 消費増，という循環が起こり，国内生産額を増やしていくことになる．我々は，2030年の家計消費係数が0.6に上昇して家計消費支出が増大した時の生産誘発効果を分析する．

3）「家計消費係数上昇ケース」の生産誘発額と従業者の動向

家計消費係数が上昇した時，第2次間接効果が大きくなり，全ての独立的支出項目について生産誘発効果が高まることがわかる（表9-13）．

家計消費係数が0.5794から0.6に変化した時，産業別の実質GDPの増加率に着目すると，食関連産業の実質GDPの増加率が高い．農業（6.15%），漁業（6.12%），食品製造業（6.5%），飲食サービス（5.97%）の増加である．他方，

表9-13 「家計消費係数上昇ケース」における生産誘発額

2030年

国内生産額	家計外消費支出（列）	対家計民間非営利団体最終消費支出	一般政府消費支出	公的固定資本形成	民間住宅投資	企業設備投資	在庫等	輸 出	国内生産額	粗付加価値率	実質GDP
農 業	588,566	325,916	4,216,238	290,878	241,684	2,675,679	85,878	4,259,535	12,684,374	0.467	5,918,171
林 業	22,933	17,964	229,983	16,033	12,497	138,360	259,410	230,982	928,162	0.669	620,631
漁 業	108,628	45,582	590,525	40,682	31,718	351,151	25,720	636,538	1,830,545	0.513	938,246
食品製造業	2,301,286	1,135,729	14,833,737	1,013,630	790,338	8,749,831	486,606	15,017,450	44,328,606	0.372	16,493,243
飲食サービス	4,350,087	679,816	8,701,894	606,731	473,040	5,237,026	173,011	8,872,986	29,094,591	0.431	12,529,532
その他内生部門	20,605,061	30,442,521	389,388,180	27,169,717	21,170,005	234,373,119	7,252,892	383,319,665	1,113,721,161	0.521	580,220,857
合 計	27,976,561	32,647,529	417,960,557	29,137,669	22,719,282	251,525,166	8,283,518	412,337,156	1,202,587,438	列 和	616,720,679
									1,202,587,438	行 和	

（出所）筆者作成.

---

11) 2011年の産連ベースの家計消費係数 $\left(= \dfrac{\text{家計最終消費支出}}{\text{粗付加価値}} = \dfrac{276,334,281（百万円）}{476,905,256（百万円）} \right)$ は 0.579 でSNAベースの 0.589 と若干の差がある．

そこで $\dfrac{0.579}{0.589} \fallingdotseq 0.98$ を調整係数として，消費性向変更後の家計消費係数（SNAベース）0.609に0.98を乗じて，0.599（＝0.609×0.98）をもとめ，これを消費性向変更後の家計消費係数（産連ベース）とした．

第 9 章 2030 年の食関連産業 *195*

表9-14 「家計消費係数上昇ケース」における実質 GDP の見通し

2030 年

実質 GDP	家計消費係数：0.5794	家計消費係数：0.6	増加率（％）
農　業	5,575,242	5,918,171	6.15
林　業	600,440	620,631	3.36
漁　業	884,135	938,246	6.12
食品製造業	15,487,283	16,493,243	6.50
飲食サービス	11,824,204	12,529,532	5.97
その他内生部門	561,778,434	580,220,857	3.28
合　計	596,149,737	616,720,679	3.45

（出所）　筆者作成.

「その他部門」は増加率が3.28％であり，明らかに，食関連産業の増加率が高いことがわかる（**表9-14**）．食関連産業の活性化を維持するためには，家計消費支出の活性化が不可欠であることが確認できる.

　従業者の動向をみると，このケースだけでは従業者の離職をとめることができない（**表9-15**）．農業（11 万 6829 人），林業（2 万 5732 人），漁業（9576 人），食品製造業（65 万 3952 人），飲食サービス（65 万 3952 人）減少し，食関連産連全体で，86 万 5616 人の減少にのぼる．想定した程度の家計消費係数の上昇だけでは，2030 年における食関連産業の雇用状況の改善はおぼつかない.

表9-15 「家計消費係数上昇ケース」における従業者の見通し

（単位：人）

	2011 年	2030 年	差
農　業	4,304,606	4,187,777	-116,829
林　業	261,695	235,963	-25,732
漁　業	249,805	240,229	-9,576
食品製造業	2,027,086	1,967,558	-59,528
飲食サービス	4,959,218	4,305,266	-653,952
食関連小計	11,802,410	10,936,794	-865,616
その他内生部門	54,766,472	53,526,897	-1,239,575
合　計	66,568,882	64,874,327	-1,694,555

（出所）　筆者作成.

2030 年の資本生産性をみると，0.992 で「ガイドライン」より上昇している.

この状況では，設備投資がやや不足していると思われる．

2030 年の資本生産性	
ガイドライン	0.961
家計消費係数上昇	0.992

8 食関連産業の「輸出促進ケース」

1) 輸出促進の想定値と生産誘発額

食関連産業は極端な輸入超過にあり，輸出促進の下地は十分にある．そこで，ここでは，全産業の輸出総額の趨勢は変化がないが，食関連産業のいくつかについて海外市場の開拓に一定程度成功し，輸出が増大するという「輸出促進ケース」を考える．具体的には，2030 年の輸出について，「趨勢ケース」に比して農業が 3000 億円，食品製造業と飲食サービスがいずれも 5000 億円増加し，

表 9-16 「輸出促進ケース」における実質 GDP 及び従業者の見通し

実質 GDP（2030 年）	趨 勢	食関連輸出促進	増加率（％）
農 業	5,575,242	5,806,519	4.15
林 業	600,440	602,592	0.36
漁 業	884,135	897,844	1.55
食品製造業	15,487,283	15,802,830	2.04
飲食サービス	11,824,204	12,078,548	2.15
その他内生部門	561,778,434	563,179,521	0.25
合 計	596,149,737	598,367,854	0.37

従業者（人）	2011 年	2030 年
農 業	4,304,606	4,108,770
林 業	261,695	229,105
漁 業	249,805	229,885
食品製造業	2,027,086	1,885,196
飲食サービス	4,959,218	4,150,304
その他内生部門	54,766,472	51,954,789
合 計	66,568,882	62,943,749

（出所）筆者作成．

第 9 章　2030 年の食関連産業　　*197*

林業と漁業は「趨勢ケース」に据え置く.

　この時の項目別独立支出は，輸出のみが変化し，食関連産業の輸出増が各産業に生産誘発効果をもたらし，産業別の国内生産額及び実質 GDP が増加することになる（**表 9-16**）.

　2030 年の食関連産業の実質 GDP を，「趨勢ケース」と「輸出促進ケース」を比較すると，農業（4.15％増），食品製造業（2.04％増），飲食サービス（2.15％増）の結果である.「その他内生部門」の実質 GDP は 0.25％増加，全体の実質 GDP も趨勢ケースに比較して 0.37％増加である. この実質 GDP の増加率は，食関連産業の輸出促進政策の結果である. 漁業の輸出は増えていないが，食品製造業や飲食サービスの生産拡大によって，漁業の中間財需要が増加して，実質 GDP も 1.55％増加する. 但し，ここで示した輸出促進政策の想定では，雇用状況の改善は不十分である.

　「輸出促進ケース」の資本生産性は 0.962 で，「ガイドライン」（0.961）とほとんど同じであるから，設備投資の増加には至らないと思われる.

2030 年の資本生産性	
ガイドライン	0.961
輸出促進	0.962

9　「公共投資拡大・家計消費係数上昇・輸出促進の同時実行ケース」

　これまで「公共投資拡大ケース」「家計消費係数上昇ケース」「輸出促進ケース」の 3 つについて，個別のケースの経済効果をみてきた. ここでは，3 つのケースを同時実行した時，これを「同時実行ケース」とおいて，その経済効果を分析する.

　「同時実行ケース」によって食関連産業の実質 GDP は「趨勢ケース」に比較して大幅に増加する. 農業（13.75％増），林業（6.02％増），漁業（11.01％増），食品製造業（11.89％増），飲食サービス（11.25％増）. 産業全体でも 7.37％の増加がみられる（**表 9-17**）.

　従業者についても増加傾向がみられる. 農業 18 万 2959 人増，漁業 1504 人増，食品製造業 4 万 1916 人増. 但し，林業は 1 万 9145 人の減少，飲食サービスで 43 万 9231 人減少で，減少傾向に歯止めがかからない.

表 9-17 「同時実行ケース」における実質 GDP 及び従業者の見通し

実質 GDP（2030 年）	趨　勢	同時実行	増加率（％）
農　業	5,575,242	6,341,832	13.75
林　業	600,440	637,955	6.25
漁　業	884,135	981,518	11.01
食品製造業	15,487,283	17,343,599	11.99
飲食サービス	11,824,204	13,154,431	11.25
その他内生部門	561,778,434	601,622,516	7.09
合　計	596,149,737	640,081,850	7.37

従業者（人）	2011 年	2030 年	差
農　業	4,304,606	4,487,565	182,959
林　業	261,695	242,550	-19,145
漁　業	249,805	251,309	1,504
食品製造業	2,027,086	2,069,002	41,916
飲食サービス	4,959,218	4,519,987	-439,231
その他内生部門	54,766,472	55,501,256	734,784
合　計	66,568,882	67,331,744	762,862

（出所）　筆者作成.

このケースでは，2030 年の資本生産性が 1.029 と大幅に増加し資本不足が明らかになる．企業設備投資意欲が高まり，「趨勢ケース」より企業設備投資の増加率を高く想定する必要がある．

2030 年の資本生産性	
ガイドライン	0.961
同時実行	1.029

10　「同時実行ケース」によって企業設備投資が拡大するケース

「同時実行ケース」では，民間資本ストックが不足するので，ここでは，2017 年以降の企業設備投資が毎年 1.5％で増加すると想定し，このケースを「（同時実行＋設備投資拡大）ケース」とする．なお，「趨勢ケース」と比較すると，

表 9-18　「同時実行＋設備投資拡大ケース」における実質 GDP 及び従業者の見通し

実質 GDP（単位：100 万円）

実質 GDP（2030 年）	趨　勢	同時実行＋設備投資拡大	増加率（％）
農　業	5,575,242	6,495,450	16.51
林　業	600,440	649,339	8.14
漁　業	884,135	1,003,666	13.52
食品製造業	15,487,283	17,744,200	14.57
飲食サービス	11,824,204	13,431,953	13.60
その他内生部門	561,778,434	616,647,524	9.77
合　計	596,149,737	655,972,131	10.03

従業者（人）	2011 年	2030 年	差
農　業	4,304,606	4,596,267	291,661
林　業	261,695	246,878	-14,817
漁　業	249,805	256,979	7,174
食品製造業	2,027,086	2,116,791	89,705
飲食サービス	4,959,218	4,615,346	-343,872
その他内生部門	54,766,472	56,887,353	2,120,881
合　計	66,568,882	69,003,281	2,434,399

（出所）　筆者作成.

このケースでは毎年 1 ％弱の設備投資増加率である.

　シミュレーション結果について実質 GDP をみると，「趨勢ケース」と比較して，農業（16.51％増），林業（8.14％増），漁業（13.52％増），食品製造業（14.572％増），飲食サービス（13.60％増）となる．国民経済全体でも 10.03％増である（表 9-18）.

　従業者については，農業（29 万 1661 人増），漁業（7174 人増），食品製造業（8 万 9705 人増）となる．但し，林業は 1 万 4817 人減少，飲食サービスで 34 万 3872 人減少である．食関連産業全体では，2030 年は 2011 年をやや上回るので，食関連産業内の労働移動がスムーズであれば，2011 年時の雇用水準は 2030 年段階でも保障される．資本生産性は，「同時実行ケース」に比較しても下落しており資本不足は一定程度解消される.

2030 年の資本生産性	ガイドライン
タイムトレンド	0.961
同時実行＋設備投資拡大	0.987

ま と め

表9-19は，これまでのシミュレーションの結果について，2017年から2030年の年平均実質GDP成長率を国民経済全体および産業別にまとめたものである．この表をもとにしながら，本章の議論をまとめる．

① 「趨勢ケース」は，食関連産業にとって好ましくない．

過去20年間（1994年～2016年）の日本経済は，「失われた20年」と呼ばれるように，低経済成長率の長期停滞期であった．この現況が2030年まで続くとしたら（＝「趨勢ケース」），国民経済の年平均実質GDP成長率は1.185％にとどまる．食関連産業をみると，農業（1.04％），漁業（0.98％），食品製造（1.01％），飲食サービス（0.45％）で，いずれも国民経済の年平均実質GDP成長率を下回り，食関連産業も長期低迷が続くことになる．

「趨勢ケース」では，もし2011年の雇用水準が2030年段階に維持されると

表9-19　シミュレーション結果のまとめ

実質GDP平均成長率　　　　　　　　　　　　　　　　　　　　　　　　　　　　　　（単位：％）

ケース	農業	林業	漁業	食品製造業	飲食サービス	その他内生部門	実質GDP
趨　勢	1.040	0.780	0.980	1.010	0.450	1.200	1.185
公共投資拡大	1.200	0.900	1.140	1.170	0.590	1.390	1.362
家計消費係数上昇	1.350	0.950	1.293	1.350	0.750	1.380	1.360
輸出促進	1.250	0.790	1.055	1.170	0.550	1.220	1.200
同時実行	1.740	1.090	1.530	1.610	1.020	1.570	1.560
同時実行＋設備投資拡大	1.850	1.190	1.650	1.745	1.140	1.700	1.690

	農業	林業	漁業	食品製造業	飲食サービス	その他内生部門	実質GDP
公的投資	0.16	0.12	0.16	0.16	0.14	0.19	0.177
消費比率	0.31	0.17	0.313	0.34	0.3	0.18	0.175
輸出促進	0.21	0.01	0.075	0.16	0.1	0.02	0.015
合　計	0.68	0.30	0.55	0.66	0.54	0.39	0.37

（注）　下の表は個別ケース（公共投資拡大，家計消費係数上昇，輸出促進）の経済成長率と趨勢ケースの経済成長率の産業別の相違を示している．

（出所）　筆者作成．

第9章 2030年の食関連産業　*201*

したら，実質賃金率上昇はたかだか1％強であり，公的年金制度の財政基盤を維持するのに必要な実質賃金上昇率1.5％を下回ることになり，公的年金制度の財政基盤が揺らぐ可能性が大きい．

　この場合，引退世代への年金給付額が減らされる可能性があり，引退世代は将来の生活不安から消費節約的な家計行動をとり，家計消費支出の伸び悩みが食関連産業に想定以上に打撃を与える可能性がある．「趨勢ケース」は食関連産業にとっては好ましくなことは明らかである．

② 飲食サービスは食関連産業のリーディング産業にはなれない．

　「趨勢ケース」で目立つのは飲食サービスの実質GDP成長率が0.45％とその他の食関連産業に比べても低いということである．特に，食品製造業（1.01％）と比較すると相当の開きがある．

　2030年の独立的支出が与えられたとき，産業別の生産誘発額が飲食サービスは食品製造業より小さく，波及効果が小さいことがわかる．レオンティエフ逆行列に注目すると，飲食サービスの行和が1.4に対して食品製造業のそれが2.16で相当の開きがみられる[12]．行和は，全ての産業で1単位の需要増があった時，各産業にどの程度の中間需要が創出されるかを示すので，飲食サービスでは中間需要の創出が相対的に小さいことを示している．

　飲食サービスは自分以外の産業で中間財としてはほとんど投入されないのに対し，食品製造業では，飲食サービスなどで中間財として多くが投入されるという生産構造の違いがある．中間財の市場規模が食品製造業と飲食サービスの間で相当の差があり，これが，飲食サービスの相対的な成長率の低さにつながっている．

　飲食サービスはそもそも低賃金構造があり，2011年の雇用水準を2030年も必要とするなら，労働生産性上昇率は0.45％であるから，実質賃金率上昇はせいぜい0.45％程度にとどまり，低賃金構造から脱却できず，他の食関連産業と比較しても賃金格差がますます広がる可能性がある．このような状況では，飲食サービスが食関連産業のリーディング産業になることは不可能である．

---

12) **表9-2**を参照のこと．

③「公共投資拡大ケース」と「家計消費係数上昇ケース」の経済波及メカニズムの違いに注目すべきである．

「公共投資拡大ケース」と「家計消費係数上昇ケース」の実質 GDP 成長率を「趨勢ケース」と比較すると，それぞれ，0.177％と 0.175％の増加で，それほど大きな違いはみられない．しかし，産業別の実質 GDP 成長率の差をみると，様相が少しちがう．「公的投資拡大ケース」と「趨勢ケース」を比較すると，農業（0.16％増），漁業（0.16％），食品製造業（0.16％増）飲食サービス（0.14％増），その他内生部門（0.19％増）などであり，その他内生部門がやや高い程度で産業ごとの差は，あまり見られない．それに対して，「家計消費係数上昇ケース」と「趨勢ケース」比較すると，農業（0.31％），漁業（0.313％），食品製造業（0.34％），飲食サービス（0.3％）であるのに対して，その他内生部門（0.18％）で，明らかに食関連産業の実質 GDP 成長率が高くなっている．

「公共投資拡大ケース」の場合，公共投資が増加する時，生産における直接効果は，「その他内生部門」のみに波及し，直接効果と第 1 次間接効果の多くは「その他内生部門」が享受する．そこから，第 2 次間接効果が生まれ家計消費支出が増大して，それが食関連産業の生産を増やすことになる．食関連産業では，直接効果や第 1 次間接効果は非常に小さく，第 2 次間接効果に主に依存することから，実質 GDP 成長率も相対的に低いことになる．

それに対して，「家計消費係数上昇ケース」では，各独立支出項目の水準は変化しないが，家計消費係数上昇 → 消費支出増加 → 生産増加 → 付加価値増加 → 消費増加という第 2 次間接効果が大きく働き，家計消費支出の増加が顕著になる．

この時，家計消費支出に強く依存する食関連産業の実質 GDP の増加の程度が高くなると考えることができる．家計消費係数の着実な上昇などによって家計消費支出を着実に増やしていくことは，食関連産業の活性化のコア要因ということなる．

④ 食関連産業の輸出促進による経済活性化は自ずから限界がある．

食関連産業の「輸出促進策ケース」は 2030 年段階で「趨勢ケース」に比して農業について 3000 億円まで増加，食品製造業と飲食サービスはいずれも 5000 億円まで増加すると想定した．

「趨勢ケース」と比較すると，農業（0.21％増），食品製造業（0.16％増），飲食

サービス（0.1%増）である．「その他内生部門」は0.02%増にとどまり，それを反映して実質GDP増加率も0.015%と微増という結果である．ここで想定したほどの食関連産業の輸出増はほとんど実質GDPの増加には影響しないことがわかる．

飲食サービスの5000億円程度の輸出は，直接効果によって飲食サービスの生産を増やすが，第1次間接効果と第2次間接効果によって飲食サービスが享受する需要増はほとんど見込めないため0.1%増にとどまっている．

これに対して，食品製造業では飲食サービスと同じ5000億円の輸出増を想定しているが，実質GDP成長率の増加は飲食サービスよりやや高くなっている．食品製造業の生産増は主には，直接効果であるが，第1次間接効果や第2次間接効果によって他産業の生産を増やしそれが食品製造業の中間財需要を増やすと考えられる．

農業も輸出拡大によって直接効果が生産の増加の主な原因である．ただ，食品製造業も輸出拡大によって生産が拡大して，農業からの中間投入物を多く調達するようになるので，農業からみると，中間需要がさらに増加して生産額を増やし，相対的にやや高い経済成長率を実現している．食品製造業との連関性が相対的に高い経済成長率を実現している．

個別食関連産業の輸出促進は重要であるが，直接効果が中心で，他産業への生産波及が弱いので，フィードバック効果がない．輸出で食関連産業の実質GDPをある程度高めようとすれば，相当の輸出増が必要になり，それは不可能であると思われる．輸出促進で食関連産業の経済活性化をはかることは，自ずから限界があることに留意する必要がある．

⑤ 民間設備投資拡大を誘引する経済政策のパッケージが重要である．

食関連産業はマクロ経済の動向，特に経済成長に左右される．食関連産業の経済活性化を実現しようとすれば，一定程度の経済成長を実現するマクロ経済政策と食関連産業独自の活性化政策が必要である．

日本経済におけるマクロ経済政策は，長期的政策課題に対応しながら，それが経済成長につながるような方向性をもつ必要がある．長期的課題としては，国民生活基盤を支える社会資本の老朽化にどう対応するか，高齢者の老後生活のセーフティネットをどのように保障するからという2つの重要な課題を念頭に経済政策を検討する必要がある．本章の流れにそった具体的経済政策は，社

会インフラを維持管理するための「公共投資維持政策」と公的年金制度の給付保障や介護保険の充実によって高齢者の老後生活のセーフティネットを保障する「社会保障の充実政策」である.

公共投資維持政策は, 公共投資そのものが需要を作り出し, 経済成長に寄与する. 高齢者向けの社会保障の充実政策は, 高齢者が年金所得に老後生活の基盤を置きながら, 安心して貯蓄を取り崩しながら, これまでの消費生活水準を維持し, その結果高齢者の消費性向が高まりを通じて消費主導の経済成長に寄与する.

以上のことを念頭に, 我々は,「趨勢ケース」を基準として「公共投資拡大ケース」と「家計消費係数拡大ケース」のシミュレーションを行った.

食関連産業の経済活性化のための独自政策としては, 極端な輸入超過の状態を少しでも解消するため, 農業・食品製造業・飲食サービスにおける輸出促進政策が一定程度成果をあげる「輸出促進ケース」について, シミュレーションを行った.

しかし, 個別ケースのシミュレーションが経済成長に与える効果はそれほど高くないので, 3つのケースを同時に行うという「同時実行ケース」についてシミュレーションした.

「同時実行ケース」の経済成長への効果は, 個別ケースの総和となるので, その分経済成長が高まることになる. ここで重要なことは,「同時実行ケース」の場合, 生産能力の不足が顕在化し, 企業設備投資の拡大を誘発するということである.

3つの個別ケースを同時に実施して需要を増やして企業設備投資拡大を誘発して実質経済成長率1.5%以上を実現するような経済成長戦略が有効であるというのが1つの結論である.

⑥ 労働生産性上昇率1.5%維持が重要であり, それを実現できる素地はある.

労働生産性上昇率の1.5%を維持することは, 特に年金財政の長期的安定性を担保し, 高齢者の老後生活を保障し, 家計消費支出の安定的増加のために不可欠である.

労働生産性上昇率1.5%を実現し, 2011年における各産業の従業者の雇用を2030年にも保障しようとすれば, 各産業の実質経済成長率が1.5%以上を必要とする.

我々の経済成長戦略が成果をあげることを前提としたとき，各産業の実質経済成長率は，農業（1.85%），漁業（1.65%），食品製造業（1.745%），その他内生部門（1.7%）で，これらの産業は1.5%を超えている．他方，林業（1.19%），飲食サービス（1.14%）と1.5%以下である．全体の実質GDP成長率は1.69%とであるから，全体的にみると2011年の雇用水準を維持することは十分可能である．

個別産業でみると，特に従業者の多い飲食サービスの成長率の低さが問題である．このままいくと，飲食サービスの低賃金構造は全く変わらないことになる．飲食サービスは，雇用調整によって労働生産性を上げる必要があり，そのための独自のイノベーションが強く求められている．飲食サービスでの余剰労働力の受け皿は，他産業に十分あるので，飲食サービスが労働生産性上昇率を1.5%以上を達成し，低賃金構造から少しでも脱却することが期待される．

⑦ 食関連関産業の活性化のためには消費主導の経済成長戦略が不可欠である．

公共投資維持政策と高齢者むけ社会保障の充実政策はいずれも財源を必要とする．しかし，日本の財政赤字問題は深刻さを増し，公的債務残高は増加の一途をたどっており，財源の確保は困難性をかかえている．財政健全化の道筋をつけながら財源確保を実現する必要がある．日本の財政をみると，歳出構造の転換は必要であるが，高齢社会が進行する中で，歳出の削減は困難である．

日本の財政は，そもそも歳入欠陥という財政構造上の問題をかかえている．これは，直間比率是正を目的とした消費税に依存した税制改革が失敗したことを示している．再度の直間比率是正を目的とした税制改革を行い，税収の増収をはかり，基礎的財政収支の均衡をできるだけ早急にはかるべきである．税収の増加のためには，名目経済成長率をできるだけ高める必要がある．

高齢社会の公的保険制度の財政基盤を最低限ささえる前提は，消費者物価上昇率1%程度，貨幣賃金率上昇率は2.5%程度である．労働生産性上昇率1.5%分を実質賃金率1.5%上昇で還元し，物価上昇率を1%程度にコントロールできれば，貨幣賃金率2.5%が持続的に確保できる．貨幣賃金率が2.5%維持できれば，現役世代の所得は確実に増加し，引退世代は年金の安定的給付が保障されるので家計可処分所得も持続的に増加し，家計消費支出拡大していくことになる．貨幣賃金率の持続的上昇による消費主導の経済成長の軌道にのせることが日本経済にとって極めて重要である．消費主導の経済成長は，食関連産業

の活性化を下支えすることにもなる.

　日本経済の針路は以下の様なものであることが望ましい.

　労働生産性上昇率 1.5% を実現し，実質賃金率を上昇させ，家計可処分所得を増やし家計消費支出の拡大を実現する．家計消費支出の拡大は総需要を増やし，GDP が増加する．総需要の増大は，民間資本ストックの不足をもたらすから設備投資の拡大が起こり，さらに GDP が増大し，安定的経済成長率が実現できる.

　これまでの経済成長の源泉は，投資 → 消費という因果関係を前提にしていたが，これからは，「労働生産性上昇 → 賃金上昇 → 消費 → 投資」という因果関係を重視した「消費主導の経済成長」が不可欠である.

参考文献・参考資料

浅田統一郎（2016）『マクロ経済学基礎講義（第 3 版）』中央経済社.

石村貞夫・玉村千治・劉晨（2009）『Excel でやさしく学ぶ産業連関分析』日本評論社.

伊東光晴（1962）『ケインズ――"新しい経済学"の誕生（岩波新書）――』岩波書店.

岩田規久男（2013）「「量的・質的金融緩和」の目的とその達成のメカニズム」日本銀行.

小川一夫・玉岡雅之・得津一郎（1991）『マクロ経済学』有斐閣.

梶川千賀子・上路利雄（2006）『Excel による食品経済の統計分析入門 2016 年版』農林統計協会.

菊本義治（1981）『現代資本主義の矛盾』岩波書店.

厚生労働省年金局（2009）「平成 21 年度年金制度のポイント」.

国立社会保障人口問題研究所「日本の世帯数の将来推計（全国推計）――2018（平成 30）年推計――」.

宍戸駿太郎（2010）『産業連関分析ハンドブック』環太平洋産業連関分析学会（編集）東洋経済新報社.

総務省（2015）「平成 23 年（2011 年）産業連関表」.

総務省（2016）「平成 12 - 17 - 23 年接続産業連関表」.

総務省（2017）「家計調査年報（家計収支編）平成 29 年」.

総務省統計局（2018）『日本の統計 2018』.

高橋正郎監修・清水みゆき編著（2016）『食料経済　フードシステムからみた食料問題（第 5 版）』オーム社.

中谷巌（2007）『入門マクロ経済学（第 5 版）』日本評論社.

日本銀行（2018）「マネーストック統計の解説」.

野村総合研究所（2018）「2030 年度の新設着工戸数は 60 万戸，大工の人数は 21 万に減少」News Release.

農林水産省大臣官房統計部（2016）「平成 23 年（2011 年）農林漁業および関連産業を中心とした産業連関表（飲食費のフローを含む）」.

農林水産省編（2018）『平成30年版食料・農業・農村白書』.

浜田浩児（2001）『93SNAの基礎』東洋経済新報社.

二神孝一・堀敬一（2017）『マクロ経済学（第2版）』有斐閣.

藤川清史（2005）『産業連関分析入門——ExcelとVBAでらくらくIO分析——』日本評論社.

本田豊・中澤純治（2016）『東日本大震災からの地域経済復興——雇用問題と人口減少解決への道——』ミネルヴァ書房.

村上陽子・柴﨑希美夫（2016）『食の経済入門2016年版』農林統計出版.

山下隆之執筆代表（2005）『はじめよう経済学のための情報処理』日本評論社.

唯是康彦（2000）『Excelで学ぶ計量経済学入門』東洋経済新報社.

吉川洋（2017）『マクロ経済学（第4版）』岩波書店.

索　引

〈アルファベット〉

CD（譲渡性預金）　38
GDP　1, 3
GDP デフレーター　11, 12, 76
　——上昇率　68, 86
GDP の決定　17, 19
GNI　10
GNP　10
$IS-LM$ 分析　48
IS 曲線　48
　——のシフト　51
LM 曲線　52
M1　38
M2　38
M3　38
SNA　5, 66

〈ア　行〉

悪性インフレーション　81
安定成長期　67, 71, 78, 89, 90, 92
イールドカーブ・コントロール　47
異次元の金融緩和政策　47, 61
一般政府　7
　——消費支出　178
イノベーション　181
飲食費のフロー　134
失われた 20 年　68
売りオペレーション　42
営業余剰・混合所得　9
影響力係数　112, 133
オープンマーケット　42

〈カ　行〉

買いオペレーション　42
外国為替市場　42
外食　134
価格の自動調整メカニズム　16
家計可処分所得　11, 76
家計最終消費支出　5

　——デフレーター　76
家計消費係数上昇ケース　192
家計分配率　76
加工食品　134, 138
加工品　134
加速度原理　29
価値尺度機能　31
価値保蔵手段機能　31
稼働率　181
貨幣供給量の変化　54, 56
貨幣需要関数　36
貨幣数量説　31
貨幣賃金率　85, 141
　——上昇率　86
貨幣の機能　31
貨幣の種類　37
間接税　9
感応度係数　112, 133
技術変化効果　154
擬制的取引計算　5
帰属家賃　5
帰属計算　5
基礎的消費　17
期待　62
　——収益の流列　24
逆行列係数表　102
キャピタル・ロス　33
キャピタル・ゲイン　33
狂乱物価　78
寄与度　69, 71
均衡所得　55
均衡予算　22
均衡利子率　55
近似曲線の一次式　173
グロス（粗）　4
経済主体　4
ケインズ（John Maynard Keynes）　16
　——の投資関数　28
限界消費性向　17
限界的利子率　35

現金通貨　37
現在価値　25
　——割引率　25
現在の利子率　35
現物給付　7
ケンブリッジ学派の現金残高方程式　32
公開市場操作　45
交換手段機能　31
公共投資拡大ケース　190
厚生年金の財政見通し　185
公定歩合操作　44
公的固定資本形成　8, 179
高度成長期　67, 71, 77, 89, 90, 92
国内総生産（gross domestic product; GDP）
　→GDP を見よ
国民可処分所得　11, 76
国民経済計算年次推計　66
国民所得　1
国民総所得（gross national income; GNI）
　→GNI を見よ
国民総生産（gross national product; GNP）
　→GNP を見よ
コストプッシュインフレーション論　82
固定資本減耗　11
雇用者比率　140
雇用者報酬　8
雇用表　140

〈サ　行〉

サービス収支　8
財貨・サービスの輸出　8
財貨・サービスの輸入　8
債券価格　33, 34
在庫変動　8
財市場の均衡式　17, 20
最終需要　94
　——変化効果　154
最終生産物　3
財政・金融政策　57
　——の有効性　60
産業　94
　——連関表　3, 94
　2011 年——連関表　105
三面等価の原則　4, 95

時期区分　66
支出　5
市場価格　10
市場利率　34
実質 GDP　11
支払い準備金　41
支払い手段機能　31
資本生産性　85, 181
社会保障基金　7
準公共財　6
準通貨　37
乗数　18, 20, 77
　——の変動　72
　——分析　18
消費関数　17, 20, 23
　——論争　24
消費支出変化分式　160
消費主導の経済成長　206
消費性向　75
商品・非商品販売額　6
将来の利子率　35
食関連産業　120, 122, 146
食用農林水産物　134, 138
人口減少　160
人口変化効果　163, 166
信用創造のメカニズム　40
趨勢ケース　186
スパイラル現象　83
正規雇用率　141
生産コスト　6
生産誘発額　113, 131
生鮮食品　134
政府最終消費支出　7
政府支出乗数　21
政府向け信用　42
セーの法則　16
世帯人員変化効果　163
世帯数変化効果　163, 164
接続産業連関表　146
総固定資本形成　7
総資本形成　7
想定値　178
想定変化率　176
租税乗数　22

〈タ　行〉

第1次間接効果　96, 97
第2次間接効果　96, 102
対家計民間非営利団体最終消費支出　6
タイムトレンド　173, 182
単身世帯　163
地方政府　7
中央政府　7
中間需要　94
中間生産物　3
中間投入係数　97
　——行列　111
　——表　97, 125
長期停滞期　67, 72, 80, 89, 91, 93
直接効果　96, 97
賃金交渉力　78
賃金主導の経済成長　80
ディマンドプルインフレーション論　82
デフレーション　81
投機的動機　32
投資関数　24
投資関数と稼働率　30
投資決定の基準　26
同時実行ケース　197
投資の限界効率表　27, 56
独立的支出　17, 75, 77
取引基本表（ひな型）　94
取引動機　32

〈ナ　行〉

内部収益率　25
ネット（純）　4
能力資本生産性　181
農林業及び関連産業の範囲　119
農林水産省作成の産業連関表　119

〈ハ　行〉

パーシュ型指数　13
ハイパーインフレーション　81
ハイパワード・マネー　43
ヒックス，J. R.　48
必要準備金　41
必要準備率　41

フィッシャーの交換方程式　32
付加価値　1
2人以上世帯　160
分配　8
平均消費性向　23
貿易収支　8
法定準備率操作　45
補助金　9

〈マ　行〉

マークアップ原理　66, 84
マーシャルのk　32
マイルドインフレーション　81
マネーサプライ　38
マネタリーベース　43
マネタリーサーベイ　39
民間企業設備投資　8, 180
民間住宅投資　8, 180
民間消費支出の内生化　115
民間向け信用　41
無形資産　7
無担保コールレート（オーバーナイト物）
　47
名目GDP　11
名目GNI　75

〈ヤ　行〉

有形資産　7
有効需要の原理　16
輸出　180
　——促進ケース　196
輸入関数　20
輸入係数行列　111
輸入性向　75
輸入内生化モデル　108
要因分析　150
要素所得　10
要素費用価格　10
預金通貨　37
予想インフレ率　62
予想実質金利　61
予想収益の流列　27
4つのルート　39
予備的動機　32

〈ラ・ワ行〉

利子率の決定　45
流動性　33, 37
　　——選好説　33
　　——の罠　37, 61, 62
レオンティエフ，W.　94

レオンティエフ逆行列　100, 111, 129
連立方程式　99
労働生産性　85, 141
　　——上昇率　86, 185
労働装備率　85
労働分配率　141

《著者紹介》

本田　豊（ほんだ　ゆたか）

　1951 年　熊本県生まれ
　1981 年　神戸商科大学大学院経済学研究科博士課程修了，経済学博士
　現　在　立命館大学食マネジメント学部特任教授

主要業績

『国際調整の経済学』（共著，実教出版　1993 年）
『高齢化社会と財政再建の政策シミュレーション』（有斐閣　2004 年）
『東日本大震災からの地域経済復興——雇用問題と人口減少解決への道——』
　　（共著，ミネルヴァ書房　2016 年）

食関連産業の経済分析

2019年 7 月10日　初版第 1 刷発行　　　＊定価はカバーに
　　　　　　　　　　　　　　　　　　　　表示してあります

　　　　　　　　　　著　者　本　田　　豊 ⓒ
　　　　　　　　　　発行者　植　田　　実
　　　　　　　　　　印刷者　田　中　雅　博

　発行所　株式会社　晃　洋　書　房

〒615-0026　京都市右京区西院北矢掛町 7 番地
　　　　　　電　話　075(312)0788番(代)
　　　　　　振替口座　01040-6-32280

装丁　野田和浩　　　　　　印刷・製本　創栄図書印刷㈱
ISBN978-4-7710-3214-9

JCOPY 〈(社)出版者著作権管理機構　委託出版物〉
本書の無断複写は著作権法上での例外を除き禁じられています．
複写される場合は，そのつど事前に，(社)出版者著作権管理機構
（電話 03-3513-6969，FAX 03-3513-6979，e-mail: info@jcopy.or.jp)
の許諾を得てください．